生活福祉文化資源の探究

これからの日本の生活様式を求めて

京都ノートルダム女子大学
生活福祉文化学部 編

ナカニシヤ出版

目　次

序　章　生活福祉文化資源の探求から生み出す新たな生活様式 ——— 1
　1．生活再編の必要性と生活福祉文化資源　1
　2．新たな生活様式の構築に向けた4つのキーワード　3

● 第1部　自己と生活の主体性の確立 ●

第1章　主体的な健康管理とアンチエイジングへの生活態度 ——— 9
　1．はじめに　9
　2．老化とアンチエイジング　10
　3．エイジングの影響　12
　4．高齢者の主体的な健康管理におけるアンチエイジングの意義　16
　5．個人の健康管理と福祉国家の戦略としてのアンチエイジング　20
　6．おわりに　22

第2章　装いによる自己の確立と社会性の構築 ——— 25
　1．はじめに　25
　2．装いと自己　25
　3．コミュニケーションとしての装い　29
　4．装いの効果　32

第3章　ケア役割への支援からケアしない権利・ケアする権利の保障へ
　　　　　—精神に「障害」のある人の家族支援に必要な視点 ——— 41
　1．わが国における家族主義的福祉—家族への依存関係の再生産としての家族主義　41
　2．わが国における精神に「障害」のある人の家族がおかれている現状　43
　3．これまでの精神に「障害」のある人への家族支援の見直しが必要　49
　4．これからの精神に「障害」のある人の家族支援に重要な視点　52

第4章　地域との主体的な関係性による豊かな居住地生活 ―― 57
1. 少子高齢社会における地域の重要性　57
2. 住民の自主的地域活動にみる主体的な関係性　60
3. 住民による主体的な地域施設管理と新たな生活共同　64
4. 個々の主体的な地域との関わりから成る緩やかな地域コミュニティ　68

● 第2部　関わりと共同から生まれる生活価値 ●

第5章　住民参加を促進する地域活動と地域の再構築
――地域の伝統野菜に着目した取り組み事例から ―― 73
1. はじめに　73
2. 地域福祉を推進していくために　74
3. 地域に根ざした取り組みとは　76
4. 調査について　78
5. おわりに　84

第6章　子どもの育つ生活環境と人との関わり ―― 89
1. はじめに　89
2. 子どもの抱える心とからだの問題と生活環境　89
3. 子どもの育ちと人との関わり　97
4. 生き生きとした子どもの育ちを求めての提案　101

第7章　非加害者である母親の性的虐待を受けた子どもへの関わりと共生 ―― 103
1. はじめに　103
2. 初期の研究調査　104
3. 2000年以降の研究調査　107
4. おわりに　118

第8章　介護従事者の生活の質をも見据えた共生的福祉環境 ―― 123
1. 高齢者介護をとりまく状況の実際　123
2. ソーシャルワーク・スーパービジョン　127
3. 特別養護老人ホームとソーシャルワーク・スーパービジョン　132
4. 職員の生活の質の確保と働き甲斐を求めての支援の必要　134

● 第3部　日常性の再評価 ●

第9章　毎日の自覚的食生活が生み出すサクセスフル・エイジング ———— 141

1. はじめに　141
2. 高齢者の健康を維持するための具体的方策　143
3. 咀嚼能力　147
4. サクセスフル・エイジングを生み出す日々の食物摂取　149
5. おわりに　153

第10章　日々の生活活動が支える持続的な自立高齢者の暮らし ———— 157

1. はじめに（健常高齢者に目を向けることの重要性）　157
2. 介護予防　158
3. 生活不活発病　158
4. 日常生活行動の捉え方について　159
5. 高齢女性の日常生活行動に関する実態調査　160
6. 社会的役割の創出　168
7. おわりに　169

第11章　社会福祉資源としての「子どもの遊び」
　　　　　—遊びの重要性の再評価と必要な支援について———— 173

1. はじめに　173
2. 福祉資源としての「子どもの遊び」　174
3. 遊びの現状　179
4. 遊びの支援のために　181
5. おわりに　186

第12章　知的障がい者の日常の暮らしと自立への道 ———— 189

1. はじめに　189
2. 知的障がい者の暮らしの場　190
3. 知的障がい者の日中活動　196
4. 知的障がい者の余暇活動　199
5. 自立生活をめざして　201
6. おわりに　203

● 第 4 部　伝統の中に見出す規範性の再構築 ●

第 13 章　平安朝ファッションの規範における現代的意味 ——— 207
1. はじめに　207
2. 平安貴族の色彩感覚　207
3. 平安ファッションにおける色彩の意味　210
4. 平安朝貴族の通過儀礼　213
5. 通過儀礼における服色の意味　217
6. おわりに　220

第 14 章　伝統食の伝承に見る日本食の未来 ——— 223
1. 食生活の変遷の中に伝統食を見る　223
2. 伝統食と食料生産の関係　232
3. 食生活に対する意識　234
4. 日本食の未来　235

第 15 章　家族　その伝統と創造 ——— 239
1. 「家族」をめぐる今日的状況　239
2. 日本の家族の歴史的変遷　241
3. 多様な家族観をふまえての家族理解　249

索　引　253

（本書は京都ノートルダム女子大学研究助成金を受けて出版するものである。）

序 章

生活福祉文化資源の探究から生み出す新たな生活様式

中村久美

1. 生活再編の必要性と生活福祉文化資源

　社会の変動やグローバルな環境問題，経済問題を抱え，さらに未曾有の災害に見舞われた日本では，今，国民ひとりひとりの生活や生活意識は大きく揺れ動いている。

　もともと近代以降，産業構造の変化や消費経済の発達により，家族や個人の生活は，外部の専門機関やサービスに大きく依存するようになっていた。少子高齢化や男女の役割変化，家族の個人化などの家族をとりまく変化と，都市化や産業化のさらなる伸展は，生活の商品化や生活の諸問題を規制するための公的サービス化をいっそう助長していったのである。

　このような生活の社会化は，本来なら個別の生活が社会的な結合や共同によって営まれる方向をめざすものである。しかし同時に資本主義社会の発展の過程で必然的に生じるあらゆる生活場面での商品化により，生活をその私性に閉じ込める方向にも働く。個々の家族または個人が自分たちでは手に負えない生活課題の解決を，商品化，社会化された財やサービスによって図り，問題解決の責任は個人や個々の世帯の自己責任に帰すという考え方である。

　ただし，グローバル規模で起こる社会的財政危機や地球環境問題という枠組みのもと，社会化した手段で個別に生活課題の解決を図るやり方が，はたして個々の幸福のために有効でありつづけるのかという問題がある。それは社会化された生活の持続性の問題でもある。

　一方，人間生活のあり方や真の生活の豊かさを考える，生活の質という考え方に注目が集まっている。この概念は，経済学，社会システム論，社会心理学，

老年学などの学問分野の立場から,あるいは医療,看護の現場や社会福祉政策の場面で持ち出され,様々な議論が展開されている。

生活の質は,人の生命の状態や心の豊かさを問うものであると同時に,自然環境や物的,人的環境を含む外部環境との相互関係による生活行為や行動のあり方を問うものである。そのうえで,生活の質は個人の生活における充足や自己実現をめざすものであると同時に,社会的には望ましさという概念を設定でき(三重野,2000),社会目標として考えていく事柄でもある。

生活の質を社会的に追求していくうえで,前述の生活の社会化がどのように関わるのだろうか。

個人や家庭が生産から消費まで生活の総体の運営主体であり,その処理を地縁的共同体の協同によっていた時代,生活運営は体系的,統括的であったといえる。それに対し,生活が複雑化したうえに社会化された現代では,個人や個別世帯が財やサービスを使って対処的に問題を処理していくことで,生活は断片化され,総体としての生活のあり方への意識が薄くなってしまったといえる。結果として生活価値意識の醸成が阻まれ,生活目標を設定できないままでいる。生活の断片化と,断片化された生活を運営する主体の断片化(私化)は,持続的な生活の質の社会的な追求を困難にするのである。

今こそ生活の質の追求に適う統合性,全体性をもった新たな生活様式の構築が必要である。産業界主導の物質主義の豊かさに支配されることなく,自由な意志で生活価値を育てることが重要である。その価値意識に基づき,自らの生活を切り開く積極的な生活態度を備える必要がある。同時に生活を個々の閉じた私性のうちにとどめず外に開き,国家や自治体の行政管理=公に頼るばかりでなく,共通する日常の生活者意識やボランタリーな意志に基づく相互支援によって対応していくことが求められる。

個人ひとりひとりが社会との関わりの中から自己の生活の枠組みを構築するとともに,社会の望ましいあり方の追求が,自己の生活の質の追求につながることを意識して行動することが求められる。そのような生活態度と共通意識から生まれる新たな公共が,これからの生活様式のかぎとなる。

ひとりひとりの自律的な行為実践からこの新たな公共を切り開くとき,そこに根付くのが「福祉文化」である。「福祉文化」とは,福祉の普遍化(一番

ヶ瀬ら，1997）を意味する。換言すれば，普通に個の尊厳や人格が大切にされることであり，自分という存在が当然のようにきらめいていることである。さらに人と人との関係性に暖かさを通わせていくということでもある（片居木，1997）。生活の質の追求を，お上に与えられるのを待つのではなく，かといって私性に閉じて自己責任としてしまうのでもない，ひとりひとりの尊厳や生命，個性の確立を大切にしつつ，人と人との連帯や社会全体との関係性から取り組んでいくことが日常の風景となった状態が，「福祉文化」と理解できよう。

　地球環境問題などのグローバルな枠組みのもと，社会や経済の錯綜する諸問題に向き合い，ひとりひとりが健康と安寧を得て生活の質を追求するうえで，「福祉文化」の視点は欠かせない。この「福祉文化」の概念を基層に据えた新たな生活様式を構築し，それを後世にまで伝える日本の生活文化として根付かせていくことが求められる。

　ではどうやって新たな生活様式の構築をめざすのか。生活の変革を，哲学的思考や観念上の操作によってすすめることはできない。当然今このときの生活の諸相への洞察や，過去から現在までの生活履歴の検証を積み上げることによってであろう。

　身近な生活事象を拾い上げ，これからもつべき生活価値の一片や「福祉文化」の萌芽を読み取り共有する作業が必要である。とりあげた生活事象のひとつひとつは，新たな生活様式を構築するための要素であり，それこそを「生活福祉文化資源」と捉える。「生活福祉文化資源の探究」とは，「福祉文化」に根ざしたこれからのあるべき生活を追求する過程にほかならない。

2. 新たな生活様式の構築に向けた4つのキーワード

　産業化によって選択してきた都市的生活様式に新たな調整をほどこし，生活の社会化の望ましい方向を探るのは，われわれ生活者自身である。新たな生活様式の構築を考えるとき，基層となる「福祉文化」の定着のために，社会や公共性への意識を醸成していく主体意識が最も重要となる。新たな生活様式を構築するうえでの1つ目のキーワードとして，この生活者の主体性を指摘できる。

　生活者ということばが頻繁に使われるようになったのは，低成長期に入っ

て政治や経済が混迷し，世の中の不安定要素が増してきた1980年代後半から1990年代にかけてである。政治や市民運動の場面で，あるいは企業の宣伝文句として多用されるようになった。そのことばの意味するところは使われる場面により様々であるが，生活の全体性を把握する主体であること，ダイナミックな日常的実践を含んでいることが重要なポイントとなる（天野，1996）。

　そのような生活者の主体性の確立をめざすのである。主体とは認識し，行為する我をもった人間個々人のことであり，生活主体とは生活を科学的に認識し，生活実践する個人である（伊藤，1989）。時代の支配的な価値から自律し，自身の生活価値に基づいて生活課題に取り組み，判断や意志の決定，さらには実践する個人の主体性を，新たな生活様式の第1の条件に据えるのである。

　生活主体はまさに環境醸成の主体でもある。生活環境の醸成は，それが家庭から社会，あるいは自然の領域へと離れれば離れるほど，個々人や各家庭生活主体によって実現することは不可能となる。他の主体との関わりや環境醸成をめざす様々な運動との関わりなしには目標を達成することはできない。この文脈での生活者とは，その主体性を自己の生活の質の追求に振り向けながら，個人的な利害を超えて共的な領域にも関わり，新たな公共の担い手となるという意味を含む。私の利害を変容させて下から創る共同性を，もう一つの公へと押し上げていく人々をさす（天野，1996）のである。ここに2つ目のキーワードとして，生活者の協同や共同性があげられる。

　この協同や共同性は，都市的生活様式以前の村落的生活様式の前提となる共同性とは当然一線を画すものである。共同体に一体化するような共同性ではなく，あくまで独立した個人と個人のつながりを考える。そして個々の主体的なつながりの先に，風通しのよい新たな公共の場を創ることをめざす。私を活かしかつそこから公を開く，いわば滅私奉公ならぬ"活私開公"（金，2004）の考え方である。

　新たな生活様式の構築に関わる2つのキーワード，生活者の主体性と協同を，ではいかにして創生していくか。何を手掛かりにするのか。

　第3，第4のキーワードは，2つのキーワードとしてあげた課題を解く方法論として提示される。生活者の主体的な姿勢，関わりから生まれる共同性の構築のあり方を学ぶ源泉となるものである。

結論的には，日常性と伝統を考える。日常の生活実践からくみ取り，伝統として息づく生活規範にその方策を見出そうというのである。

このうち日常性については，その意味するところは新たな生活様式のあり方を現状の生活の中から見出すことに他ならない。生活とは日常性そのものといえるが，多数の些細なものごとによって構成される日常生活は，あくまで社会的な存在としての生活者自身のはたらきかけによって成り立っている。とすればそこから個々がめざす生活様式の条件，主体的なものと協同の兆しを読み取ることができよう。日常生活のふつうを可視化する（木戸，2002）ことは，新たな生活様式の構築の有効な手法となる。

第4のキーワードである伝統は，伝統的価値観の再評価を意図する。日本の暮らしには，もともと祖先から受け継いだ四季に富む自然という財産と，それに育まれた生活心情を慈しみ育て，次の世代に伝えることや，それによる祖先との一体感に価値をおく風土的背景があった。自然の摂理にしたがって自然を享受するとともに，自然への畏怖から人間社会のつつましさ，はかなさを感受し，人間と自然の，あるいは人間同士のこまやかな交感ある暮らしを大切にしてきたのである。

特に近世江戸時代に，儒教道徳による身分階級や職業規則などとも関わって作り上げられた生活慣習，生活規範としての勤勉，倹約，分限，始末，用心，遠慮（亀高・大竹，1997）といった生活態度は，個々の安定的な生活と他者との共存，共生への普遍的価値意識や生活理念を内在するものといえる。これらは一面では人々の生活を制約し，自由を奪うものではあるが，持続的な生活を保証するうえで必要な公共性を創出するものであるという意味で，学ぶべき点は多い。

以上，「福祉文化」の概念を基層に据えた新たな生活様式を構築するための，4つのキーワードを最初に提示した。生活者の主体性，共同性と協同，日常性，伝統は，過去や現在の生活や社会の諸相から切り取られた「生活福祉文化資源」を，整理，集約して得られたキーワードである。

今回，家政学や健康科学，社会福祉学，保育学といった人間生活に密接に関わる諸分野の各研究者が，それぞれ専門の立場から，「生活福祉文化資源の探

究」を行った。本書はいわばその作業の軌跡である。

引用・参考文献

天野正子　1996　「生活者」とはだれか　中公新書
広井良典・小林正弥　2010　持続可能な福祉社会へ・公共性の視座から　コミュニティ　勁草書房
堀内かおる（編）　2009　福祉社会における生活・労働・教育　明石書店
一番ケ瀬康子・河畠　修・小林　博・薗田碩哉　1997　福祉文化論　有斐閣ブックス
今田高俊・金　泰昌（編）　2004　公共哲学13　都市から考える公共性　東京大学出版会
木戸　功・圓岡偉男（編著）　2002　社会学的まなざし　日常性を問い直す　新泉社
松村祥子・岩田正美・宮本みち子　1988　現代生活論　有斐閣
三重野卓　2000　「生活の質」と共生（増補改訂版）　白桃書房
森岡清志・松本　康　1992　都市社会学のフロンティア2　生活・関係・文化日本評論社
日本福祉文化学会編集委員会（編）　2010　新しい地域づくりと福祉文化　明石書店
日本家政学会（編）　1989　家庭生活の経営と管理　朝倉書店
日本家政学会（編）　1997　ライフスタイルと環境　朝倉書店
日本家政学会生活経営部会（編）　2000　福祉環境と生活経営—福祉ミックス時代の自立と共同—　朝倉書店
佐々木毅・金　泰昌（編）　2002　公共哲学2　公と私の社会科学　東京大学出版会
佐々木毅・金　泰昌（編）　2002　公共哲学7　中間集団が開く公共性　東京大学出版会
佐々木毅・金　泰昌（編）　2002　公共哲学10　21世紀公共哲学の地平　東京大学出版会

第1部
自己と生活の主体性の確立

　第1部では，新たな生活様式を構築する主体としてのひとりひとりの生活価値観や生活態度の確立－主体性の確立の重要性について論じる。
　まず第1章では，積極的に自己の生活を築くうえで前提条件となる健康維持や加齢への対応のあり方についてとりあげる。アンチエイジングの考え方を解説したうえで，高齢期の主体的な健康管理やアンチエイジングの意義と，「健康行動科学」の概念の重要性を論述する。筆者は，最終的にはアンチエイジングの根本は，自分自身の自覚的な行動変容につきると主張している。
　続く第2章では，人の身体を包む衣服の視点から，生活者としての自己の確立や主体性を考える。自己確認や他者への情報発信，コミュニケーションといった装いの機能を再認識し，自律的に他者と関わって暮らすことの表明でもある装いというものを見つめ直す。
　第3章は一転して障害のある人とその家族の生活のあり方をとりあげている。精神に障害のある人への現況の支援体制が，家族をケアする者とされる者に固定化し，障害をもつ家族が成人しても独立した個人としての家族関係が築けないこと，ケアする側の家族にとってもそのケアの殻に閉じ込められ，社会的に排除されがちである現状を，筆者が行った調査結果をもとに指摘する。精神に障害をもつ人へのわが国の医療，福祉施策の不備を論述しながら，主体性が発揮できない状況下の生活の質の問題を訴える。
　第4章は居住地生活のあり方を考える。少子高齢化社会における地域コミュニティの重要性と，それを担う地域住民の役割を，筆者が行った地域福祉活動や地域施設管理に関する諸調査での具体的な事例を交えて論述する。結論的には住民の主体的な地域との関わりからつくられる地域共同の"場"の重要性を指摘し，2つ目のキーワードである「協同」や「共同性」に話題をつなげる。

（中村久美）

第1章
主体的な健康管理とアンチエイジングへの生活態度

萩原暢子

1. はじめに

　ヒトは母親の胎内で受精卵として発生した後，その体細胞は成長を続け，出生後は乳児期，幼児期，児童期へと発育し，青年期に突入する。就学時期である学童期の終わりから青年期の初めは，身長，体重，胸囲など身体の成長が最も著しい時期である。

　また，社会的に最も活動的な中年期は，身体の成長はみられなくなるが，社会的に多忙となるために身体の活動が低下し，障害や死亡が増加し始める時期でもある。「21世紀における国民健康づくり（健康日本21）」は，このような中年期での障害発生や死亡を抑制するために，2000年より国が進めている政策である。この政策は，健康寿命の延伸を実現するために①栄養・食生活，②身体活動・運動，③休養・心の健康づくり，④タバコ，⑤アルコール，⑥歯の健康，⑦糖尿病，⑧循環器病，⑨がんの9つの具体的な項目を提示し，それぞれの目標値を設定して，健康づくり運動を促そうとするものである（厚生労働省，2000）。

　さらに，中年期は多忙な毎日を過ごす中で，老眼などの様々な老化兆候が出現し始める。また，加齢に伴って体力や免疫力の低下などの身体・生理面の変化が現れ，精神的な変化にも直面することになる。つまり，老年期に入ることで，今までできていたことができなくなってしまい，死という出来事が現実味を帯びてくる。近年，加齢（エイジング）に介入を行って，それにともなう動脈硬化やがんのようなエイジング関連疾患の発症確率を下げることで，健康長寿をめざす取り組みが行われつつある。これが，アンチエイジング医学である。

現在，高齢者の健康保持が国家的な課題となっており，個人の幸福という観点ばかりではなく，社会経済効率を考える面でも，アンチエイジング医学は重要となってきている。従来の日本の健康政策は，病気になれば国民皆保険がこれを守るといった「疾病治療型」の医学であった。しかし，国民皆保険が破綻寸前となった今，日本の医療政策の流れは，予防医学へと大きく変わろうとしている。アンチエイジング医学は，エイジングに焦点を当てた究極の予防医学といえる。

本章では，老化を成長過程での一場面と捉え，その実態の解明により老化を食い止めるためのアンチエイジングについて解説し，福祉国家としての戦略的な対応に言及する。

2. 老化とアンチエイジング

2-1. 老化のメカニズム

老化とは，加齢（エイジング）にともなって血管などの組織や器官の機能が低下して起こる現象で，人の老化には生理的老化と病的老化がある。生理的老化は，すべての人に起こり，同年代間であまり個人差がなく防げないものである。これに対して病的老化は，すべての人に起こるわけではなく，同年代間でも個人差が大きく，防ぐことができるものとされている（図1）。

従来よりいわれている老化説には諸説あるが，代表的な説はプログラム学説とエラー蓄積説である。最近の学説では，老化のメカニズムとして次に述べる5つの説があげられており，これらのメカニズムが複合的に組み合わさって進

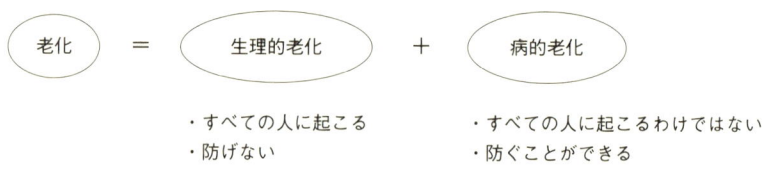

図1　老化とは

行していると考えられている（久保，2009）。

1) フリーラジカル説（エラー蓄積説）

釘が古くなると錆びるのは，空気中の酸素による酸化が起こったためである。同様に，切ったりんごを放置すると，切り口が褐色に変化するのも，一種の酸化現象である。このような現象が，人間の体内でも起こっていて，体の酸化（錆付き）こそが老化の原因であるとする説である。現在，老化の原因として最も有力な説で，科学的根拠も多くある（日本抗加齢医学会，2009）。

この酸化を促すものがフリーラジカルで，代表的なものに活性酸素がある。これは，細胞のミトコンドリアで酸素を使用してエネルギーが作られるときに発生する。喫煙や深酒，過度のストレスなどが加わると，体内で余計に発生する。また，紫外線や大気汚染などの環境要因も，活性酸素の発生原因となる。体内で発生した活性酸素は，細胞にダメージを与え，障害を受けた細胞は死滅したり十分に機能できなくなったりする。結果として，様々な臓器・組織の機能低下や，動脈硬化などが起こることになる。

2) テロメア説（プログラム学説）

細胞の分裂回数は，テロメアという染色体の末端部にある遺伝子によって規定されているとする説で，細胞が分裂するたびにテロメアの長さが少しずつ短くなっていく。そのために，やがて細胞は分裂できなくなると考えられている。規定回数分裂した細胞は，それ以上新しく生まれ変わることができないため，臓器を構築する組織の老化が進行するという考えである。これは，細胞にはあらかじめ決められた寿命がプログラムされていて，決められた寿命に達すると細胞が死ぬとするプログラム学説に基づいている。

3) 遺伝子修復エラー説

体の設計図である遺伝子は，体の内外の刺激によってしばしば損傷を受けるので，細胞は，その損傷を修復する機能を備えている。しかし，この修復がうまくいかないと，損傷を受けた遺伝子がそのまま受け継がれて細胞の機能に異常が生じ，結果的に臓器・組織の機能が低下していく，という説である。

4）老廃物蓄積説

細胞の代謝の結果生じた老廃物が，細胞外に排出しきれずに細胞内に蓄積されると，細胞の機能が徐々に低下していく。これが臓器・組織の老化の原因になるとする説である。

5）ホルモン低下説

全身各所の臓器・組織の機能維持に重要な役割を担っている様々なホルモンの分泌が，加齢により徐々に低下していくために，それにつれて体の諸機能も低下し，老化していくとする説である。主として，成長ホルモン系，性腺系，ACTH系（副腎皮質コルチゾールなど）があげられる。

以上の代表的な説以外にも種々の説があり，これらがお互いに組み合わさって老化が進むと考えられる。また，さらに様々な要因によって老化が加速されると，アンチエイジングの大敵である病的老化がすすむと考えられている。

2-2. アンチエイジングの目的

アンチエイジングということばは，アンチエイジング・メディスン（抗加齢医学）から派生したもので，病的老化を食い止めることで，以前の姿に若返ることが本来の意味である。従来の医学では，病気になってからその進行を食い止めるために治療したのに対し，アンチエイジング医学は，病的老化の兆候をできるだけ早期に診断し，病気になりやすくなっている体の変化を捉え，病気になることを予防して健康長寿をめざすことが，本来の目的である。

アンチエイジングの実践により，いつまでも健康で若々しく年齢を重ねることを，サクセスフルエイジングと称している。アンチエイジングを実践すれば，心と体が健康的に若々しくなるだけでなく，それによって自分への自信も湧いてくる。また，その自信が行動にも現れるようになり，積極的な未来を生み出すことも可能となる。

3. エイジングの影響

アンチエイジングについての考察を進めるために，まずエイジングの影響に

ついて述べる。エイジングは，毛髪の量や皮膚の状態，歯の残存数，姿勢，歩き方などの外見によく反映されるが，実際の年齢よりも若く見えたり逆であったりと，個人差が認められる。

3-1. エイジングと健康状態との関係
1) エイジングと血圧との関係

高血圧は，心疾患や脳血管疾患の最大の危険因子である。血圧が115/75mmHgを超えると，段階的に心疾患や脳血管疾患のリスクが高まるといわれている（久保，2009）。そのため，血圧のコントロールがアンチエイジングの目的の一つとなっている。

血圧は日内変動があり，朝は比較的高く午後以降で低下してくる。また，周囲の環境や精神的なストレスの影響を受けやすい。一般に，医療機関で測定した血圧（外来血圧）は，自宅で測定した血圧（家庭血圧）よりも数値が高くなる傾向にある。医師や看護師などの白衣を見ることで，緊張し血圧が高くなるもので，これを白衣高血圧と呼んでいる。これとは逆に，自宅で測定しても血圧の測定値が高くなる場合があり，これを仮面高血圧と呼んでいる。

最近では，外来血圧と家庭血圧の基準値を分けて診断するようになっている。つまり，外来血圧では140/90mmHg，家庭血圧では135/85mmHgを基準とし，上か下かどちらか一方でも基準値を上回れば高血圧と診断される（図2）。

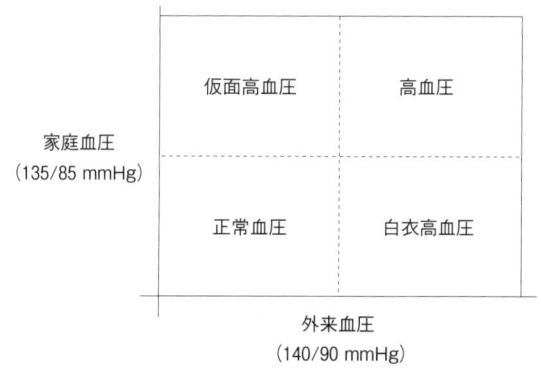

図2　高血圧の診断（久保，2009）

2) エイジングと骨および血管の関係

ヒトの一生を通じた骨量の変化をみると，男女とも 20 〜 45 歳までに最大となり，男性では加齢とともに緩やかに，女性では閉経後急速に，それ以後は緩やかに減少する（図 3）。すなわち，骨形成の盛んな成長期から，骨量のピーク（最大骨量）期および充実期を経て，女性では閉経直前の頃から急激な骨量減少が生じる。また，男性の場合は，高齢期になると徐々に骨量の減少が生じる。

骨量の減少が生理的範囲を超えて認められる場合，すなわち骨の病的老化現象と考えられる病態が骨粗鬆症である。男女ともに，エイジングによる骨量減少にともない骨粗鬆症のリスクが高まる。したがって，ヒトの一生の間では，いつの時期においても骨量増加をめざし，骨粗鬆症予防に努めることはきわめて重要である。

骨粗鬆症の診断については，1994 年の WHO による診断基準の作成（伊東，2008）を受けて，わが国でも 1996 年に診断基準が作成された。その特徴は，既存の骨折の有無を考慮に入れている点，骨密度が 20 〜 44 歳の若年成人平均値（YAM）の 70%未満を骨粗鬆症，YAM の 70%以上 80%未満を骨量減少として

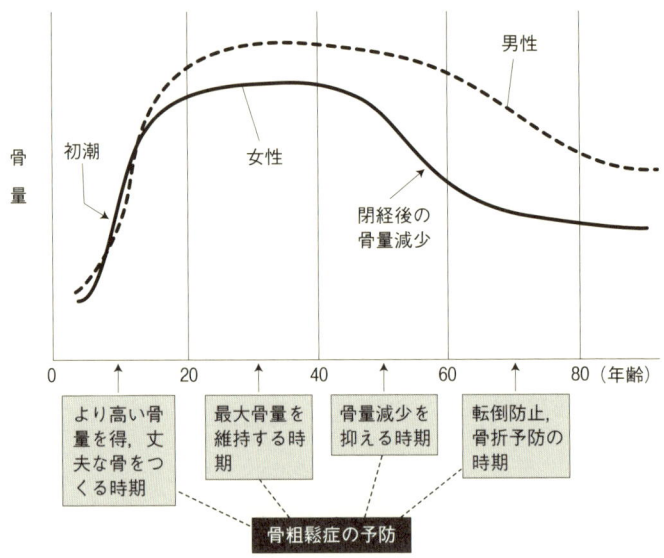

図 3　加齢による骨量の変化（腰椎）（日本抗加齢医学会, 2009）

いる点である（中村，2006）。最近では骨質の劣化も加わって，骨強度が低下すると考えられるようになっている。

人は血管とともに老いるといわれるが，骨と血管の加齢現象が同時にみられることも多く，近年これらを結びつける可能性のある現象がいくつか出てきている。すなわち，慢性期脳血管障害の患者では，健常者の2〜4倍の割合で大腿骨頸部骨折（太ももの付け根の骨折）をきたしやすいという報告がある（佐藤，2007）。血管の加齢による変化は，脂質異常症，高血圧，糖尿病などの生活習慣病が背後に存在することもよくあるが，そのような疾患がなくても年齢とともに血管の老化現象が現れてくる。その一つが動脈の石灰化である。

動脈は，血管平滑筋といった筋肉や線維成分でできているが，その間に石灰（カルシウム）が沈着するのが石灰化である。胸部や腹部の大動脈の石灰化がX線写真で認められたときに，脊椎（背骨）がスカスカになっていたり，圧迫骨折などの骨粗鬆症による変化が同時に観察される場合がある。このとき，あたかもカルシウムが骨から血管に移動したかのように見えることから「カルシウムパラドックス」と称されることがある。

血液中のカルシウム濃度を調節するホルモンに，甲状腺の裏側にある副甲状腺から分泌される副甲状腺ホルモンがある。カルシウム摂取が不足すると，副甲状腺ホルモンが多く分泌され，骨を溶かしたりして血液中のカルシウム濃度を保つように働く。このようにして，カルシウム不足が骨量の減少に結びつくのである。一方，このホルモンは血管の細胞にも影響を与え，血管平滑筋が石灰沈着を起こしやすくなるとされている（細井，2009）。

3）エイジングとカロリー制限との関係

1935年にMcCayらは，ラットの摂取カロリーを制限した実験を行い，カロリー制限により個体寿命が延長することを明らかにした（McCay et al., 1935）。その後，原生動物，ミジンコ，クモ，魚など幅広い動物種で摂取カロリーを制限すると，共通して個体寿命が1.4倍から1.9倍に延長することが明らかになった（Weindurch, 1996）。一方，サルやヒトなどの霊長類の場合は，摂取カロリー制限により寿命が延長するかどうかは結論が出ていない（Roth et al., 2004）。

ヒトの場合は，自由摂食でなく1日の食事を3度に分けて摂取している。この制約がカロリー制限そのものと考えることができ，実験動物の例と分けて考える必要がある。生活習慣病予防のために，必要最低限に近いカロリー量の食事を心がけることは重要である。しかし，過度にカロリー制限しすぎると，成長期の子どもや高齢者では栄養素が足りなくなり，骨のミネラル不足や筋力低下を招くため，注意が必要である。このような低栄養による骨・筋力低下を予防するためにも，適度なカロリーとビタミン，ミネラルなどの栄養素は十分に確保する必要がある（日本抗加齢医学会，2009）。

4. 高齢者の主体的な健康管理におけるアンチエイジングの意義

4-1. ライフスタイルのアンチエイジングへの影響

1）長寿食について

現在，長寿食として注目されているのは，ギリシャやイタリアなどの地中海沿岸地域に在住している人々の，日常食としての「地中海食」である。地中海式ダイエット（食事法）では，以下の5つの要素が健康に寄与するとされている。

①季節の野菜や果物，また穀物など植物性食品（がん予防）を豊富に摂る。
②主たる脂肪源としてオリーブオイル（抗動脈硬化作用）を日常的に使う。
　チーズ，ヨーグルトも毎日摂取するが少量である。
③魚介類を習慣的に摂取する。
④獣肉の摂取は少量にとどめる。
⑤食事中，適量のアルコール（ワイン）を飲む。

2005年には，Walterが行った食生活調査に基づき，栄養学的に最良の食事として，伝統的な地中海地域の食と共通する構成要素を示したフード・ガイド・ピラミッドが発表された（Walter, 2005；図4）。地中海式ダイエットとは，1960年代のギリシャのクレタ島や，イタリア南部の伝統的な食事法をさしている。また，ここに示されている食品群は，下に行くほど食べる量と頻度を多くするのが良いとされている。このピラミッドの食事構成がなぜ優れているかは，1958年から始まったKeysの疫学研究により，1960年当時アメリカや

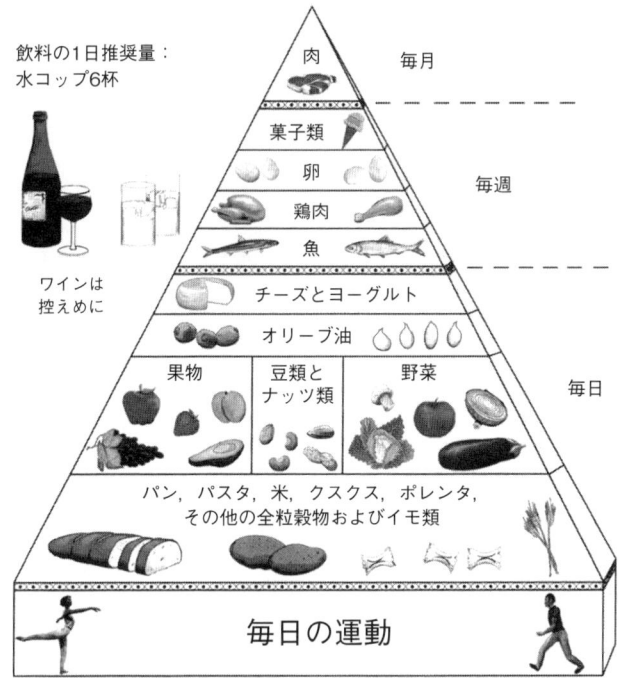

図4　健康的な伝統的地中海式フード・ガイド・ピラミッド（Earl, 2006）

他のヨーロッパ諸国を抜いて，クレタ島など地中海地域での成人の平均余命が世界最高であったことからも説明される（Keys, 1980）。この時代の衛生環境の劣悪さ，南欧諸国の社会的貧困を考えると，この結果は世界中で驚異的なものであったことが推測される。ここで，地中海地域で平均余命が高かった理由は，心臓病とある種のがんの発症が少なかったことによるとされている（Earl, 2006）。地中海式ダイエットのピラミッドは，穀物，野菜，果物，豆類などの植物性食品と，この地方特産のオリーブオイルをベースに，チーズなどの乳製品や，新鮮な魚介類などが加わって構成されている。社会資本の整備も不十分な当時の南欧では，貧しいがゆえに，獣肉などは滅多に食べる機会がなく，その地方で収穫される植物性食品が，毎日の食事の基本であった。季節の収穫物は，新鮮で滋養分が多く，健康を促進させるビタミンなどの微量栄養素や抗酸化物質を豊富に含んでいた。さらに，食品の加工を最小限にとどめ，オリーブ

オイルを用いた伝統的な調理法によって，これらの健康促進物質が最大限に生かされることになった。つまり，大地に根ざした食物が，心臓病やがんの発生を予防したのである（佐々木，2001）。地中海式ダイエットの"ダイエット"とは，減量のための食事制限ではなく，"健康のための食事法・食習慣"を意味する。また，本来の意味としては，古代ギリシア語の"生活方式（様式）"にまでさかのぼる。ここで注目すべきは，ピラミッドの土台として，「毎日の運動」が付け加えられていることである。健康的な生活を送るためには，毎日の食事はもちろん，運動や睡眠など，生活習慣のすべてが等しく重要になる。

2）身体活動とアンチエイジング

一般にエイジングの変化をみる場合，筋力検査として握力，全身協調性として歩行テスト，柔軟性として前屈（立位），バランスとして片足立ち（開眼，閉眼），持久力としてステップテストなどを行うが，20歳代と比べると80歳では筋力，歩行スピードおよびバランス（開眼）が40％低下，柔軟性が80％低下，持久力が60％低下というように，体力が全般的に低下する傾向にある。こうしたエイジングによる変化や身体活動の目的により，選択する運動メニューは違ってくる（久保，2009；表1）。

高齢になると関節が硬くなり，速い動作がやりにくくなる。また，体力の低下や関節の不調が原因で，知らない間に動けなくなることもある。それを防ぐためには，関節や筋肉を柔らかく保ち，筋力を落とさないことが大切である。

表1　多様性に着目した運動（身体活動）の分類（久保，2009を改変）

	高齢者のための運動	コンディショニングの運動	生活習慣病治療の運動	競技スポーツとしての運動
強さの指標	自覚症状 心拍数	自覚症状 心拍数	自覚症状 心拍数	心拍数 AT VO_2max
頻度	2〜5回/週	2〜3回/週	3〜5回/週	5〜7回/週
持続時間	10分から	10分から	20分から	種目による
活性酸素システム	関連少ない	制御	制御	ときに亢進
長寿への効果	あり （転倒防止効果）	あり	あり	種目によるが一般的になし

高齢者が日常生活で実践できる運動メニューは，まず手軽にできる有酸素運動として，歩くこと（ウォーキング）が勧められる。1日30分ぐらいを目安に姿勢を正しく意識しながらしっかり歩く。次に，「ストレッチ」と「その場足踏み」があげられる。

　運動と関連して寿命を短縮させる主な因子には，活性酸素の増加，骨関節障害，免疫機能の低下，体温上昇の4つがある。これに対して寿命を延ばす主な因子には，骨関節機能の向上，免疫機能の増強，心肺機能の強化，抗酸化酵素の4つがあり，これらが拮抗することで，寿命の長さが決まると考えられる。

　高齢者の運動の効果は，①心臓や肺の機能を高め，体力を向上させる，②血液循環をよくする，③血管の柔軟性を維持する，④筋肉量を増やす，⑤筋肉や関節の柔軟性を高める，⑥骨代謝を促進して丈夫な骨をつくる，⑦糖代謝，脂質代謝を促進する，⑧基礎代謝を向上させる，などがあげられる。

4-2. ストレスとアンチエイジング

　ストレス学説で有名な Hans Selye (Selye, 1946) は，「ストレスとは生体の中に起こる生理的・心理的な歪みであり，このストレスを作るものが外から加えられたストレッサーである」と述べている。そしてこのストレッサーとして，物理的なもの（暑さ，寒さなど），化学的なもの（大気汚染，タバコの煙など），生物学的なもの（細菌やカビなど），心理社会的なもの（人間関係など）をあげている。最近では，心理社会的なストレッサーが大きな問題としてとりあげられるようになっている。ストレスの中には，適度な刺激が交感神経系を賦活し，抵抗力をつけるように働くというポジティブな面もある。心身の健康を保つためには，ある程度のストレスは必要とされていて，これを快ストレス（ユーストレス eustress）という。これに対して過剰なストレスや慢性的に長く続くストレスを不快ストレス（ジストレス distress）という。また，同じストレスでも受け取る人によって感じ方が異なったり，本人は感じていなくてもストレスが蓄積し，心身にダメージを与えていることもある。

　ストレスに対するマーカーは多くあるが，正確に客観的に測定することは難しい。しかし，ストレスが内分泌系，自律神経系，免疫系という生体防御機構に関与していることは確かである。ストレスが長引いたり過剰なストレスがか

かったりすると，生体防御機構の働きが障害されるとともに，様々な生体反応が起こり，その結果，胃潰瘍などのストレス性疾患を引き起こす。

ストレスによって，明らかにエイジングは加速すると思われるが，ストレスマネジメントによってストレス耐性を高めれば，寿命を延ばすことが可能であるともいえる。ストレスマネジメントのポイントは，以下の通りである。

①ストレッサーを回避する。
②家族や友人などに話を聴いてもらい，ストレス反応を軽減する。
③自分なりのリラクセーション法を学ぶ。

リラクセーション法については，静的なものよりもウォーキングやヨガなどの体を動かすもののほうが，より効果的であるといわれている（久保，2009）。

ヒトは加齢とともに様々なものを喪失する。子育てが終わって子どもが独立する，結婚して家庭をもつ，定年になって仕事をやめる，あるいはいろいろ病気をして健康を損う，若いときのような頑張りが効かない，友人や家族が亡くなるなど，数え上げればきりがないほどいろいろな喪失体験をする。そして，これらがストレスの原因として重く深くのしかかることが少なくない。喪失体験によるストレス反応は，抑うつ状態として現れることが多く，中高年のうつ病発症に喪失体験が誘引となっていることが指摘されている。したがって，エイジングのストレス対策の一つは，こうした喪失体験への対策であり，ソーシャルサポートが最も重要である。家族・親戚，友人，地域社会との関わりや，健康サポートスタッフなどのネットワークを構築することが必要であると思われる（日本抗加齢医学会，2009）。

5. 個人の健康管理と福祉国家の戦略としてのアンチエイジング

5-1. アンチエイジングの国家戦略

日本が直面している大きな問題は少子高齢社会で，労働力の低下，若者の年金負担の増加，（特に高齢者の）医療費の増加，その結果としての健康保険組合の経営難，寝たきり老人の増加などがあげられる。これらに対して，国家戦略にアンチエイジングを取り入れることで，かなりの問題が解決されると思われる。つまり，福祉国家としての戦略的な対応としては，アンチエイジングに

より高齢者が若者と同じように仕事を続けていくことができれば，ある程度労働力を補うことができる。また，積極的なアンチエイジング医療が適切に行われれば，医療費が抑えられる可能性は十分にあると思われる。さらに，美容もアンチエイジングの目的につながるだけでなく，心身の健康にも役立つ。つまり，美しさなどの好ましい感情が精神，神経などを通し，肉体のアンチエイジングに役立つのである。

5-2. アンチエイジング医療

具体的なアンチエイジング医療としては，第一に，ほぼ確立した対策を行うことである。つまり「バランスの取れた食事を摂り，不足分はサプリメントで補う。適度の運動をし，ストレスを避ける。喫煙と大酒をやめる」などがほぼ確立したアンチエイジング療法である。この中の多くの事項は，生活習慣病の予防・治療と一致する。しかし，「健康日本21」の中間報告（厚生労働省，2007）で，十分な成果が得られなかったように，いかにこれらを実行するかということが問題となっている。さらに，積極的な態度としては，専門医のもとでエイジングに関する自分のリスクを知り，それを積極的に補うようにすることである。個人の寿命はそれぞれ異なっているが，それまでは心身ともに健康で，仕事や生活を若者と同じようにエンジョイでき，最後の数ヶ月でコロリと死ぬという，そのような生き方を望む高齢者は多いと思われる（日本抗加齢医学会，2009）。

5-3. アンチエイジングの実践に向けた対策

近年では，生活習慣病の予防を公衆衛生学の観点から捉えていく場合に，行動科学が不可欠と考えられるようになってきている。行動科学とは，人を含めた動物の行動を記述し，説明し，予測し，制御することを目的とする実証的で学際的な学問体系である（足達，2006）。また，疾病の危険因子を減じることで疾病予防を図るアプローチは根強いが，健康をより高めるための健康因子に着目し，それを高めるアプローチを前提とした研究も増加傾向にある。

健康行動学とは，健康行動の変容に行動科学を応用することをめざす学問領

域である．具体的には，喫煙行動に対する研究が最も盛んであるが，運動，食，飲酒行動への適用も進んでいる．その手法には対面と非対面など，費用対効果を高めるための様々な手法が含まれている（木村，2010）．

　アンチエイジング医療の成果が上がるかどうかは，実行がどのくらいともなうかにかかっている．つまり，高齢期に入る前の中年期あるいは青年期から自分自身の行動変容を起こさない限り，アンチエイジング医療は絵に描いた餅となる．このため，健康行動の変容を促すサポートが必要となり，より効果的なサポートが行われるためには，国レベルで対応する国家的プロジェクトとしての体制づくりが必要になると考えられる．

6. おわりに

　アンチエイジングについて考察を進めてきたが，このことばのイメージとしては，しわ取りなどの美容的なものを思い浮かべる人が多いと思われる．また，女性向けのもので男性は関係ないと思われる場合も多いようである．しかし，本来のアンチエイジングは，男女とも病気になる前のより早い段階から，病気になりやすくなっている体の変化をいち早く捉え，病気から遠ざかることをめざすものである．つまり，従来の健康診断より，さらに早い時期での積極的な専門医への受診により，病的老化を抑え，若々しさを継続させることが，ひいては社会的資源につながると思われる．

　アンチエイジングを国民に根付かせるために，何よりも重要なのは，国民ひとりひとりが自分自身の健康管理に主体的に取り組む姿勢をもつことである．そして，アンチエイジングの意義を周知させ，国民の意識に浸透させることが重要である．その結果，アンチエイジングを自分自身の健康目標と認識できたときこそ，本来の主体的な健康管理の確立が達成され，アンチエイジングが国家戦略として機能し始める時期であると考えられる．

引用・参考文献

足達淑子　2006　ライフスタイル療法Ⅰ　生活習慣改善のための行動療法　医歯薬出版

Earl, R. 2006 食事計画ガイドライン 木村修一・香川靖雄(監)食事・栄養食事療法事典 産調出版
細井孝之 2009 エイジングと骨と血管 アンチエイジングQ&A 医歯薬出版
伊東昌子 2008 骨粗鬆症の診断と骨量・骨質の評価法 骨粗鬆症―臨床と研究の最新動向 別冊・医学のあゆみ 医歯薬出版 pp.83-88.
Keys, A. 1980 *Seven countries: A multivariate analysis of death and coronary heart disease.* Harvard University Press.
木村靖夫(編) 2010 ウィズエイジングの健康科学 昭和堂
厚生労働省 2000 健康日本21 <http://www.kenkounippon21.gr.jp/>
厚生労働省 2007 健康日本21 中間報告書
　　<http://www.mhlw.go.jp/shingi/2007/04/dl/s0410-5f.pdf#search>
久保 明 2009 アンチエイジングQ&A 医歯薬出版
McCay, C. M., Crowell, M. F., & Maynard, L. A. 1935 The effect of retarded growth upon the length of life span and upon the ultimate body size. *Journal of Nutrition,* **5**, 71-155
中村利孝 2006 骨粗鬆症の診断基準 産婦人科治療, **92** (4), 369-374.
日本抗加齢医学会(編) 2009 アンチエイジング医学の基礎と臨床 メディカルビュー社
Roth, G. S., Mattison, J. A., & Ottinger, M. A. et al. 2004 Aging in rhesus monkey: Relevance to human health interventions. *Science,* **305**, 1423-1426.
佐々木巖 2001 サレルノ養生訓 柴田書店
佐藤能啓 2007 新時代の骨粗鬆症学 日本臨床増刊号 日本臨床社 pp.555-558.
Selye, H. 1946 The general adaptation syndrome and the diseases of adaptation. *Journal of Clinical Endcrinology,* **6**, 117-230.
Walter, C. W., & Patrik, J. S. 2005 *Eat, drink, and be healthy.* Simon & Schuster.
Weindurch, R. 1996 Caloric restriction and aging. *Scientific American,* **274**, 46-52.

第2章
装いによる自己の確立と社会性の構築

牛田好美

1. はじめに

　装いとは,「身体の外観を変えるために用いるすべてのものやそのための行動」をさす。人間は何を目的に装うのかについては,身体保護や気候調節などの身体・生理的目的と自己顕示や社会的適応などの社会・心理的目的の2つに区別することができるが,本章では,特に,装いがもつ社会・心理的機能に焦点をあてることにする。

　日常に私たちが行う装いに関する行動は,大きく化粧行動と被服行動に分けることができるであろう。大坊 (1996) によると,化粧行動の機能については,①「自己維持」機能と,②「対人相互作用」機能の2つがある。また,高木 (1996) によると,被服行動の機能については,①「自己の確認・強化・変革」機能,②「情報伝達」機能,③「社会的相互作用の促進・抑制」機能の3つが指摘されている。本章では,それらの機能をふまえて,装いが自己の確立と社会性の構築にどのような役割を果たせるかについて考えてみたい。

2. 装いと自己

2-1. 自己

　「自己とは何か」という問いには,古代ギリシャ時代から,現在に至るまで,時代を超越し,哲学者をはじめ多くの人々が関心を示してきた。心理学において,自己をはじめて科学的にとりあげたのは James (1890) である。

　James は,全体的自己を「知る自己」と「知られる自己」に分け,前者を「主

我（I）」，後者を「客我（me）」とよんだ。そして，主我が1つであるのに対して，客我は次の3つの構成要素から成ることを見出している。その3つとは，①物質的自己：自分の身体，衣服，家族，家庭，家屋，財産など，②社会的自己：他者との関係をもとに形成される自己（周りの人々の人数分だけ社会的自己はある），③精神的自己：自分の欲求や感情，意志，能力，性格など，個人の内的，主観的なもの，である。そして，これら3つの要素は，個人の中で結合され，お互いに密接に関わっていると考えられている。

　中村（1990）は，自己を一連の現象過程として現れる「自己過程」として捉え，自己過程と社会的場面における個人の行動との関係を説明した。それは，次の4段階である。①「自己の姿への注目」の段階：これは自己の外観や心理的な状態，さらには他者との社会的な関係に自ら注目する段階である。すなわち，「自己意識」の段階である。②「自己の姿の把握」の段階：自分が自己に注目したことの結果として自己の状態の特徴を自分なりに描き，概念化する段階である。そこから「自己像」や「自己概念」が形成される。自己像は比較的一時的なものであるのに対し，自己概念は比較的恒常的なものとみることができる。③「自己の姿への評価」の段階：これは，自ら描いた自分の像や概念について評価をする段階である。「自己評価」においては，評価基準が用いられ，自己評価の結果，自分としてそれで満足できるかどうかが検討される。この自己の現状に満足し，自信をもつ程度を「自尊感情（自尊心）」という。④「自己の姿の表出」の段階：自己過程の最後の段階で，自分を他者に示すという行動がとられる。この中には，「自己開示」と「自己呈示」という2つの側面がある。自己開示とは，他者に対して，ありのままの自分に関する情報をことばによって伝えることで，自己呈示とは，他者からの肯定的なイメージ，社会的承認や物質的報酬などを得るために自己に関する情報を意図的に他者に伝達することである。自己過程には，当然，「知る自己」も「知られる自己」も含まれる。そして一貫した自己の整合性もその時々の変異性も現象的過程の一環として捉えることができる。このように，自己とは個人の本質でありながら，社会と結びつく様々な側面をもち，一生変化し続けるという過程をとるものである。

2-2. 自己の諸側面と装い
1) 自己意識

注意や意識が自分自身に向けられ，対象として注目している状態のことをWicklund & Duval (1971) は，客体的自覚とよんだ。梶田 (1994) は，自己意識を，自分自身に対して現に注がれている意識，流れとしての意識に浮かぶ自分自身のイメージとしている。これらから，自己意識とは，自覚状態のように，自己意識の「状態」を対象としたものと，自己へ注意を向けやすいかどうかという個人の特性，すなわち「特性」としての自己意識を対象にしたものとの2つに区別できる。

Fenigstein et al. (1975) は，自己に注意を向けやすい意識の「特性」を「自己意識特性」とよんだ。自己意識特性には，「公的自己意識」と「私的自己意識」の2つの側面がある。前者は，自分の外見や表情，行動など，他人から見られている自分を意識しやすい傾向のことであり，他方，後者は，自分の感情や態度，考えていることなど，自分の内的側面に注意を向けやすい傾向のことである。公的自己意識と私的自己意識とをそれぞれどの程度もつかという自己意識特性には個人差があり，それらが被服や化粧などの装い行動に影響を与えることが報告されている。Cash & Cash (1982) やMiller & Cox (1982) は，公的自己意識の程度の高い女性ほど，化粧をする程度が高いとしている。Lee & Burns (1993) は，公的自己意識の程度が，被服を選ぶときの被服の流行性や魅力を重視する度合いと関係するとしている。また，Kwon (1992) は，私的自己意識が，被服を選ぶときに感じる快-不快，熱狂-憂うつ，自信-不安などの気分と関係しているとしている。田中ら (1998) は，高齢者においては，公的自意識と私的自意識がともに高い人ほど，着装を選択するときに重視する基準が明確であることを明らかにしている。

2) 自己概念

自己概念は，個人が所属する社会に適応した行動様式を身につけるという社会化の過程を通して，内的に矛盾することなく修正され変化しながら一生継続するものである。自己概念が形成され，変化する過程では，他者の存在が重要な役割を果たす。自分の外見を，私たちは直接見ることができない。しかし，

私たちは鏡に映った姿から自分自身の外見を知ることができる。同様に，自分が他者の目にどのように映っているかをその人の言動から推測し，自分はどのような人間であるかを知る手がかりとする。

　Stone（1962）は，外見や被服との関連においての自己概念の形成段階を次のように考えた。①前遊戯期（プレ・プレイ期）：乳幼児期が，これに当てはまる。主に，親より選ばれた服を着せられている段階である。この時期には，明確に衣服を意識できないが，身体とそれをとりまいているものの区別を意識できるようになり，「かわいい」とか「女の子らしい」といった，自分の外見に対して示される周囲の反応を自己の中に取り入れはじめる。②遊戯期（プレイ期）：ことばが話せるようになり，周囲の人々と意思の伝達ができるようになるこの時期には，様々な役割が試され，それらの役割に対する他者の反応に注意が向けられる。他者の中でも，児童が重要であると考えるのは，両親・教師・兄弟姉妹・遊び仲間である。この時期の社会化には，先取りの社会化と理想の社会化がある。先取りの社会化とは子どもたちが将来，実際に果たすことになる役割，例えば，親としての役割や職業的役割などを現時点で演じてみせることである。被服・装身具は，その役割を実演する手助けをする。例えば，幼い少女はエプロン一枚でお母さんになり，化粧品，アクセサリーで大人の女性に変身する。遊戯期のもう一つの社会化は，将来，決して現実化することのない理想上の役割に基づいてなされる。子ども向けTVのキャラクター，例えば，セーラームーンや忍者に変身することなどである。③ゲーム期：成長とともに活動範囲が広くなり，社会の多くの人々の立場から自分を眺めることができるようになる。小学校の高学年から中学生においてこれが顕著になる。この時期では，両親・教師・兄弟姉妹よりも，仲間の規範や価値観を重視するようになる。服装は，特定の仲間集団に所属していることの非常に重要なシンボルになる。仲間集団が期待する服装と両親や先生の期待する服装が異なることから，しばしば対立が起こるのもこの時期である。さらに年齢が高くなると，活動場面が多くなり，いっそう多くの人々と接触するようになり，社会化が進行する。それにともない，服装形態も多様化するが，結局は，他者への同調と着用者の個性の妥協点にある被服が着用される。

　自己概念と装いについては，その関係を明らかにしようとした研究が多くみ

られるが，中でも，ジェンダーアイデンティティと装いとの関連をみた研究では，柏尾・土肥（2000）が，女子大学生を対象に調査を行い，ジェンダーに関する自己概念とジェンダースキーマやジェンダーアイデンティティとの関連性を検討している。その結果，女性性も男性性も高い，両性具有型は女性性優位型と同程度に，化粧・被服行動についてのジェンダースキーマが高いことを明らかにしている。

3）自尊感情

一般に，自尊感情が高い人ほど，外見に対する関心も強く，外見の美しさや目新しさを重視して服装を通して自分らしさを表示したがるとされる。理想自己と現実自己の差が自尊感情であると考えられているが，藤原（1987）は，好きな被服，嫌いな被服のイメージと自己との関係について，理想自己 - 好きな服 - 現実自己 - 嫌いな服の順にほぼ一直線上に配置されるとしている。すなわち，好きな服というのは，自分を少しでも理想的自己に近づけるために選択されているといえる。また，牛田・枡田・山内（2000）は，女子大学生を対象に自己の身体形態に対する意識度，満足度，認識度，身体の理想値に，自尊心がどのように影響をおよぼすかを調査した結果，実際の身体計測値，すなわち客観的な身体に差がなくても，自尊心の高さにより自分自身の身体の意識度，満足度，認識の仕方が異なることを明らかにしている。

3. コミュニケーションとしての装い

コミュニケーションとは，一般に，情報やメッセージの伝達およびその解読の過程の総称である。コミュニケーションは，ある目的をもった情報の送り手，送り手の目的や意思の表現であるメッセージ，メッセージの伝達通路およびそのシステムであるチャネル，メッセージを受け取る受け手から基本的に成り立っている。

3-1. 非言語コミュニケーションとしての装い

私たちは，日常生活において，お互いの感情や意図などを，ことばによるや

りとりはもちろんのこと，それ以外のことばによらない手がかりによって，総合的に判断していることが多い。このようなことばによらないコミュニケーションが非言語コミュニケーションとよばれるものである。

非言語コミュニケーションは，広義には，非言語行動として位置づけられ，私たちが身体を使って行う多数の行動とそれに関連する領域をさす。

1) 非言語コミュニケーションの種類

深田（1998）は，代表的な非言語コミュニケーションを次の6つにまとめている。①身体動作：身振り（ジェスチャー），身体の姿勢，表情，凝視など，身体動作を使ったコミュニケーションは身体言語ともいわれる。②空間行動：対人距離，なわばり，個人空間，座席行動などである。③準言語：言語に付随する声の質（高さ，リズム，テンポ），声の大きさ，いいまちがい，間のとり方，沈黙などで，パラ言語あるいは，パラ・ランゲージともよばれている。④身体接触：触れる，撫でる，叩く，抱くなどの接触行動が含まれる。⑤身体的特徴：体格，体型，身長，体重，皮膚の色，毛髪の色などが含まれる。⑥人工品：人工品は，個人が身につけている品のことで，香水や口紅などの化粧品，服装や眼鏡，ネックレスなどの装飾品を含んでいる。

2) 非言語コミュニケーションの機能

Patterson（1983）は，社会的相互作用の中で果たす非言語コミュニケーションの機能に着目し，それを次の5つの側面に分類している。①情報提供機能：これは，非言語コミュニケーションのもつ最も基本的な機能である。対人場面で，個人が示す非言語行動は，その個人のもつ内的な傾性，相手とその個人との関係性，話題に対する個人の反応，などの情報を伝達する。②相互作用調整機能：非言語行動による相手との距離調整は，多くは意識して行われるのではなく，無意識に行われる。③親密さ表出機能：非言語行動は，相手に対していだく親密さを表現する。そして，相手に対する親密さが増加すれば，非言語行動における寛容さも増加する。④社会的統制機能：対人影響過程では，非言語行動は，個人が他者に対して特定の影響を与えるための道具として働く場合がある。対人影響過程とは，支配，説得，強化，欺瞞，印象操作（自己呈示）な

どのことをさす。⑤サービスと仕事上の目標の促進：身体接触に属する非言語行動は，サービスや仕事の目標を促進する機能をもっている。通常，身体接触を行うのは，親子，夫婦，恋人同士，親友同士といった親密な関係にある者同士に限られるが，親密な関係が存在しなくても，医師や看護師，理容師や美容師などによる身体接触が行われる例外的な場合がある。

　以上の，非言語コミュニケーションの特色や機能をふまえて，装いは，どのようなメッセージを発することができるのであろうか。

3-2. 装いが発するメッセージ

　神山（1996）は，装いが発信する情報についての，おおむね次の6つのメッセージを指摘している。①アイデンティティに関する情報：自分自身に関する情報の呈示を意味し，性別，年齢，職業，地位，人種，所属集団によって示される同一性などの情報である。②人格に関する情報：派手な人，地味な人，女らしい人，男らしい人など，服装によってイメージされる他者の内面に関する情報である。③態度に関する情報：どのような被服をどう着るかで，社会に対して，保守的か急進的かなど，また，性快楽主義者か否か，性役割観はどうかなどの社会的態度に関する情報である。④感情や情動に関する情報：被服が示す，色彩や柄，デザイン，スタイルは，爽快さ，くつろぎ，優越，充実，悲しみ，喜びなどの心の状態に関する情報を伝える。なお，着装による感情は，肯定的感情（爽快，充実，優越，安らぎなど）と否定的感情（抑うつ，羞恥，圧迫，緊張など）とに区別されるが，それらは状況によって異なる。⑤価値に関する情報：被服は，健康，若さ，性的魅力，遊び，地位，富，自然といった多くの人が共通に，到達や獲得したいと願っている望ましいもの（価値）に関する情報を示している。⑥状況的意味に関する情報：私たちは，フォーマルな場か，カジュアルな場か，そのTPOに応じて服装を替えようとするように，被服は，ある社会的場面（状況）がもつ意味に関する情報を含んでいる。

　さらに，神山は，装いから受ける人格の印象についての多くの研究を整理して，その特徴を次の8つにまとめている。①装いの特徴から受ける人格の印象内容は，おおむね，個人的親しみやすさ（親和性），活動性（積極性），社会的望ましさ（思慮性）の3つである。②上衣（上半身に着装する衣服）が個人的親

しみやすさの印象を左右しやすいのに対して，下衣（下半身に着装する衣服）は活動性や社会的望ましさの印象を左右しやすい。③顔立ちの特徴が活動性の印象に通じやすいのに対して，装いの特徴は個人的親しみやすさの印象に通じやすい。④装いから形成される人格の印象は，体型の影響を受ける。⑤米国などに比べて，わが国では，装いの特徴が社会的望ましさの印象を生起させやすい。⑥装いの流行性やその他の特徴は，特定の問題解決能力，例えば，仕事能力や芸術的才能や社会的勢力（特に専門性勢力や正当性勢力）の印象に影響する。⑦服装から受ける人格の印象内容には個人差があり，たとえば，観察者の自尊感情の高低によって異なった人物評価が行われる。また，この評価の違いは，個性的なイメージの服装とその逆のおとなしいイメージの服装に関して表れやすい。⑧装いから受ける人格の印象内容は，被服や装いへの観察者の関心度によって左右される。

このように，外見や装いが発信する情報は，非常に多岐にわたる。

4. 装いの効果

4-1. 装いの社会・心理的効果

1）化粧の社会・心理的効果

宇山ら（1990）は，素顔と化粧の時の気持ちを20歳代から50歳代までの女性を対象に調査している。その結果,「積極性の上昇」「リラクゼーション」「気分の高揚（対外）」「気分の高揚（対自）」「安心」の5つの因子を見出している。さらに，20歳代は「積極性上昇」，50歳代は「リラクゼーション」と年代によって，効果が違うことを明らかにしている。

余語ら（1990）は，化粧の主観的効果を検討するために，①素顔条件，②自己化粧条件，③他者（専門技術者）化粧条件の3条件下で20歳女性を対象に実験を行った。その結果，素顔より自分で化粧をしたときのほうが，さらに専門技術者に化粧をされたときのほうが，よりいっそう自信と満足感が高まり，状態不安が低減し，快方向への情動活性化がうながされることを明らかにした。

また，高齢者を対象とした化粧の社会・心理的効果に関する実践的研究も数多く行われている。伊波ら（1998）は，施設入所の高齢女性を対象に化粧プロ

グラムを実施し，継続的にこれに参加した者と初回のみ参加した者について，その心理的効果の違いについて検討している。そのプログラムを受けた軽度の脳血管性認知症の82歳女性は，日常生活上の問題はないものの抑うつ気味で，脳梗塞の後遺症の表情の左右差や顔面のシミの広がりを気にして「鏡を見るのもイヤ」と嘆いていた。シミ隠しのコンシーラーを，ファンデーションを塗る際に惜しみなく用い化粧したところ，化粧後に音声のピッチが高くなるセッションが多かった。耳で聞くと，声がやや明るくなり，張りが感じられる程度の変化があり，鏡をまっすぐに見ている時間が長くなるなどの行為がみられた。また，化粧室外での変化としては，周囲の入所者に呼びかけ，ともなって来室したり，一時帰宅後以降，コンパクトを持ち歩く習慣が身についたりした。

　余語ら（2001）は，老人ホームの入居者を対象に化粧行為が感情や行動におよぼす効果を検討している。対象は認知症の高齢者を含む22名の女性で，平均年齢は85.4歳である。各対象者に対して週1回の化粧セッションを8週繰り返す。化粧セッション導入前の2ヶ月間に2回，実施した2ヶ月間に2回，終了後の2ヶ月間に2回，多面的感情尺度の項目に基づいて面接形式で記録し，同時期に，それぞれ3回ずつ昼食時の他者との相互作用行動が記録された。その結果，認知症者群（16名）と非認知症者群（6名）の各指標の得点を比較したところ，昼食時の相互作用率，活動快得点，非活動快得点に興味深い変化がみられた。認知症者群においては，昼食時の他者との相互作用が増加し，活動快得点（例えば，生き生きした）と非活動快得点（例えば，ゆったりとした）が上昇し，認知症者と非認知症者に対する化粧の心理的効果が異なる可能性を示唆している。

　野澤ら（2004）は，入院中のがん患者に対する化粧による心理的変化を検討している。入院中の女性がん患者45名を対象に，化粧プログラム実施している。これは，主体的に化粧を楽しむ1時間のグループプログラムであり，プログラム前日と3日後の心理的変化を測定している。その結果，プログラム参加には，入院患者の精神的混乱，怒りや敵意などのマイナス感情を低減させ，活気というポジティブな気分を高揚させる効果のあることが示された。さらに，ボディイメージが低下し，社会との隔絶感が高く，全体的な心理状態が良くない人のほうが，プログラムによる気分感情の改善が効果的であることも示唆さ

れた。

2) 被服の社会・心理的効果

　化粧ほど多くの研究が蓄積されてはいないが，被服に関しても，高齢者が服を着替えることにより情動活性化を促進させる可能性のあることや，着装行動が自己意識の低下を防ぐ，もしくは自己意識を強化して自律へつながる可能性をもつことや，高齢者を対象にしたファッションショーが高齢者に肯定的な効果を与えていることなど，高齢者を対象にした被服に関するセラピー効果を検討する研究がみられる。

　田中ら（1998）は，高齢者の自律と着装行動に関する研究として，近畿地区の健常型有料老人ホームに暮らす 65 歳から 91 歳の男女 110 名を対象に，留置き法による質問紙調査を行った。調査の結果，高齢者においては，自己意識が高い人ほど，着衣を選択するときに重視する基準が明確であるとしている。例えば，普段着を選ぶときには，その着衣を選べば若々しく見えるかどうか，デザイン，素材，色・柄などが流行しているかどうかなどを考慮して，「流行」を最も重視する。そして，外出着を選ぶときには，伝統やしきたり，あるいは，周囲の人との調和を考慮するなど，「社会的な調和」を最も重視することを明らかにしている。さらに，普段着の着装行動においては，着装基準の重視と自律への意欲とは相関関係にあり，自律への意欲は不安や不眠，うつ状態と負の相関関係にあることも明らかにしている。

　箱井ら（2001, 2002）は，高齢者の感情・行動意欲の活性化に関する基礎研究として，着装時における高齢者の感情・行動意欲の変化に関わる要因の検討を行った。高齢者施設のデイケアセンターにおいて，ボランティア活動を行ったり，積極的に外へ出る健康な 65 歳以上の高齢者 226 名を対象に調査を行った。調査内容は，4 種類の刺激写真を用いて，場面を設定し，刺激写真の服装を着用したときの対人評価，感情，行動意欲を検討している。その結果，地味な服で近所に出かける場面においては，ポジティブな感情，行動意欲が抑制されるが，他の条件では行動意欲の肯定的な方向への変化が認められた。特に，男性は，刺激写真の服を着替えることを想像したことにより，積極的に行動する方向への意欲の高まりが認められた。また，行動意欲に関わる要因との関連

を調べた結果，刺激写真の服に着替えたと想像した場合，ポジティブな感情が高いと積極的な行動意欲も高いことが認められた。また，高齢男性の場合，公的自意識，ファッション意識，自律への意欲が高いと，行動意欲も高いことが示唆された。特に，ポジティブな感情と行動意欲との間に強い関連性が見出されたことで，服を着替えることによって生じる高齢者のポジティブな感情が積極性などの行動意欲に影響をおよぼすことが示唆された。

さらに，上野ら（2002）は，高齢者の感情・行動意欲の活性化に関する基礎研究を継続して行い，老人福祉施設におけるファッションショーが高齢者の情動活性化におよぼす影響を検討した。2000年，2001年と継続して行った2回の高齢者ファッションショーで，モデルを務めた高齢者の心にどのような変化がみられたか，観客として参加した人々にどのような影響をもたらしたのかを検討した。具体的には，ファッションショーに参加した高齢者および老人福祉センターの指導員に対してファッションショーに関する感想・印象などを尋ね，高齢者に対しては，自由記述により，指導員には，聞き取りで回答を求めた。収集した意見や感想の内容を分析し，意識変化などについて検討した。

その結果，第1回ファッションショーでは，「楽しかった」や「嬉しかった」など単純な感想が主であったものが，第2回ファッションショーでは，「おしゃれは生きる力を実感した」など具体的に感じた内容が明瞭に述べられていることや，意見数の増加などが明らかとなった。これらの変化から，ファッションショーが，高齢者の情動活性化の刺激となりうること，さらに，継続してそれらの刺激を与えることによって，日常生活の新たな目標の策定や生きがいの獲得につながっていくことが示唆された。

4-2. 装いセラピーへ向けて

多くの研究で得られた知見から，装いの社会・心理的な効果を利用した精神療法として装いセラピーが，今後，ますます現場において行われるようになると考えられる。あえて2つに分けるとすると，化粧によるメイクセラピーと化粧から服装全般に拡大して行うファッションセラピーとなるであろう。

1) メイクセラピー

　村澤（2008）は，メイクセラピーを先天的な病気（アザや変形など）や後天的なケガ（やけどや傷跡など），あるいは加齢によって損なわれたと当事者が思う外見に対して，意図的，計画的にメイクを行い，当事者の心理的・社会的・生理的な活性化を促進させて，QOLの向上が図られるための行為と定義している。それは，メイクすることが最終目的ではなく，当事者の外見に起因する不満や悩みに対して，メイクなどの外見を変えることによって解決を図り，あるいは助言して，最終的には，外見にとらわれることなく，元気に生活できるようになるためのお手伝いをすることが基本となっている。

　阿部（2010）は，現代社会を外見過剰重視社会とよび，この社会が外見的な悩みをもつ人たちの負担を増大させている可能性が危惧されるとしながらも，化粧は，目に見える違いを有する人に，メイクセラピーを通じて貢献できることを強調している。目に見える違いを削減し，心理的な負担を少なくすることができること，そして，さらに，統合失調症や老人性認知症など，外見の違いが焦点でない精神疾患にも好ましい作用が期待できるとしている。

2) ファッションセラピー

　化粧においては，実践的な研究がこの10年間で数多く行われてきており，特に精神的健康の維持・促進をめざした研究としてプログラムを実践してその結果・効果を測るという研究が行われてきているが，被服に関しては，身体や被服のデザインの多様さ，そして，そのデザインにおいても様々な要素が含まれるため，プログラム化は難しい点がある。しかし，牛田（2004，2007）は，デザインの3要素である，形，色，素材の中でも重要な要素であり，特に直接感情に訴えかける効果が高いと考えられる色の効果に着目して，カラー診断の手法を採り入れ，年齢，性別，障害の有無にかかわらず装うことの楽しみを感じてもらうためのプログラム化への実践的試みを行っている。カラー診断とは，個人の特徴を測定して最終的に似合う色や服のコーディネイトを提案するものである。通常は，カラーアナリストという専門家が対象者とともに鏡を見ながら，色の布（ドレープ）を用いて，似合う色を見つけていくものであるが，牛田は，鏡の代わりに他者の反応，すなわち似合うと思う色に手をあげてもらい，

その場にいる，全員が，対象者の外見に注目し，評価をして，最終の診断を行うという方法を採り入れている．他者の注目と評価が入ることにより，自覚状態が高まり，より社会・心理的効果が促進されると考えられる．

　高齢社会を迎え，今後ますます精神的健康や主観的幸福に向けての様々な取り組みが必要となってくるであろう．装うことは人間だけに許された行為である．日常生活において，その社会・心理的効果を実感することは多いのであるが，その機能を十分に理解することにより，人間の一生を通じて，自己の確立と社会性の構築に，さらなる大きな効果を発揮するであろう．特に，人間の成長，発達に寄りそう，教育や福祉分野への応用プログラムの開発が今後いっそう，期待できるだろう．

引用文献

阿部恒之　2010　第1章　化粧の力　資生堂ビューティーソリュエーション開発センター（編）　化粧セラピー　日経BP社　pp.10-20.
Cash, T. F., & Cash, D. W.　1982　Woman's use of cosmetics : Psychosocial correlates and consequences. *International Journal of Cosmetic Science*, **4**, 1-14.
大坊郁夫　1996　対人行動学研究シリーズ3　親密な対人関係の科学　誠信書房
Fenigstein, A., Scheier, M. F., & Buss, A. H.　1975　Public and private self-consciousness : Assessment and theory. *Journal of Consulting and Clinical Psychology*, **43**, 522-527.
藤原康晴　1987　女子大生の好きな被服のイメージと自己概念との関連性　家政学雑誌
深田博巳　1998　インターパーソナル・コミュニケーション―対人コミュニケーションの心理学―　北大路書房　pp.63-81.
箱井英寿・上野裕子・小林恵子　2001　高齢者の感情・行動意欲の活性化に関する基礎研究（第1報）　繊維製品消費科学, **42**（11），47-54.
箱井英寿・上野裕子・小林恵子　2002　高齢者の感情・行動意欲の活性化に関する基礎研究（第2報）　繊維製品消費科学, **43**（11），75-83.
伊波和恵・西田真弓・浜　治世　1998　高齢女性における化粧を用いた情動活性化の試み：過去の化粧習慣と化粧プログラム参加継続性との関連　文京女子大学紀要（人間学部), **2**, 81-92.
James, W.　1890　*Principles of psychology*. New York : Holt.
梶田叡一　1994　自己意識心理学への招待　有斐閣ブックス
柏尾眞津子・土肥伊都子　2000　ジェンダー・スキーマの多次元性に関する検討　繊維製品消費科学, **41**, 884-894.

神山　進　1996　被服心理学の動向　高木　修（監修）・大坊郁夫・神山　進（編）　被服と化粧の社会心理学　人はなぜ装うのか　北大路書房　pp.2-24

Kwon, Y. H.　1992　Body consciousness, self-consciousness and women's attitudes toward clothing practices. *Social Behavior and Personality*, **20**（4）, 295-307.

Lee, M., & Burns, L. D.　1993　Self-consciousness and clothing purchase criteria of Korean and United State college woman. *Clothing and Textiles Research Journal*, **11**（4）, 32-40.

村澤博人　2008　メイクセラピーガイド　フレグランスジャーナル社

Miller, L. C., & Cox, C. L.　1982　For appearances' sake : Public self-consciousness and makeup use. *Personality and Social Psychology*, **41**, 397-406.

中村陽吉　1990　「自己過程」の社会心理学　東京大学出版会

野澤桂子・小越明美・斎藤善子・青木理美　2004　コスメプログラムによる入院患者のQOL改善の試み─化粧による臨床心理学的効果の検討　日本心理学会第68回大会論文集, 978.

Patterson, M. L.　1983　Nonverbal behavior : A functional perspective. *Speech Monographs*, **41**, 261-266.

Stone, G. P.　1962　Appearance and the self. In A. Rose（Ed.）, *Human behavior and social Process*. Boston: Houghton- mifflin Company. pp.86-118.

高木　修（監修）大坊郁夫・神山　進（編）　1996　被服と化粧の社会心理学　北大路書房

田中　優・秋山　学・泉　加代子・上野裕子・西川正之・吉川聡一　1998　高齢者の自律と着装行動に関する研究─着装基準重視と関連する要因の検討　繊維製品消費科学, **39**（11）, 56-62.

上野裕子・箱井英寿・小林恵子　2002　高齢者の感情・行動意欲の活性化に関する基礎研究（第3報）　繊維製品消費科学, **43**（11）, 84-91.

牛田聡子　2004　第13回　全国ボランティア フェスティバルびわこ報告書　p.51.

牛田好美　2007　装いが人間の精神的健康に及ぼす影響 成安造形大学学術活動報告　平成18年度　pp.188-199.

牛田聡子・枡田　庸・山内基子　2000　身体像の評価に影響を及ぼす個人差要因　繊維製品消費科学, **41**（11）, 59-69.

宇山光男・鈴木ゆかり・互　恵子　1990　メーキャップの心理的有用性　日本香粧品科学会誌, **14**, 163-168.

Wicklund, R. A., & Duval, S.　1971　Opinion change and performance facilitation as a result of objective self-awareness. *Journal of Experimental Social Psychology*, **7**, 319-342.

余語真夫・津田兼六・浜　治世・鈴木ゆかり・互　恵子　1990　女性の精神的健康に与える化粧の効用　健康心理学研究, **3**, 28-32.

余語真夫・田辺毅彦・日比野英子・タミー木村　2001　老人ホーム入居者に対するケアとしての化粧プログラムの作成と効果　日本発達心理学会第12回大会発表論文集, 32.

第3章
ケア役割への支援からケアしない権利・ケアする権利の保障へ
――精神に「障害」のある人の家族支援に必要な視点

佐藤　純

1. わが国における家族主義的福祉――家族への依存関係の再生産としての家族主義

　私たちの暮らしは，自助（自ら）―互助（家族や隣人）―共助（システム化された自治組織）―公助（行政）によって支えられている。これらは，自助でカバーできない場合は互助，互助によってもカバーできない場合は共助……というように補完するシステムとなっており，自助や互助，そして共助によって供給してきた社会サービスを機能的に代替するものとして，公的な社会保障システムが発展してきている。つまり，家族（主に女性によって行われてきた）によるケアは出産や育児，日常生活における食事の提供や家事一般，そして病・「障害」・高齢による生活上の心身両面のケアなど，これまで社会サービスの重要な役割を果たしていた。

　儒教的な家族主義といわれる日本や韓国などの東アジアや，カトリック的な家族主義といわれる南欧に限らず，第二次大戦前後までは，互助，特に家族による相互支援はいずれの国においても社会サービスの供給の中心であった。例えば，1950年代には，子どもと同居している高齢者の比率は，日本では69％（厚生省，1980）であるが，フィンランド55％，イギリス42％，アメリカ33％，スウェーデン27％（OECD，1994）と決して低くはなく，家族によるケアが提供されていた。さらに，世界的に完全雇用の実現や高い消費水準，そして家族や子どもへの愛に至上の価値をおくイデオロギーが強まり，家族の安定と画一性をいっそう強める方向に作用していった。まさに20世紀は「家族の時代」であったともいえる（落合，2004）。

　しかし，van de KaaやLesthaegheが指摘するように，宗教基準の弛緩（世

俗化）や個人主義の徹底により同棲，婚外子をもつこと，カップル関係に宗教的・社会的承認を求めない態度，離婚による婚姻関係の解消が増加し（van de Kaa, 2002），家族はまさに「多様化」の方向に進んでいる。そして，その結果として家族の「個人化」はいっそう進み，一生を通じてあるいは人生のかなりの期間，子どもや配偶者をもたないライフコースが次第に広がっており，目黒（1987）が指摘するように「家族生活は人の一生の中であたり前の経験ではなく，ある時期にある特定の個人的つながりをもつ人々との間でつくるもの」となり，家族生活はあくまで一つのライフスタイルとなっている傾向が進んでいる。このような中，それぞれの国では自助—互助に頼りすぎない，社会民主主義的，保守主義的，自由主義的な福祉国家レジームをもとに社会保障のシステムを動かしている。

　しかし，わが国においても新たな福祉国家のレジームを志向する方向で国民の意識や生活実態が変化しているかというとそうともいえない。例えば，確かに既婚の子どもと同居している高齢者の比率は1980年の52.5％から2005年の23.2％に減少しているが，敷地内別居や親世代との住まいの距離が1時間以内の近居の子どもたちが増加している（内閣府，2006）。また，家族が一番大切という意識も増加している（電通総研・日本リサーチセンター，2004）。家族の形態は多様化しているが，家族に対する意識はむしろ強まっているようにも思われる。

　一方で，個人を囲む同居家族以外との関係についてはむしろ減少している状況がうかがえる。例えば，内閣府の調査（2010）では，「心の支えとなっている人」の問いで「親しい友人・知人」をあげる者が米国46.5％，ドイツ32.3％，スウェーデン24.8％に対し，日本の高齢者の場合15.5％と，韓国6.0％とともに極端に低い。そして，近所の人たちとの付き合いについては，いざとなったときの相互扶助として病気のときの助け合いを聞くと，日本の高齢者の場合9.3％と，最近急速に減少した韓国（2005年の20.0％から2010年の9.5％へ）と並んで，その他の国に比べ格段に低くなっている。さらに意識調査においても家族以外の深いつきあい志向は減少している（NHK放送文化研究所，2010）。

　つまり，わが国においては，家族の形態が多様化し，従来の家族の機能は縮小・衰退している実態にもかかわらず，私たちの家族に対する意識は，同居家

族以外のつきあいを減少させ，いっそう同居・もしくは近居している家族に対する期待を高めているといえる。

　それは，高齢者に限らない。わが国では未婚の子どもが親と暮らす割合が増加している。全国の「親と同居の若年未婚者」の20〜34歳人口に占める割合をみると，1980年の調査では29.5％であったのが，2009年の調査には47.6％と上昇している。さらに「親と同居の壮年（35〜44歳）未婚者」の35〜44歳人口に占める割合は，1980年の調査では2.2％であったのが，2009年は15.3％と一貫して増加をつづけている。これらの若者は失業や所得の低い臨時雇用であるなど，経済的な理由による同居が多いと指摘されている（西，2010）。つまり，親が未婚の子どもを支えている実態はさらに強まっている。

　これらの傾向は，日本の家族意識の強さとして美談として語られることが多いが，そうではない。Espin-Andersen（1990）が指摘している通り，わが国において家族主義が依然として重要であるのは，日本でいう儒教的な連帯感や敬意の文化においてという「積極的な」意味ではなく，他に選択肢がないのでやむをえず家族に依存するという「消極的な」意味においてである。つまり，福祉国家や労働市場が十分機能せず，やむをえずこれまで以上に家族が扶養と援助の負担を背負い，家族への依存関係を再生産しているということになる。つまり，いっそう家族で支えあう困難と負担が増加していることがうかがえる。

2．わが国における精神に「障害」のある人の家族がおかれている現状

　これらに加え，精神に「障害」のある人およびその家族のおかれている状況はさらに深刻である。

　わが国では1950（昭和25）年の精神衛生法の制定により，精神に「障害」のある人の私宅監置が禁止され，精神に「障害」のある人の「収容」の場は自宅から精神科病院へ移行する。さらに1955（昭和30）年には，精神科病院を設置する場合には国庫補助が受けられ，非常に低金利の貸付制度が設けられたことで，精神科病院の建設が増大する。さらに精神科特例が認められたことで，少ない医師・看護師数で入院治療を行うことができるようになった。これらがそろうことで，精神衛生法制定時には全国で2.3万床であった精神科病床数は，

1980年（昭和55）には30.4万床になり，さらに増加を続け，最大約34万床にまで増加した。

このような流れは，世界各国と比較しても，わが国独特である。この精神科病床の増加により，わが国においては，入院中心の精神保健医療福祉体制がいまだ続き，33万数千床という世界最大の病床をもつ国となり，さらに退院時の在院日数は日本を除く国の平均が18日であるのに対し，296日という世界最長の平均在院日数を記録する状況となっている（図1，表1）。

このような入院中心の精神保健福祉医療システムであるため，地域生活を支

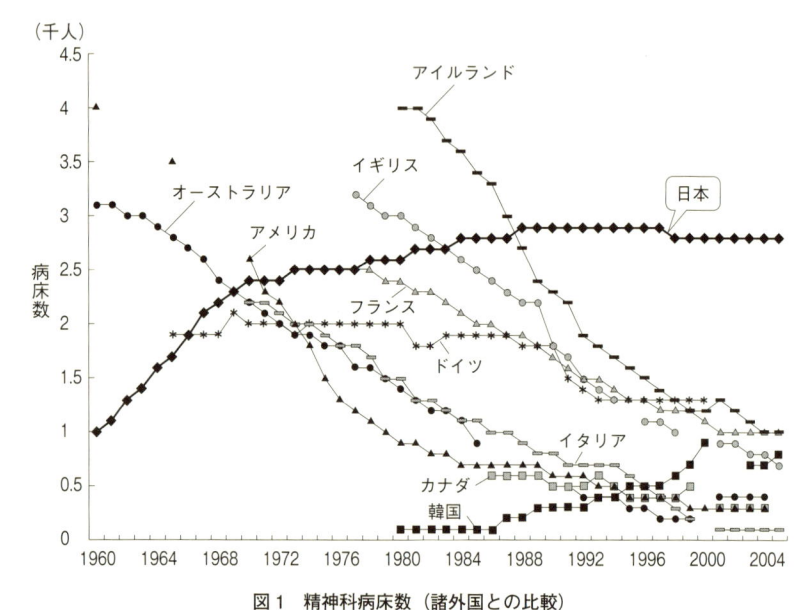

図1 精神科病床数（諸外国との比較）

資料：厚生労働省社会・援護局障害保健福祉部精神保健福祉課，障害保健福祉課主管課長会議資料　平成23年6月資料

表1　退院患者の平均在院日数

日本	フランス	イギリス	ドイツ	アメリカ	カナダ
298.4	6.5	57.9	22.0	6.9	15.4

OECD Health Data 2008「2005年診断分類別精神及び行動の障害」より。ただし日本は平成17年患者調査「精神及び行動の障害」より

2. わが国における精神に「障害」のある人の家族がおかれている現状　45

援する地域精神保健医療福祉システムはなかなか発展せず，いまだに社会資源の数は少なくしかも偏在している。

　わが国の精神保健医療福祉システムを俯瞰してみると，近年，障害者自立支援法下の就労・生活支援事業所が増加しているが，図2のとおり，本人の精神疾患が治療により回復していけばいくほど，様々な支援メニューが増え，本人の支援の選択が可能となるというのが現況である。しかし，本人の精神疾患がなかなか回復していかない場合は家族が本人のすべてを支えざるをえない状況である。そうして，本人の突発的な行動や定期的な精神科受診や服薬ができないなどが重なれば，家族が本人を支えきれなくなり，やむなく入院（多くは強制入院）となる。わが国の精神保健医療福祉システムは入院中心から地域生活支援中心へ大きくシフトしてきている。しかし，これから述べる調査の結果は，本人の異変から病状が安定するまでの間には，家族ケアか入院医療（多くは強制入院）の二択しかない現状を表しているといえる。

　具体的に精神に「障害」のある人たちの家族はケアをしていくうえでどのよ

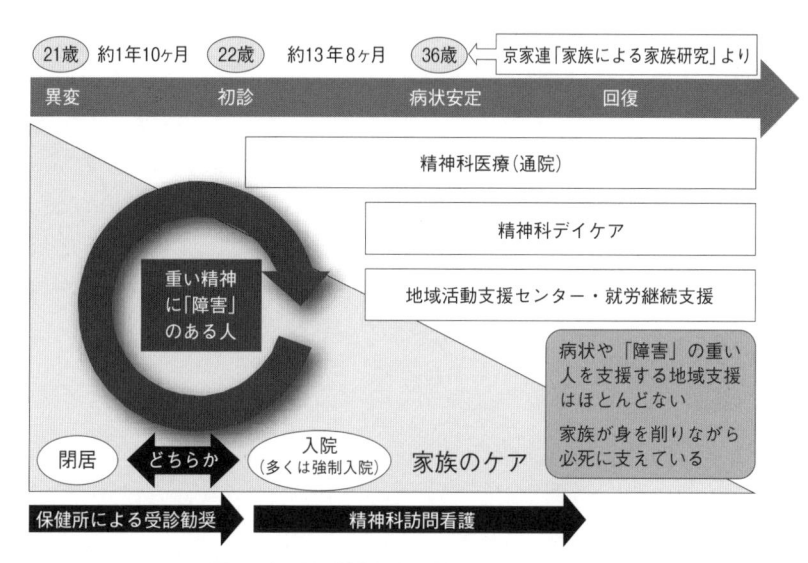

図2　我が国の精神保健医療福祉システムの概観

社団法人京都精神保健福祉推進家族会連合会の「発病から病状が安定するまでに体験する家族の困難と必要な支援―家族による家族研究事業Ⅰ（2009〜2010年度）」を参考に筆者が作成

うな困難を経験しているのか。社団法人京都精神保健福祉推進家族会連合会によって行われた「発病から病状が安定するまでに体験する家族の困難と必要な支援─家族による家族研究事業Ⅰ（2009〜2010年度）」の調査結果から概観してみる。

2-1. 本人が精神的に不安定になってから精神科に受診するまでに経験する困難

　精神疾患においても早期治療は重要な課題である。しかし，精神的な不安定を認めてから精神科への初診は，幻覚・妄想などの症状そのものによる混乱の影響，精神病やその治療に関する情報の不足，治療・相談機関へのアクセスの悪さ，スティグマなど（西田，2007）の理由により遅れる。1990年代に入って注目されるようになった幻覚や妄想などの精神病症状が出現してから治療開始までのこの期間は，精神病未治療期間（Duration of Untreated Psychosis：DUP）とよばれ，治療開始の遅れの指標とされており（Loebel et al., 1992），いかにこの期間を短縮するかが世界各国の精神保健医療福祉の重要課題の一つとしてあげられている。

　それは，疾患の治療が遅れることのデメリットに加え，その間，患者本人ならびに家族がうつや自殺のリスクの増大，家族や社会からの孤立そして暴力行為や触法行為など自傷や自殺，他害的行為など様々な混乱やリスクに曝される（Edwards & McGorry, 2002）ためでもある。例えば，筆者らが社団法人京都精神保健福祉推進家族会連合会と共同で行っている「家族による家族研究」事業において行った調査（2010）によれば，家族が異変を感じてから本人が精神科に受診するまでに約1年10ヶ月経過していた。これだけ受診が遅くなるのにはどのような理由が考えられるのか。

1）理由1：精神疾患の知識の不足

　1つ目の理由として考えられるのは，精神疾患に関する知識の不足である。当初の本人の異変としては，「不眠」44.0%，「緊張・不安」40.1％というような一般的なストレス反応と区別がつきにくいものに加えて，知識があれば精神疾患と疑うことが可能となりやすい「幻覚や妄想」43.1%が高率に認められた。

ほぼ同時期に行われた東京近郊の家族会と行われた調査（岡崎ら，2010）においても異変時に「幻覚や妄想」が42.0％と高率に認められている。しかし，本調査ではそれに対して家族が認識した理由としてあげられたものは（複数回答），「受験・学業・職場のストレス」42.7％が最も高率であったが，「分からない」とした回答が37.5％であり，「精神疾患と認識」できたのは22.4％と約4人に1人であった。先述の岡崎らの調査によれば，「家族が本人の病前に精神疾患を学ぶ機会がなかった」者が87％，「もし学んでいたら初期の対応が違っていたか」に87％の家族が「はい」と回答しているように，精神疾患の知識の不足が受診の遅れに結びついていることが推測される。

2）理由2：精神科初診までを支援するシステムの未整備

　精神科の初診の直前，本人の精神的な不安定の度合いも強くなる。家族からみて，「24時間ひとときも目が離せない」が9.1％，「常に見守り必要」が18.1％，「頻繁に見守り必要」が13.4％と，40％以上の人が高い頻度で見守りが必要な状況であった。その異変のサインとしてあげられたものには，「興奮・怒りっぽくなる」31.9％のほかに，「自傷行為」12.9％，「他人に迷惑行為」が10.3％みられ，これらは家族にとって高い緊張状態を持続させなければならず，大きな負担となっていることが推測される。

　そのために，家族も本人の精神科受診を促すことになろうが，精神科の受診に対し，「まったく拒否する」は13.8％，「説得してしぶしぶ受診」が12.5％と，全体の25％以上が精神科に受診させることの困難を示している。

　そこで，家族は何とか本人を受診させられるよう精神科医療機関や保健所などの相談機関に相談に行く。しかし，「精神科医療機関において本人が受診しないと何もできないと言われた」8.2％，「保健所に相談に行っても協力が得られなかった」6.0％，「救急情報センターに相談したが協力が得られなかった」6.0％という経験をし，なかなか本人の精神科受診が可能とならない。そういった状況とあわせ，「家族自身が身の危険を感じることが増えた」15.9％，「警察に通報することがあった」14.7％という経験も加わっていく。

　最終的には家族の説得などにより精神科をはじめて受診する。そして精神科医により精神疾患が診断され治療が開始される。多くの場合，本人が自ら治療

の必要性を認める場合や精神科医の説明や家族のすすめなどにより，通院し服薬をする，あるいは自らが入院の必要性を認め入院治療を開始する。しかし，残念ながら，本人が精神疾患の治療の必要性を認めない場合，精神保健福祉法上の保護者の同意による医療保護入院となるか，あるいは精神疾患による自傷他害のおそれが認められ都道府県知事の命令による措置入院となる，いわゆる強制的な入院となる者が 16.8％あった（「措置入院」7.3％，「医療保護入院」9.5％）。本人にとってはじめての精神科医療との出会いが，本人の同意によらない入院によって始まる者が 16.8％もいるということは，本人のその後の精神科医療に対する信頼感や治療継続意志に影響している可能性が示唆される。さらには，自らの意志によらず保護者の同意による入院をした者については，その後の本人と入院を同意した家族との関係への影響も考えられる。

　このように，本人を精神科受診につなげる際の家族の困難な経験は，精神疾患の特性の影響だけでなく，わが国の場合，周囲が精神疾患ではないかという異変を感じてから精神科に受診し，病状が安定するまでの時期の支援システムが未整備であることも大きく影響している。わが国においては精神科未受診・精神科医療中断の者への受診勧奨は，公衆衛生活動を担う保健所の活動とされ，精神保健福祉相談員や保健師が配置され訪問サービスが提供されている。しかし，保健所には治療行為を行うシステムはなく，受診勧奨をし，それで効をなさない場合は，精神保健福祉法による入院措置を執るという形となっている（竹島ら，2004；高岡，2004）。いまだ入院中心の精神科医療システムであり，受診を勧奨する保健所の精神保健福祉相談員や保健師の不十分な配置が背景にあり，決して「保健所が『適切な医療につなげる』という役割」（藤田，2008）が行えていないと指摘するものもある。

2-2. 精神科には受診するが病状が安定せずにいる人のケアをしている家族が経験する困難

　調査時点で病状が安定してきている者 75.0％に病状が安定してきた年齢を尋ねると，平均 35.7 歳であった。初診が平均 22.0 歳であることから考えると，現在安定してきた人の病状が安定するまで平均 13 年 8 ヶ月かかっていると推測される。本質問の「病状が安定する」はあくまで家族の主観的な捉え方を尋

ねている。したがって精神疾患の特性を測るデータとして捉えることはできない。しかし，家族のケアへの主観的な強い負担は平均13年8ヶ月にもおよんでいることには着目していく必要がある。これだけ長い期間，本人の精神科受診に「家族が同伴」もしくは「代わりに受診」は13.7％，精神科の薬は「家族が管理」や「服薬しない」は15.1％というような精神科治療や服薬の不安定さ，そして月1回以上の本人の突発的な行動（自分を傷つけたり，急に混乱をしたり，他人に迷惑をかけるなど）があるものが19.8％ある。

しかし，この間，「精神的な支え」「適切な情報」「すぐに対応」は，主治医や保健医療福祉機関のサービス，そして家族会によって支えられているが，「一緒に行動してくれる支援」となると家族や親戚などが上位となり，「訪問して支援」してくれるのは専門機関ではほとんどなく，家族や親戚を含めても44.4％の家族は支援なし，と回答している。つまり，本人や家族が相談や支援の場に足を運べば提供される支援は充実してきているが，在宅の家庭に訪問して支援してくれる精神保健医療福祉サービスが極端に少ない。精神科初診から病状が安定するまでは精神科訪問看護などがあるが，現状は主治医より「精神科訪問看護の訪問依頼がない」が77.8％（社団法人全国訪問看護事業協会，2008）などや，精神科訪問看護を行ってくれる訪問看護ステーションが偏在しており，医療機関からの訪問もマンパワーの不足などから十分な支援を届けるに至っていないという特徴がある。この時期に長期間にわたり地域の中で孤立したまま，本人のケアを継続している家族の様子がうかびあがってくる。

3. これまでの精神に「障害」のある人への家族支援の見直しが必要

これまで精神に「障害」のある人への家族支援は，家族によって得られる本人へのケアを良質にし，それを維持していくことによって，本人の生活がその人らしくいきいきと生活できることに力点が置かれてきた。つまりあくまで家族支援は，本人への支援のメニューの一つとして位置づけられ，本人に良質のケアが提供されている場合は，特に家族支援を必要と認識されることはなかった。

精神保健医療福祉関係機関や専門職からは，例えば，家族療法，家族相談，

家族心理教育，家族教室などと称される家族支援が提供されてきた。これらの家族支援は，精神疾患やその治療，そしてリハビリテーションの知識を学ぶとともに，本人への対応の工夫を分かち合うとともに，ケアをするうえでの不安や苦労を分かち合うといった方向性にある。その目的は本人への家族のケアを良質にすることであり，専門職からは治療のパートナーとして捉えるべきという表現もみられるようになってきた。

しかし，これらの支援は2つの点で，結果として家族を追い込むこととなる。

3-1. ケアする者とケアされる者を強化することが，結果として本人と家族を閉鎖的なケア関係に追い込む

このような視点から提供される家族支援は結果として，なぜケアする者がその役割を担っているかを問うことなしに，家族をケアする者とケアされる者として固定強化する。例えば，青年期を迎えた「何らかの『障害』がありケアを必要とする子ども」をケアする親にとって，その子どもは成人してもあくまで親の保護を必要とする「子ども」であって，「成人したひとりの個人」という見方にはなりにくい。そのために，「何歳になっても世話してしまう」関係になり，「成人したひとりの個人」としてつきあうことが難しくなることが想像される。よりよくケアしようとすればするほどこの親子関係は強化される。そのことは，本人にとってもケアを提供している家族にとっても不幸である。

また，脳性マヒである熊谷（2010）が自らの親子関係を振り返って指摘するように，そのような親子関係においては，「健常者幻想」と「厳しい社会幻想」が親子双方に膨れあがるという。「健常者幻想」とは，「障害」がなくなり健常者になる，という目標を掲げれば掲げるほど，そこでめざされている健常者のイメージが，本当は様々であるのに，むしろ完璧な一分の隙もない超人のイメージに高まっていく現象をいう。そして「厳しい社会幻想」とは，親と子を取り巻く社会に対して「生き抜くことが厳しい場所である」と過剰に恐れる態度が膨れあがっている現象をいう。これらの「健常者幻想」は結果として本人やケアをする家族の自己肯定感や自己効力感を奪い，「厳しい社会幻想」は本人やケアをする家族の外界とつながっていこうとする志向性を奪い，結局は親との分離不安をさらに強化すると熊谷は指摘する。

3-2. 提供される家族支援が家族自身の人生にまで着目した支援とはなっていない

　さらに，このようなケアを続ける中，本人のことや本人のケアではなく，家族自身の困りごとや困難を主治医や他の専門職に尋ねられた経験を問うと，49.6％は特に尋ねられたことはないという結果であった。医師や他の専門職は，本人のケア以外の家族自身の生活や人生は支援の対象として認識されていない可能性がある。

　しかし，例えば英国では，ケアの責任を家族に置き「家族が良質なケアを継続的に提供できるよう支援する」という従来の姿勢に反省が加えられた。家族ひとりひとりにもそれぞれの人生と生活そしてニーズがあり，まずは家族自身の「家族の介護をしつづけたいという自発的な意思を尊重する」とともに，「家族を就業や教育など様々なニーズをもつひとりの人」として捉え，支援するという，これまでとは異なる家族支援の大きな認識の転換とそれに基づく施策の転換がみられた。1996年に施行されたケアラーズ法（The Carers (Recognition and Service) Act）において，地方自治体に対して本人に加え家族自身の個別ニーズをアセスメントするよう決定された。さらに，2000年にはケアラーズおよび障害児法（Carers and Disabled Children Act 2000）において，家族に対し，①地方自治体によるアセスメントを受ける権利，②そのアセスメントに基づき必要なサービスを受ける権利，③必要なサービスの提供に代わる直接給付（現金給付）の支給，④休暇等のためのバウチャー（利用券）制度の導入等が規定された。そして，2004年にはケアラーズ（機会均等）法（The Carers (Equal Opportunities) Act 2004）が制定された。この法では，アセスメントは①家族のケア継続が可能かどうかにとどまらず，②労働もしくは求職の意思，生涯教育と訓練，余暇活動への参加の意思についても確認されることとなった。

　つまり，この法ではケアをする家族自身の基本的権利の擁護という観点から，ケアを行っている家族は社会的な排除をされており，その家族も他の人々と同じようにごくあたりまえの生活を送ることができるような社会的な包摂をめざすといった視点を含んだものとなっている。

4. これからの精神に「障害」のある人の家族支援に重要な視点

4-1. ケアをしない権利を保障する支援

　精神に「障害」のある人の家族支援で今後重要となる視点の一つは、森川（2008）の提起する「ケアをしない権利」、つまり、家族がケアをするかしないかを選択できる権利の保障という方向性である。

　これまで述べたように、精神に「障害」のある人が地域で生活していくうえで、家族のケアは必須である。精神科病院に入院している社会的入院（社会的理由による入院）患者の退院する適切な退院先に家族と同居が40％以上あがってくる（日本精神科病院協会，2003）など、家族のケアなしに精神に「障害」のある人が地域生活を送ることは難しい状況にある。

　そういった状況の中で、あえて家族がケアをしない選択ができる権利を保障するとはいったいどういうものか。森川（2008）は、「障害」のある人が自身の生活を支えるための家族外の資源へのアクセスすることを保障すること、そうした外部資源が家族による全面的なケアを代替・分有する幅を増やすように編成されること、そしてそれらの外部資源が介護者支援と連動することをあげている。

　つまり、「障害」のある人自身も、支援する専門職も、家族によるケアを全面的にあてにしないでも地域生活が可能になるよう、きめ細やかな訪問による地域医療や、地域生活支援の充実を図るとともに過不足なくその支援が届けられることを実現することをまずは考えたい。それらの支援が届けられるシステムが整うことではじめて、「障害」のある人とその家族を、ケアする者とケアされる者という関係に固定化することを防ぎ、ひとりひとりの、ひとつひとつの家族のありように応じてケアが形成される。

　筆者が現在関わっているACT（Assertive Community Treatment）における家族支援の研究（佐藤，2010）において、精神に重い「障害」のある人をケアしている家族のインタビューの中で、「私たちが死んでもきっとACTさんが来て支援してくれるから」とインタビュー協力者すべてが言うことに驚いた経験がある。筆者はこれまで長いこと、精神に「障害」のある人の家族支援をしていて、現在ケアをしている親は口々に自分の亡くなった後、誰が本人をケ

アしてくれるのかの不安を訴えていたので，本当に驚いた経験であった。まずは精神に「障害」のある人への支援が行き届き，家族がケアすることができなくなったとしてもケアが継続される安心感は，家族がケアをしなければならないという呪縛から解放するとともに本人とケアする家族の関係を変化させることは十分考えられる。ACT が提供する支援はいまだ十分ではないかもしれないが，このような支援が地域生活支援として地域に整えば，家族がケアしない権利を保障することとなり家族が変化していくのかということを少しだけ実感する体験であった。

4-2. ケアをする権利を保障する支援

それらの家族がケアをしない権利が保障されたうえで，家族自身がケアする権利の保障が求められる。

その実現に必要な視点は，ケアをされる人 - ケアをする人と決めつけることなく，すべての人にケアをする権利を保障することである。「障害」のある人も，自分の子どもや親，パートナーや友人に対するケア責任や役割を，他の人と同じように著しい不利を被ることなく果たせるための具体的な支援を公的な仕組みを通じて確保するという課題を提起していると森川（2008）は指摘する。そうしてはじめて，ケアされる人 - ケアをする人という固定的な関係からの解放が図られるのである。

そうしたうえで，「障害」のある人や現在ケアに参加していない人をも含めた多様な人々にひらかれるための条件整備も含めて，ケアに関わることが市民としての著しい不利（例えば就労や教育など）に結びつかないための社会保障上の諸施策，ケアとそれ以外の生活のバランスが取れるための諸施策が求められるのである。

つまり，まずは，家族のケアをあてにしない地域生活支援システムを，本人・家族・専門職が力をあわせて創り出していかなければならない。そして，そのうえで，ケアをする人（それは家族に限らない）がケアによって被る社会生活上の困難や不利を軽減するシステムを整えていく。そういったことが可能になってはじめて，「障害」のある人も含めた地域生活をしているひとりひとりを，就業や教育など様々なニーズをもつひとりの「人」として捉え支援してい

くことが可能になるのだろうと思われる。

引用文献

電通総研・日本リサーチセンター（編）　2004　世界 60 カ国 価値観データブック　堂友館

Edwards, J., & McGorry, P. D.　2002　*Implementing early intervention in psychosis: A guide to establishing early psychosis services.* Martin Dunitz.（水野雅文・村上雅明（監訳）　2003　精神疾患早期介入の実際―早期精神病治療サービスガイド　金剛出版）

Esping-Andersen, G.　1990　*The three worlds of welfare capitalism.* Cambridge : Polity Press.（岡沢憲芙・宮本太郎（監訳）　2001　福祉資本主義の三つの世界―比較福祉国家の理論と動態　ミネルヴァ書房）

藤田大輔　2008　地域精神科救急を考える―岡山県におけるACT実践より　PSYCHIATRY, **51**, 872-878.

厚生省大臣官房統計情報部　1980　厚生行政基礎調査

熊谷晋一郎　2010　つながりすぎる身体の苦しみ　綾屋紗月・熊谷晋一郎　つながりの作法―同じでもなく違うでもなく　NHK出版

社団法人京都精神保健福祉推進家族会連合会　2010　発病から病状が安定するまでに体験する家族の困難と必要な支援―家族による家族研究事業 I（2009～2010 年度）報告書　京都精神保健福祉推進家族会連合会

Loebel, A. D., Lieberman, J. A., Alvir, J. M., Mayerhoff, D. I., Geisler, S. H., & Szymanski, S. R.　1992　Duration of psychosis and outcome in first-episode schizophrenia. *American Journal of Psychiatry,* **149**, 1183-1188.

目黒依子　1987　個人化する家族　勁草書房　p. iv.

森川美絵　2008　ケアする権利／ケアしない権利　上野千鶴子ら（編）　家族のケア　家族へのケア―ケア　その思想と実践 4　岩波書店

内閣府　2006　平成 19 年国民生活白書

内閣府　2010　高齢者の生活と意識に関する国際比較調査

NHK 放送文化研究所　2010　現代日本人の意識構造　第 7 版　NHK 出版

日本精神科病院協会　2003　精神障害者社会復帰サービスニーズ等調査事業報告書　入院調査
　＜http://www.mhlw.go.jp/shingi/2003/11/s1111-2d.html#mokuji＞（2011 年 8 月 16 日閲覧）

西　文彦　2010　親と同居の若年未婚者の最近の状況 その 8　総務省統計研修所
　＜www.stat.go.jp/training/2kenkyu/pdf/zuhyou/parasit8.pdf＞（2011 年 8 月 15 日

閲覧）
西田淳志　2007　早期精神障害への支援と治療～その根拠と目的　こころの科学　日本評論社　pp.13-19.
落合恵美子　2004　21世紀家族へ　第3版―家族の戦後体制の見かた・超えかた　有斐閣選書　p.241.
OECD　1994　*Caring for frail elderly people: New directions in care.*（OECD social policy studies, No.14). Paris: OECD.
岡崎祐士ら　2010　早期支援・家族支援のニーズ調査報告書　平成21年度厚生労働科学研究こころの健康科学研究事業　思春期精神病理の疫学と早期介入方策に関する研究
佐藤　純　2010　科研費報告書　包括型地域生活支援プログラムにおけるチームづくりと効果・評価に関する研究　分担研究「家族支援」　基礎研究B（課題番号：19330136，研究期間：2007年度～2009年度）
佐藤　純　2012a　何をすることが家族の支援になるのか―精神に「障害」のある人の家族支援の経験から　精神医療, **65**, 47-55.
佐藤　純　2012b　日本で家族支援をどのように実現していくか　月刊みんなねっと2012年7月号, 63, 6-15.
佐藤　純・石川三絵・金井浩一・橋本東代子・水嶋美之　2012　ACTにおける家族支援　精神保健福祉, **89**（43）1, 19-22.
高岡道雄　2004　地域における危機介入―法24条移送制度の実態と課題―　精神医学, **46**（6），579-584.
竹島　正・立森久照・三宅由子　2004　地域における危機介入―措置入院制度の事前調査を手がかりに―　精神医学, **46**（6），571-577.
統計数理研究所「日本人の国民性調査」
〈http://www.ism.ac.jp/kokuminsei/index.html　= 2011年8月15日閲覧〉
Van de Kaar, D. J.　2002　福田亘孝（訳）先進諸国における「第二の人口転換　人口問題研究, **58**（1），22-56.
社団法人全国訪問看護事業協会　2008　精神障害者の地域生活支援を推進するための精神科訪問看護ケア技術の標準化と教育およびサービス提供体制のあり方の検討報告書　厚生労働省障害者保健福祉促進事業（障害者自立支援プロジェクト），社団法人全国訪問看護事業協会

第4章
地域との主体的な関係性による豊かな居住地生活

中村久美

1. 少子高齢社会における地域の重要性

1-1. 都市的生活様式の深化とコミュニティの議論

　子どもの虐待事件や高齢者の孤独死が発生するたびに，それらの防波堤となる地域の重要性が指摘される。こと改めてその重要性が取りざたされるということは，裏を返せば現在の居住地域に，それら深刻な社会問題を未然に防ぐ力が欠けていることを示すものといえるだろう。

　そもそも，戦後，生活水準の向上とともに急速に普及，定着していった都市的生活様式では，それ以前の地域共同体の機能を必要とせず，各家庭は居住地域との関係やその拘束から解放された。この傾向は高度経済成長と国民の価値意識の変化とともに生活の私事化，家庭の個別化，閉鎖化をすすませる。地域の諸問題を，個別的に行政や民間サービスに依存して解決することを当然とみなすような社会意識が一般化（森岡，2008）したのである。

　しかし一方で，少子高齢社会や家族の変容の問題が顕在化する。冒頭の孤独死や虐待に限らず，家族のうちで処理され，外に出てこなかった課題や矛盾が社会問題化された。家族が担ってきた福祉機能を，身近な社会集団である地域に求めざるをえなくなったのである。もちろん地域の機能は高齢者や障がい者の自立，子どもの発達や共働き世帯，片親世帯など，生活困難世帯の生活支援といった福祉の側面にとどまらない。防災・防犯や，それらを含めたまちづくりの側面で，地域の期待や役割は増してきたのである。

　この地域への注目，住民の役割重視の流れは，生活拠点となる住宅をめぐる政策にも表れる。それまでの住宅建設法に代わる住生活基本法（2006年）で

は，国民の住宅問題を単にハードとしての住宅整備にとどまらず，生活も含めて住生活全体のこととし，生活環境整備の問題と捉えていくと同時に，その環境整備の主体としての役割を住民にも求めている。地域のコミュニティを醸成し，その良好なコミュニティのもとでハードとしての生活環境整備と住生活における安全，安心のしくみを創生することを求めているのである。

1-2. 新たな都市型コミュニティへの希求

地域コミュニティの重要性を改めて社会全体が認識したのは，1995年に起こった阪神・淡路大震災であったといえる。被災地域における被災後1年半の時点での住生活上の諸課題を，神戸市，宝塚市，西宮市にそれぞれ立地する公団住宅5団地の居住者（n=610）を対象に調査した結果（中村・今井，1998）で

a. 近所付き合いの大切さを……　n=528
- 強く意識するようになった：33.9
- 多少意識するようになった：40.9
- 震災直後は意識したが今はそうでもない：10.2
- とくに意識していない：15.0

b. 近隣関係の様子　n=557
- 震災前から親しい：32.7
- この震災で親しくなった：16.0
- 震災時親しかったが今はそうでもない：17.4
- 震災前も後もあまりつきあいはない：31.2
- この震災でやや気まずくなった：0.4
- その他：2.3

c. 普段の付き合い方　n=557
- 災害時を考えて普段から親しく：19.2
- 普段は立ち話程度，災害時助け合う：30.9
- 普段は挨拶程度，災害時助け合う：38.8
- 近所付き合いはあまり重視しない：9.3
- その他：1.8

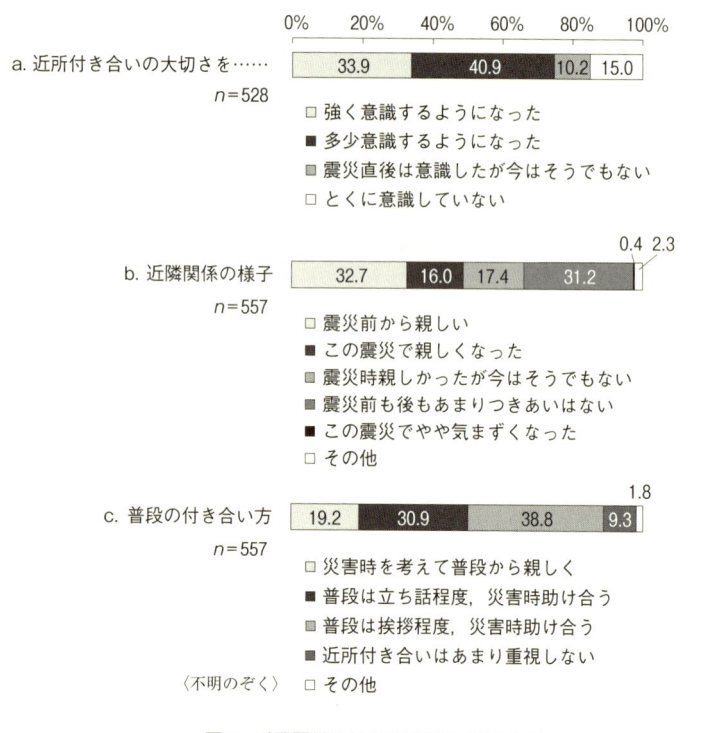

〈不明のぞく〉

図1　近隣関係に対する諸意識（筆者作成）

は，33.9%の居住者が近所づきあいの大切さを「強く意識するようになった」とし，「多少意識するようになった」とする者も合わせると，およそ3/4が近隣関係を重要視するようになったとしている（図1a）。実際に被災直後，遠方の血縁者からの支援や行政サービスが届く以前の，救助や緊急避難の場面で頼りになったのは，「ご近所」であった。

ただし，地域の相互支援の重要性を実感する一方で，「震災後は皆とがんばろうという気持ちだったが，半年後くらいから生活状況の格差や互いの利害がからみ，違和感を感じるようになった」「いろいろ指示する人がいて不快に思った」（いずれも中村1996年調査より）など，人間関係の難しさを指摘する声があがっていたのも事実である。共同体としての束縛から一度解放され私事化した生活を，地域の共同作業で立て直そうとしたとき，その共同性の構築は容易ではない。

実際，前述の被災地域への調査において，震災前後を通じて近隣関係の様子を尋ねた調査結果（図1b）では，震災前から親しい世帯が1/3をしめ，さらに「この震災で親しくなった」とする世帯が1.5割みられる一方，「震災時親しくなったが今はそうではない」と，生活の復興とともに人間関係のほうは縮退していった世帯がそれ以上に存在したのである（中村・今井，1999）。あるいは災害時に頼るものとして，51.5%の世帯が「近所の人」をあげながら，普段のつきあい方を問うと，「災害時を考えて普段から親しくしたい」とする世帯は2割にとどまり，「普段は挨拶程度で災害時助け合う」関係を望む者が約4割と最も多かった（図1c）。非常時における地域の連帯や共同性の重要性は認識するものの，日常の人間関係については煩わされたくないというのが，都市的生活様式が浸透した市街地や都市郊外居住者の地域における人間関係意識といえよう。

欧米から持ち込まれたコミュニティという語は，社会学や建築学，都市計画学用語として日本の施策の場面で用いられる場合，往々にして情緒的側面が強調される。そのような状況に対しコミュニティが親和性を強調するあまり，生活上の「共同性」を担保するものになっていない（竹井，2007）といった批判がある。住民の相互交流や紐帯そのものが目的化し，問題解決の機能をなしえない精神性だけのコミュニティ議論は確かに不合理である。

先の震災被災地域の調査（中村・今井，1999）において，災害時に住民のよりどころとなる自主防災組織の必要性を問うたところ，44.4％が役立つから是非あったほうがよいと回答していた。被災当時，そのような近隣組織などほとんど存在しなかった状況でのこの4割を超える数字は，地域の重要性への認識を示すとともに，普段からの親睦，交流を求める自治会，町内会などの既存組織への忌避観を示すものといえる。

行政や民間サービスへの依存から抜け落ちる生活課題の解決や，家族機能の衰退を埋める新たな地域の共同性を構築する必要がある。それはもはや一昔前の共同体的関係性ではなく，どちらかといえばルール（法）を介した「システマティック」な「共同性」（竹井，2007）ともいえるものが現実的である。そのような機能的な「共同性」を構築するためには，主体的に居住地生活を送る住民による，新たな地域の関係性の構築が必要となる。

2. 住民の自主的地域活動にみる主体的な関係性

2-1. 住民主体の地域福祉活動「ふれあい・いきいきサロン」

全国社会福祉協議会を中心に取り組まれている地域福祉活動に，「ふれあい・いきいきサロン」事業がある。様々な地域居住者を対象とするサロンの中でも高齢者を対象とするサロンは，2006年4月の介護保険制度改正による介護予防重視の流れに沿う高齢者福祉施策として，具体的には高齢者のひきこもりを防ぎ，地域住民の交流を促すものである。

福祉事業としての本事業のもう一つの特色として，活動主体が住民ボランティアであることがあげられる。グループ活動の立ち上げにはある程度地域の社会福祉協議会の働きかけがあるものの，以後のサロン運営については地域福祉に関心のある住民に任される自主活動である。この住民による住民のための地域活動は，単に介護予防にとどまらず，地域のコミュニティ形成にとって大きな意味を有する。それを明らかにした著者の調査研究から，本サロン活動に関わる住民相互の関係性やそれぞれの地域との関わり方をみてみよう。

調査対象地域は京都府宇治市である。昭和40年代の住宅地開発により，多くの団塊世代を受け入れながら京都市内のベッドタウンとして発展してきた。

宇治市社会福祉協議会主導のサロン事業は，平成8年に始まっている。調査時点（2007年）で宇治市社会福祉協議会に登録しているサロン数は108，そのうち高齢者向けサロンは60である。平成13年度京都府社会福祉協議会による調査によると，サロン設置数は京都府下で福知山市に次いで府内2番目に多く，サロン活動の活発な地域の一つといえる。この宇治市における高齢者向け11サロン（平成19年度高齢者向け60サロンのうちの18.3%に相当）を対象に，代表者へのヒアリングや参加者への質問紙調査，実際の活動状況に対する参与観察調査などから総合的に活動状況を検証した。対象サロンのうち3つのサロンの活動概要を表1にまとめる。

　サロンの運営代表者は，11サロン中9サロンが高齢者で，後期高齢者も少なくない。民生委員や里親の経験者，あるいは社会福祉協議会主催の講座やボランティア講習会への参加実績から，社会福祉協議会のほうから依頼し，それに応じてサロンを立ち上げたケースが多いが，希薄な近隣関係や高齢者の孤独死などへの問題意識から，自発的に立ち上げたサロンも3例ある。活動場所は宇治市全体でみると集会所や公民館が利用されることが多いが，個人宅を開放しているケースも存在する。本調査対象サロンでは4/11が個人宅サロンであった。活動内容は個人宅を会場とする場合は，お茶をのみながらのおしゃべりに，ゲームや手芸，合唱といったプログラムと一様であるのに対し，集会所サロンは社会問題に対する「議論」「情報交換」といった硬派のものから，ゲストによる講話や演奏会を盛り込んだ本格的サロンまで多彩である。

　サロンに集う人たちのうち，利用者は6人から30人（登録者数）と幅広い。その大半はほとんど毎回出席しており，とりわけ後期高齢者の出席率が高い。

　運営側のメンバーは，代表者以外はその夫のみが協力するサロンから，代表者の友人数人が関わる場合，十数人のボランティアが支える場合と多様である。参加者は大体どのサロンも女性の方が多いが，男性のみの異色のサロンも存在する。

　代表者がまず身近な協力者を募りサロンを立ち上げるのであるが，代表者や協力者の近所の高齢者を勧誘するとともに，市の広報などに参加を呼び掛ける。活動が始まるにつれ，利用者がそれぞれ身近な高齢者を誘いあって参加することで参加の輪が広がる。個人宅のサロンでは，どうしても代表者や協力者

表1 宇治市ふれあい・いきいきサロンの様子（中村，2009）

	Aサロン	Nの会	サロンT
場所	集会所	代表者宅（離れ）	個人事務所
居室	8畳和室-8畳和室	6畳和室-6畳和室	14畳洋室
起居様式	床座＋イス座	イス座	イス座
会場図	台所／玄関	庭を通り縁側から会場和室にアクセスする／続き間の建具をはずしてワンルーム／玄関	玄関
開所時期	平成15年3月	平成11年4月	平成10年10月
代表者（経歴）	65歳男性－無職（学区福祉委員）	66歳女性－無職	80歳男性－無職（元宇治市市長）
協力者	ボランティア11人＋民生委員	近所のボランティア4名	特になし
開催日	第2・4火曜＋第3日曜	第2火曜	月4回（曜日不定）
利用登録者	男性5人 女性25人	男性3人 女性12人	男性8人 女性5人
利用料1回 補助金年間	100円 55,000円	100円 19,000円	1,000円 73,000円
1日の流れ	13：00〜 歌 13：30〜 体操 13：50〜 音読 14：00〜 ゲストによる演奏 14：40〜 お茶会 15：10〜 終了	13：00〜 お茶会 14：00〜 折り紙 14：40〜 おしゃべり 合唱 15：30 終了	10：00〜 おしゃべり 11：15〜 昼食準備 11：40〜 昼食 12：30〜 討論 お茶会 15：00 終了
年間行事	敬老会	誕生日会 遠足 外食の会	誕生日会 社会見学 お花見旅行

の直接的な働きかけによって利用者が開拓されるが，集会所サロンの場合は，個人的な勧誘だけでなく，広報や活動の様子を見かけたのをきっかけに，あるいは人づてに聞いたりして，主体的に参加する高齢者も少なくない。30人と最大の登録者を有するAサロンは，この自らすすんでやってくる高齢者を増やそうと，サロンの活動状況を積極的に情報発信している。

利用高齢者の利用目的は，健康維持やボケ防止，外出の機会（閉じこもり防

止）などのほか，「社交・交流」「生活情報を得る」「知的刺激を得る」など，介護予防を超えた自律的，積極的参加が少なくない。地域福祉やコミュニティ問題に関心の高い個人が主体的につくる場に，誰もが任意に参加する選択性や開放性，場を介した利用者相互の緩やかな関係性が，サロンには存在する。

2-2. サロンをめぐる住民の主体的な関係性

　サロンに集う参加者たちの人間関係に注目すると，介護予防の事業趣旨に沿ってプログラムを提供する運営者とそれを受容する利用者に立場が明確に分かれるサロンもあるが，「議論」や「意見交換」など参加者全員が対等に活動するサロンもある。書道や手芸，絵画などのプログラムによっては，得意な利用者が運営側にまわったりと立場が流動的なサロンも少なくない。さらに高齢者サロンでありながら，定期的に子育て中の親子を招き，合同で活動するサロンも存在する。高齢者と子育て親子，異世代の交流は，年長者として子育ての先輩として，若い世代のよき相談相手になると同時に自らの生活も活性化される。このようなプログラムは，自己の生活の質の向上と無理のない社会貢献の両方の意味を同時に有する。

　サロンが作り出す人間関係は，お茶をのみながらの何気ない会話にも表れる。代表者や運営協力者，利用者の区別なく交わされる話題は，防犯やごみの分別，季節の草花や町の歴史まで，生活にとっての必要情報であり，豊かさや潤いをもたらすやりとりであると同時に，地域の生活環境整備への主体的参加意識の醸成につながる。いわゆる井戸端会議との違いは，近所のごくうちうちのやりとりよりはもう少し公共性の高い意見交換であり，それだけに参加者にとっては自己確認と相互啓発の機会となりうる。

　そもそもサロンの利用者は，自立した生活者である。普段から地域の見守りをかねた散歩や行き交う人へのあいさつ，道路の清掃などで独自に地域と関わる。サロンでは受益者であっても，日常の地域生活ではささやかながら寄与する側にたつこともある。その彼らが運営者たちとサロンという新たな地域の場を創造するのである。

　さらにサロンはその場に参加できない住民をも包摂する。最も参加が望まれる孤立しがちな独居高齢者は，往々にしてサロンにも出てこられない場合が多

い。そのような高齢者の存在をサロン参加者は情報として共有すること，あるいは参加者がそれぞれ身近な閉じこもりがちの高齢者を勧誘することで，たとえ参加にまで至らなくとも，彼らをこの新たな共同の場を拠点とするネットワークの一端につなぎとめることができる。

現状のサロンの多くは，高齢の運営代表者の健康や家庭事情により，持続性の問題を抱える。協力者に若い世代を巻き込み運営を引き継いでいくシステムを確立するとともに，参加不能となった者も，利用者，運営代表者，協力者のネットワークに包含していくシステムが求められよう。その持続性への対応と包摂的な仕組みがうまく整えば，サロンは運営協力者や利用者など異なる立場の居住者の主体的参加により，地域における新たな生活共同の場となるものと考えられる。

3. 住民による主体的な地域施設管理と新たな生活共同

3-1. 集会所運営における重層的な人間関係

サロン会場ともなる地域活動の拠点の一つに，地域集会施設がある。住民にとって最も身近な日常生活における近隣関係を基盤に，いわゆる基礎生活圏に立地するこの地域集会施設は，地域により「集会所」「自治会館」「町内会館」「地区センター」などの名称が使われる。コミュニティ行政における箱物施設であるが，単なる箱物になるか生活共同の場となりうるかは，住民による運営のあり方によるところが大きい。前節でとりあげたサロン活動も，宇治市集会所を会場にするケースが多かった。

既存組織への帰属や濃密な近所づきあいではなく，新たな関係性を地域に創出していく際，その考え方として，組織そのものではなく場の運営として考えていくことが都市的生活様式には受け入れられやすいと考えられる。活動や社交の場となり，地域情報の実態的拠点となりうる，自由で主体的な人の出入りが保障され得る場の一つとして，この地域集会所に注目したい。宇治市集会所の例（中村，2011）をみてみることにする。

宇治市では，地域コミュニティの核となる施設として，昭和40年代後半から全市的に集会所の整備を進めてきた。半径500mを利用圏域とする設置基準に

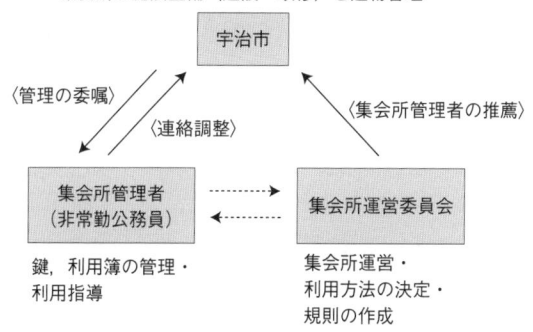

集会所の施設整備（建設・改修）と建物管理

```
                        宇治市
         〈管理の委嘱〉 ↗  ↖  〈集会所管理者の推薦〉
                〈連絡調整〉
         集会所管理者  →  集会所運営委員会
        （非常勤公務員） ←
         鍵，利用簿の管理・    集会所運営・
         利用指導           利用方法の決定・
                          規則の作成
```

図2　宇治市における集会所管理・運営のしくみ（中村，2011）

基づき，平成20年4月時点で市所管の集会所127，民間集会所38，計165の集会所が立地する。その集会所の管理運営の主体は地域住民である。具体的には日常の管理業務を地域住民である集会所管理者に委嘱するとともに，運営は自治会を中心とする地域住民に集会所運営委員会を組織させ，これにあたらせている（図2）。

集会所における利用をみると，自治会，子供会，老人会などの集会のほか，サークル活動，各種教室，行事・イベント，ふれあいサロンや他の福祉活動と幅広い。鍵の受け渡しによる申し込み利用を原則とする集会所であるが，その活用度には格差があり，ほぼ毎日，しかも1日中利用される集会所もあれば，2，3日に1回，数時間の開室にとどまる集会所も存在する。このような利用状況の違いは，集会所の開設年数や地域事情にもよるが，運営組織によるところが大きい。宇治市集会所条例では，集会所の運営主体は，自治会を中心とした住民組織と規定されているが，自治会だけでなく，他の地域組織や活動グループなど，当該集会所を拠点とする多様な集団の代表者からなる委員会によって運営される集会所では，非常に利用度が高いのである。

そのような積極利用がなされている集会所の一つ，TD集会所では，ほぼ毎日人の出入りが絶えない。自治会や老人会などの既存組織の集会や住民グループの申し込み利用に加え，集会所主催の多様な行事や活動プログラムが展開されているからである。それらは，自治会，老人会などの地域既存組織や，サークル活動の代表者と集会所管理者の，世代も立場も異なる多様な地域住民から

なる集会所運営委員会によって企画，運営されるものである。連日集会所があいているのは活動そのものだけでなく，その準備や打ち合わせで人の出入りが絶えないことによる。地域との関わりが深く地域事情に詳しい住民が日常的に出入りするこのTD集会所には，そのために近所の様々な相談事がもちこまれたり，地域の民生委員，福祉委員が地域の情報交換に立ち寄ったりする。

地域への愛着や問題意識によって地域の拠点運営に積極的に関わる人や，その運営される場に関心を寄せて立ち寄る人，問題解決に利用する人，立場は様々であるが，いずれも主体的にその場に関わる人たちがいる。さらにこのような場は，その存在を認識しつつも，日常積極的に関わることは求めない人たちにとっても，非常時に頼っていけるところとして実質的な意味がある。住民が主体的に行き交う集会所は，まさに実体としての場であると同時に，多様な関係をつなぐ社会的空間としての意味があるのである。

3-2. 高齢者の主体的な地域役割としての集会所管理

集会所の利用受け付けや調整，施設管理や市との連絡調整を，非常勤公務員として務めるのが集会所管理者である。宇治市の集会所管理者への調査（中村，2011）によると，その多くは地域居住経験の豊かな高齢者である。日常の鍵の受け渡しが主要業務であるため，自営業や農業従事者，専業主婦など，全日制住民が多い。たいていはそれまでに自治会役員や子供会の世話役など，地域と何らかの関わりをもってきた人たちである（表2）。

その中で注目されるのは，退職高齢者が集会所管理者を務めるケースである。現役時には文字通りのベッドタウンでしかなかった地域に対し，退職を機に様々な地域問題に関心を寄せ，地域と関わるようになった人たちである。毎日のように集会所に通い，その道すがら地域住民に声をかけ，地域を見守る。たいていは集会所管理だけでなく，他の地域活動や組織にも関わっている。生活圏の縮小をポジティブに受け止め，その近隣地域と主体的に関わることで比重の高くなった居住地生活を充実させている。

集会所管理者の業務は煩雑で地域住民との交渉にも気を遣うことは多い。彼らを非常勤公務員として処遇する宇治市の住民自治行政は評価できるが，待遇以上の拘束を強いられる。負担の大きさから分担者や二人体制を望む管理者の

表2 集会所管理者のプロフィール（筆者作成）

集会所	年齢	性別	職業	地域居住年数	地域活動履歴	集会所への出勤頻度
TD	74歳	女	無職	50年	自治会長を通算16年経験	週4～5日
OW	55歳	女	自営業	37年	自治会を構成する町組組長を何度か経験　子ども会役員	毎日
KD	77歳	男	自営業	34年	約30年間の集会所管理者の在任中，継続的に車田連合会（8町で構成）の会合に出席	毎日
HM	68歳	男	無職	30年	自治会役員経験あり　現在シルバー人材センター登録，地域に関わる仕事を積極的に行っている	毎日
MS	76歳	男	自営業	40年	旧自治会（御蔵山集会所から独立して現集会所を開設する以前の御蔵山自治会）の会長を経験	週1回
KM	75歳	男	農業	39年	集会所管理者就任直前まで自治会長を16年間務める	週2～3日
HH	75歳	男	無職	39年	定年退職後，集会所管理者就任直前に自治会副会長を経験	週1回
MO	65歳	女	自営業	36年	自治会を構成する町組組長を何度か経験	毎日
KG	69歳	男	無職	30年	定年退職後，3年前に自治会長を経験	週4～5日
HT	69歳	男	無職	35年	退職後，自治会長を数年務める。現在集会所管理者以外にも地域組織，グループの世話人や代表者を勤める	週2～3日

声も聞かれる。それでも地域住民との重層的な関わりや，何より地域貢献への充実感は，管理者たちの生活の質を高める。彼らの集会所管理に関わる生活は，労働の一線から離れ，居住地での生活が中心となる高齢者の生活設計を考えるうえで，一つの生活モデルとして提示できる（中村，2011）。

　個人の生活の質を高めると同時に，地域の側からみると，このような地域運営に関わる高齢者は貴重な地域資源である。高齢者の介護予防事業としてはじまったふれあい・いきいきサロン事業においても，主宰する側は同様に高齢者が中心であった。高齢者をひとくくりにケアされる側と決めつける必要はなく，多少の持病を抱えながらも自立生活を送る高齢者が大半をしめ，それどころか地域運営に中核的に寄与する人も少なくないことは，これまでみてきたとおりである。この自立高齢者の地域との関わりを，少子高齢社会における地域役割として積極的に位置づけていくような地域運営が望まれる。

4. 個々の主体的な地域との関わりから成る緩やかな地域コミュニティ

都市的生活様式を前提とし，新たに直面する生活課題に対処していく地域のあり方として，これまでは情緒的人間関係や一体意識の形成に力点が置かれてきたといえる。既存の地域組織のもとでまず交流や親睦を重視した人間関係の形成をめざし，その関係を基盤に据えたコミュニティ形成がめざされてきたのである（図3a）。濃密な関係が求められる結果，その拘束性に忌避感をもつ住民や，緊密な関係性からかえって排除される住民も少なくなかったといえる。

一方，ここでみてきたふれあい・いきいきサロン活動や地域集会所管理は，いずれも地域における"場"の運営である。その"場"へは，ライフスタイルとしての地域貢献から積極的に関わる住民もいれば，自己の生活運営や健康維持のために関わる住民もいる。前者の周囲には協力者たちがおり，後者にも同類者がいてそれぞれに対地域との関係を結び，その結果として様々な相互関係が結ばれる。さらにその関係性のうえには，実体をともなわない関係が結ばれる。孤立の恐れがある人，単独では生活が成り立たないうえに地域とうまく関われない人たちの存在をつなぎとめる，ネットワークに絡め取られた関係である。地域全体の個々の相互関係が緊密で強固なものであれば排除されかねないこのような人たちも，緩やかで風通しのよい関係からなる全体のネットワークには穏やかに組み込まれうる（図3b）。これからの地域との関わりや，人間関係のあり方を考えたとき，このような関係が一つのモデルとして考えられる。

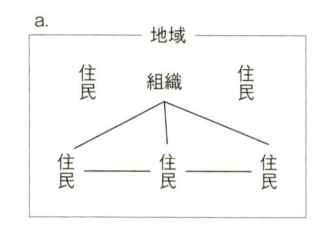

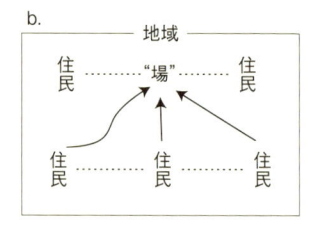

図3　地域との関わり・住民相互の関係性

都市的生活様式のもとでの地域のあり方，地域における人間関係の様相はこのように緩やかで，主体的であるがゆえに一様でなく，気軽で自由なものであることが必要である。その関係は人間関係の構築，交流そのものをめざして形成されるのではなく，個々が生活価値意識に沿って主体的に地域と関わることによって，結果として生成される関係なのである。

　地域に対して一定の関心をもって暮らすことを，生活規範として定着させていく必要がある。独立した個人としてつながる，個人をベースにした公共意識（広井，2006，2009）が，自らの生活と地域生活環境を豊かにすることの認識を共有すべきであろう。濃密なつきあいや共同体意識は受け入れがたいが，地域で暮らす以上，その一員としての自覚ある振る舞いを規範とする生活の仕方を，地域居住におけるこれからの生活様式として定着させる必要がある。

　目に見える地域環境要素の変化や事象に目を向けていたい。ここでとりあげた2つの活動のような地域の試みや動きには参加しないまでも，認識し，評価し，その取り組み者に敬意をもつ程度のことは心掛けたい。万が一，切実に必要とされれば，意義を認めて主体的に参加する柔軟な居住者意識をもっていたい。

　ライフスタイルとして積極的に地域との関わりをもつ人，自らの生活運営にとって地域との関わりを必要とする人，客観的にみて必要と認められネットワークにつながれる人，特に地域の人や組織との紐帯を結ばないまでも地域の一員としての自覚と地域への関心をもつ大多数の人。地域との関わりや地域に存在する関係性は，このように重層的で，主体的であることを前提に，地域の生活共同がシステムとして構築されなければならない。特に地域居住経験の豊かな自立高齢者は，プロダクティブエイジングとして，一定の地域役割をあらかじめ想定した地域運営を考えてよいのではないかと考える。

　都市的生活様式のひずみとして地域の脆弱さと新たな重要性が提議される今日，地域の一員としての主体意識や自覚ある振る舞いと，結果として生まれる緩やかだが主体的な人間関係の構築を，これからの地域居住における生活様式として定着させていく必要がある。

引用・参考文献

広原盛明・高田光雄・角野博幸・成田孝三（編著）　2010　都心・まちなか・郊外の共生—京阪神大都市圏の将来　晃洋書房
広井良典　2006　持続可能な福祉社会　筑摩書房
広井良典　2009　コミュニティを問いなおす—つながり・都市・日本社会の未来　筑摩書房
広井良典・小林正弥（編著）　2010　持続可能な福祉社会へ　公共性の視座から1　コミュニティ　勁草書房
瓦井　昇　2003　福祉コミュニティ形成の研究　大学教育出版
国土交通省住宅局住宅政策課　2006　「住生活基本計画」案の概要　住宅　Vol.55
倉沢　進（編著）　2002　コミュニティ論　放送大学教育振興会
森岡清志（編著）　2008a　地域の社会学　有斐閣
森岡清志（編著）　2008b　都市化とパートナーシップ　ミネルヴァ書房
中村久美　2009　地域コミュニティとしての「ふれあい・いきいきサロン」の評価　日本家政学会誌, **60**（1）, 25-37.
中村久美　2011　地域生活における集会所運営の評価とそのあり方—宇治市における集会所の運営・管理の検証　生活学論叢, **18**, 3-12.
中村久美・今井範子　1998　阪神・淡路大震災被災地域の公団住宅における住生活上の諸課題（第2報）住生活に関わる諸意識の変化と住み方　日本家政学会誌, **49**（6）, 699-708.
中村久美・今井範子　1999　阪神・淡路大震災被災地域の公団住宅における住生活上の諸課題（第4報）非常時を考慮した近隣関係・組織のあり方　日本家政学会誌, **50**（6）, 611-620.
竹井隆人　2007　集合住宅と日本人　平凡社

第2部
関わりと協同から生まれる生活価値

　人は生まれてから死ぬまで家族や友人知人や職場の関係者も含めて様々な関係性の中で生活している。そしてこの関係性を通じて生活の満足や快や安定や安心を求めていく。誰かとの関わりや交流なくして生きていくとはいいがたいのではないか。第2部では，人の関係性において，現在社会で薄れゆく協同にスポットを当て，協同の姿勢や意欲の必要性を改めて提起しておきたいと考えたのがねらいである。

　第5章では，地域福祉の視点から地域住民の参加を促進するために必要な地域活動と地域の再構築をとりあげた。この具体的な取り組み事例は，地域の伝統野菜という食からのアプローチである。身近な地域の中で共通の取り組みを創出することが地域相互の助け合い，支え合いにもつながっていくと考えることが大切であろう。生活の延長線上で，自分にできることをできる範囲で取り組むことが大切であることが示された。

　第6章では，保育実践の視点から，乳幼児について，人との関わりの中で育つ子どもの発達を取り上げた。人が生まれたときは，まわりの環境や人からの刺激を受けながら，徐々にいろいろな学習をして成長・発達していく。人の赤ちゃんは，長い養育期間が必要であり，まわりの大人，特に親との密接な関係のもとに育てられていく。家庭での家族支援の重要性とともに保育所での援助の重要性が示された。

　第7章では，児童福祉の視点から性的虐待を受けた子どもへの非加害母親の関わりについての文献を収集し，特に米国の先行研究から非加害母親への専門職と介入システムからの偏見・差別が指摘された。同時に性的虐待を受けた子どものウェルビーイングにとって非加害母親からの支援がいかに重要であるかわかっていても，その母親の子どもを守る力の測定の困難さも指摘している。この研究のうえに日本での性的虐待児童への支援策が期待されることとなる。

　第8章では，今最も激務であるといわれる高齢者介護の現場から要介護高齢者の生活の質を守り高めるためには介護従事者の働き甲斐や仕事での生きがいづくりなどの職場環境の生活の質をどう高めていくことが必要であるのか，ともに支えあって生きるための共生福祉の視点からまとめた。

（三好明夫）

第5章

住民参加を促進する地域活動と地域の再構築
――地域の伝統野菜に着目した取り組み事例から

酒井久美子

1. はじめに

　2000年に社会福祉法が導入され，地域福祉の推進が明記されてから10年あまりが経過する。その間，各地で多様な地域福祉活動が徐々に展開されてきている。地域福祉を推進していくためには，地域に暮らす住民が主体的にそうした活動に参加し，地域づくりや地域の問題解決に取り組むことが重要である。しかし，地域の希薄化，脆弱化がいわれて久しく，そうした状況はさらに深刻化しているようにさえ思われる。現代社会においては，このことが大きな課題となっていると考えられる。それを解決するためには，地域の住民がともに自らの地域に目を向け，地域の状況を共有し，主体的に地域の活動に参加・参画していくことが重要である。

　こうしたことを推し進めていくために，これからの地域福祉のあり方に関する研究報告では，狭義の福祉だけではなく，安心・安全の確立や次世代育成の場としての地域社会再生の必要性や共助による地域の活性化の可能性を指摘している。中でも住民同士のつながりの再構築や支え合いの体制を創造することが，今後の地域福祉推進の方向性として検討された（全国社会福祉協議会，2008）。

　また，磯部（2010：4, 21）は，「創造的福祉文化」を追求する背景として，崩壊している地域社会の現状を受け止め，生活の豊かさ，安心・安全な未来の地域社会づくりが何かということが「いま」問われているからだと述べている。

　福祉ビジョン2011でも，「めざす福祉の姿」として，住民・ボランティアの地域福祉活動により，要援助者と社会とのつながりの再構築，まちづくり，地

域づくりの活動，予防機能ももつことに注目する必要性を指摘している（全国社会福祉協議会，2010：5）。

また，2011年3月11日に東日本で発生した未曾有の大震災・津波により，被災地となった地域が丸ごと失われるという悲惨な事態が起きた。その際，被災した人たちからは地域への愛着，地域の大切さ，そして地域の人たちとの絆・つながりということへの思いが再確認されることともなった。あたりまえにあった地域が失われることで改めて気づかされる"地域"や"人と人とのつながり"の大切さであると考えられる。今，改めて"地域"や"人と人とのつながり"を見直し，それを再構築することの重要性が問われているとも考えられる。

そこで，本章では"地域"や"人と人とのつながり"を再構築し，地域において福祉文化を醸成するために，そのきっかけとなるような取り組みや活動がどのようなものであるのか，またどのようなことが必要であるのかを検討することを目的とする。こうしたことを明らかにするために，地域の伝統野菜の栽培・継承を目的とした"清澄の里　粟（以下，「粟」と略す）"の取り組みを事例としてあげる。そして，その取り組みに対する地域住民の関わりや意識について調査により明らかにし，住民が主体的に地域活動に参加・参画するプロセスについて検討していきたい。

2. 地域福祉を推進していくために

2-1. 地域福祉推進に重要な住民参加

地域福祉について，その推進が社会福祉法に明記され，その担い手として地域住民があげられた。地域福祉の担い手として，住民は地域の様々な取り組みに参加・参画していくことが求められているのである。その住民参加の形態について高橋（2006：15-24）は，行政主導型と住民主導型の2種類に大別し，いずれの場合も市民性の発揮とそれによる行政運営の変革，住みよい地域づくりに向けた気運を高めていく公共性に富んだものであると述べている。加えて，行政と住民の協働による領域があることも指摘し，その活動領域や内容に応じた参加方法を考え，地域福祉に住民を巻き込んでいくことの必要性を述べてい

る。その結果として、福祉意識が醸成され、助け合い・支え合いの地域がつくられていくと考えられる。

　また、地域住民が主体的に地域の活動等に参加・参画することは、その地域で発生している生活課題や社会福祉問題に対して、住民自身が気づき、考えてその解決に向けて取り組むことにもつながっていくものである。磯部（2010：31）は、地域はそこで生活し、働く住民のものであり、新しいコミュニティの必要絶対条件として、「目的と情熱と意思を持った市民」をあげている。さらに、磯部（2010：34-35）は、共生や地域に根ざした活動の視点を必要絶対条件としてあげており、自然の環境と調和した日本人の生活様式を生活の文化として再認識し、多様性を認め、分かち合うことで地域社会づくりにつなげることの重要性を指摘している。また、住民が主体的・意識的に取り組むことなしに、地域に根ざした取り組みは始まらないと述べている。しかし、まだまだ主体的に参加・参画している住民は少ないのが現状でもあろう。馬場（2010：118）は、福祉文化の地域づくりを進めていくために早急に取り組むべき課題として、①市民が「地域づくり」に「参加・参画」していくこと、②市民主体の地域づくりができる環境、仕組みを整備していくことの2点、そして市民が本当の意味で、「市民」になるために必要なこととして、「共生の思想」「生活文化の創造力」「環境を愛しむ心」という3つのキーワードをあげている。つまり、住民が主体的に地域づくりに参加・参画していくのをただ待つのではなく、そのような意識を住民自身がもつことができるような環境を整備することが重要であると考えられる。また、そのために必要なこととして、自らの地域の現状や課題を共有しようとする意識や地域に対する愛着心を醸成するような取り組みが求められていると考えられる。そして、身近な地域における参加の可能性を探る取り組みも重要である。

　以上のように、地域福祉を推進するにあたっては、住民の参加・参画が重要であるが、それを促進するために参加しやすい環境を整備し、身近な地域の中で、住民自身が関心をもって取り組むことができる活動を創造していくことが必要であろう。

2-2. 地域福祉と地域性

　次に，地域福祉を推進するにあたって重視されている，地域に応じた取り組みについて検討したい。地域に応じた取り組みを進めていくために，それぞれの地域性を十分に把握することが求められる。この地域性をどのように捉えることが必要なのであろうか。地域福祉計画等を策定する際には，その地域の人口構成比や就業構造，交通の利便性，自然環境や立地条件等の生活環境などをもとに地域の状況をまず捉えようとする。加えて，地域の生活課題等を現状として捉える作業も行っていくものであろう。しかし，こうしたことにとどまらず，地域の伝統・文化，風習，慣習や人々の意識についても捉えておくことが重要であると考える。これらはそこで暮らす住民にとって，生活の一部となっていることも多く，こうしたことにも十分に配慮してその地域性を捉えることが重要であると考える。永山（2010：83-93）は，限界集落の再生には「集落存続の経験知」が必要であり，それには環境，生活，労働，文化を包括的に理解する能力を地域コミュニティに育てる課題があると指摘している。つまり，単に福祉的な課題等のいわゆる地域のニーズを捉えるだけではなく，地域の伝統文化を含む全体をその地域の特徴と捉え，それに応じた創意工夫をして地域福祉をすすめていくことが重要であると考えられる。伝統・文化を継承していく中で，地域連帯や助け合いの意識が醸成されていくことで，地域の中で人と人とのつながりが再構築され，地域が活性化されていくのではないかと考えられる。その地域に根ざした地域性を捉え，それに応じた創意工夫をして地域に応じた活動を展開することが求められているのではないだろうか。

3. 地域に根ざした取り組みとは

　地域福祉を推進するためには，地域，中でも小地域に根ざした取り組みが重要である。地域に根ざした取り組みとは，その地域の特性（地域性）に応じた取り組みであり，その地域ならではの活動と考えることができる。また，前節でも述べたように，その地域の伝統文化も重要な地域性と捉え，その継承のための活動も地域に根ざした取り組みと捉えることが可能である。

　そこで本節では，伝統文化，特に地域の伝統野菜の栽培に着目した取り組み

を事例として紹介し，その内容について検討する。

3-1.「清澄の里　粟」について[1]

「粟」は，奈良市市街地近郊の中山間地域である精華地区を拠点に，六次産業，社会起業，ソーシャル・キャピタルをコンセプトとして，様々な取り組みを行っている。この代表者である三浦氏は，米国先住民の生活に触れ，伝統野菜が世代間と地域間のコミュニティツールになっているのではないかと考え，日本国内で伝統野菜と集落機能との関係性について調査を始めたのである。その結果，医療や福祉の制度や設備を整える前に，人と人との結びつきを強め，豊かな地域社会を築くべきではないかとの思いから，伝統野菜の栽培・継承と地域づくりをめざして，1998年に精華地区に移住し，起業したのである。約1,200坪の広大な土地を借り受け，荒廃した土地の開墾作業から始め，伝統野菜の栽培方法を地域住民から学び，継承し，収穫した野菜を活用したレストラン経営，地域づくりを中心とするNPO法人の設立，集落営農組織である営農協議会の設立など幅広い取り組みを行っている。

3-2.「清澄の里　粟」の取り組み内容

「粟」では前述のように様々な取り組みを行っているが，本節では特に，この地域の伝統野菜である「大和野菜」の栽培・継承に関わる取り組みに着目したい。

「大和野菜」は地元の人が家で食べるために作ってきたものであり，市場にはほとんど流通しない。家族の喜ぶ顔を思い浮かべながら育てられ，作り手の心や土地の食文化とともに受け継がれてきたものである。この「大和野菜」に地域や人を元気づけるものがあるとの思いで，取り組みが開始された。

土地の開墾作業と並行して，「大和野菜」の調査，地域住民に栽培や保存の方法について話を聞いたり，種を分けてもらうなど，地域住民への関わりを求めていった。そうする中で，「大和野菜」の栽培・保存・継承という作業を進めて

---

[1]「清澄の里　粟」については，2010年9月27日に現地を訪ね，代表者である三浦氏へのヒアリングと各種の参考資料をもとに作成する。

いったのである。

　この地域の伝統である「大和野菜」の栽培・保存・継承という作業は、「集落存続にかかわる経験知」を継承する（永山 2010：90-93）ことであると考えられる。それをふまえて，福祉文化が醸成され，地域づくり，住民の主体性がはぐくまれていくものであると考えられる。

3-3. 地域・住民への影響

　こうした地道な作業をする中で，もともとは外部の第三者であり，昔ながらの地域にとってはよそ者であった三浦氏が地域に受け入れられ，地域の人たちの心を次第に開いていったのであろう。またそれだけではなく，普段何気なく食していた「大和野菜」に着目されたことで，その価値に気づき，意識も変化していったことが，今日の「粟」の取り組みにつながっていると考えられる。すなわち，地域や住民の中で，「粟」の取り組みに対して共感をもち，協力しようという意識が醸成されていったと考えられる。

　このように「粟」の取り組みは，その地域の日常生活の延長線上にある，「大和野菜」の栽培に外部の第三者が魅力を感じ着目し，それを継承するために地域の住民から経験知を学び，それを受け継いでいこうとする取り組みと考えられる。そして，その取り組みに対して，もともとその地域に暮らしている住民が共感し，主体的に関わろうとしていく中で，「地域の活性化」「人と人とのつながり」の再構築につながっていったと考えることができる。つまり，外発的力が内発性を引き出し，地域の活性化につながっていくプロセスであると考えられる。

4. 調査について

　前節で，「粟」の取り組みについて，ヒアリングの内容等をもとに述べてきたが，本節では実際に「粟」の取り組みに関わった住民への調査をもとに，その内容を検証していきたい。

4-1. 調査の概要

本調査は,「粟」の取り組みが地域や住民におよぼす影響を明らかにすることを目的に実施した。調査は「粟」の取り組みに関わった住民を対象に,質問紙を配付して実施した。

調査の内容は,「大和野菜」に対する意識に関すること,「粟」の取り組みへの関わりとそれによる地域に対する意識変化,地域の変化,住民同士の関係性の変化等である。

4-2. 調査の結果と考察

1) 調査対象者の属性

調査対象者の属性は,男性4人,女性5人で,世代構成は,20歳未満1人,30歳代3人,50歳代4人,60歳代1人である（図1,図2参照）。

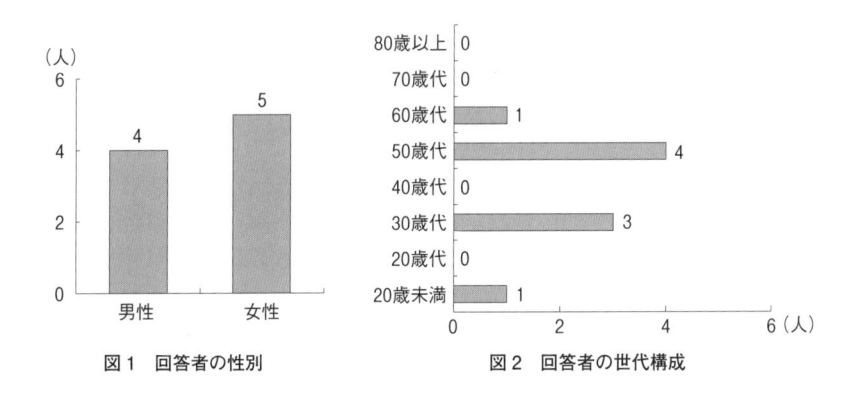

図1　回答者の性別

図2　回答者の世代構成

2) 大和野菜に対する意識の変化

「大和野菜」に対して,「粟」の取り組みが始まるまでの意識について尋ねたところ,表1のような回答が得られた。

このように,野菜に対する苦手意識,存在すらもしらない,特に「大和野菜」に対する意識や認識等はないというものがほとんどである。地元で古くから栽培され,特にこの地域では家庭で賄うために栽培されていた野菜であるにもかかわらず,ほとんど意識されることなく使われていたことがわかる。

表1　大和野菜に対する以前の意識

野菜がきらい
特に意識はなかった
存在すらしらなかった
特に意識はしていなかった
ほとんど認識も知識もなかった
まったくと言っていい程，大和野菜のことはしらなかった
聞いたことはあるが，内容はわからない
言葉もしらなかった
特に意識していなかった

（人）

はい　8
いいえ　0
どちらともいえない　1

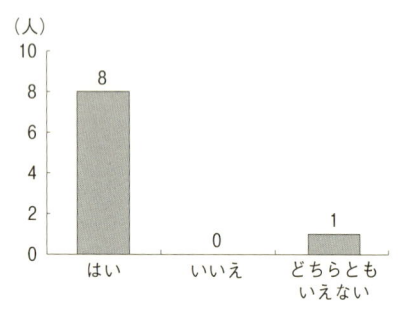

図3　大和野菜に対する意識変化

表2　大和野菜に対する意識変化の具体例

形がおもしろい
大和野菜に興味を持った
代々，作り続けられてきた伝統野菜はその土地に深く根付いた文化的な遺産であり，昔，現在，未来を繋ぐ役目があることも知りました
大和野菜の品種や名前を知る事が出来た
スーパー等で野菜をみる時，特に目につくようになった。TVなどで取り上げられていると，反応するようになった
野菜の名前と特徴を意識するようになりました
私達が何も意識せずに育てておりました。野菜に大切なものという気持ちがわきました。おいしくて，つくっておりましたが

　しかし，「粟」の取り組みが開始されて以降の「大和野菜」に対する意識変化について尋ねたところ，8人が変化したと回答している（図3参照）。

　具体的にどのように変化したかについて尋ねたところ，表2のような回答が得られた。

以上のように，まずは「大和野菜」に対する興味や関心がはぐくまれていることがわかる。また，意識していなかった野菜に対して，「文化的な遺産」や「大切なもの」という意識が芽生え，さらには過去から未来をつなぐ役割をもっているという「大和野菜」に対する価値を見出していると考えられる。

「大和野菜」の存在に対する意識化，役割・意義に対する気づき，興味関心を引く存在となるなど，これまでの何気なくあった，またあたりまえにあった「大和野菜」に対する生活価値を見出すきっかけとなっていると考えられる。

3) 「粟」への関わりとそれによる影響

次に「粟」の取り組みに関わろうとしたきっかけについて尋ねた。その結果は，表3の通りである。

このように，知人の紹介や隣近所だったからというものが多いが，伝統に対する関心や意識，取り組みへの共感というものもそのきっかけとしてあげられている。身近な地域に外部の第三者がやってきて始めた取り組みであるが，身近な地域における活動に何らかの関心や共感をもつことでその取り組みに関わる，つまり参加・参画しようという意識が芽生えたのではないかと考えられる。

次に「粟」に関わるまでの地域に対する意識を尋ねたところ，表4のような回答が得られた。

さらに取り組みに関わることで，その意識が変化したか尋ねたところ，「はい」という回答は3人，「いいえ」が1人，「どちらともいえない」が3人であった（図4参照）。

具体的に変化した意識について尋ねたところ，表5のような回答であった。

表3 「粟」に関わろうとしたきっかけ

知人の紹介
地域が守ってきた，昔よきもの，ことを知りたかった
知人の紹介で「清澄の里　粟」に勤めるようになりました
すぐ隣りだったので，挨拶や会話をしているうちに共感して
近所だったので
近いから
レストランができたので

表4　地域に対する以前の意識

特に意識はなかった
市街地近郊の過疎地
特にありません
つきあいが多い
特に意識しておりませんが，人のかかわりは町よりも密だとは思います

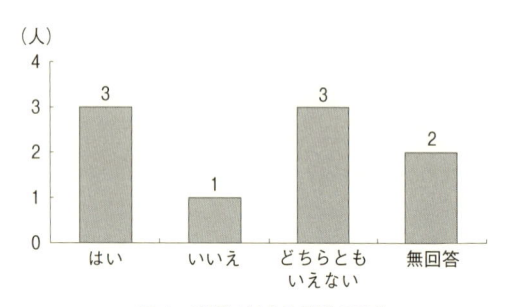

図4　地域に対する意識の変化

（人）　はい 3，いいえ 1，どちらともいえない 3，無回答 2

表5　地域への意識変化の内容

地域に対して目を向けるようになった
市街地近郊なのに昔の田畑がひろがる原風景，昔きよきものがたくさん残っていることを知った
野菜作りに限らず，生きる上での知恵は家族や地域の中で自然と，ごく当たり前に伝えられていくものなので，人と人とのかかわりをもっと大切にしたいと思うようになりました

　意識が変化したという回答は約3割ではあるが，その具体的な内容をみると，地域に対して意識するようになったことや地域を見つめ，その良さを知るきっかけとなっていること，また，人と人とのつながりの重要性に気づくなどの影響があることがうかがえる。

　さらに「粟」の取り組みが開始されて以降，地域の変化や活性化を感じるようなことがあるかを尋ねたところ，「はい」が2人，「どちらともいえない」が5人であった（図5参照）。

　また，「はい」の具体的な内容については，表6の通りである。

　このように地域が変化したという回答はわずかであるが，具体的に感じられ

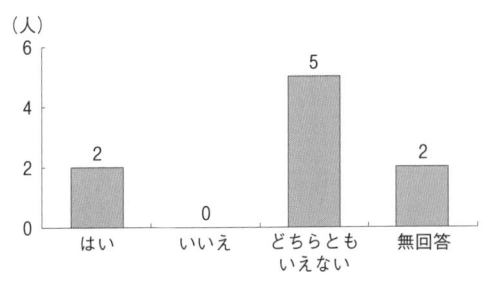

図5 「粟」による地域変化

表6 地域が変化したと思う具体的な内容

レストラン「清澄の里　粟」が連日満席状態　お客さまもその地域を知り，地域の方々も伝統野菜栽培に新しい価値観を見出した
メディア・マスコミ等で広く知られることとなった

ている変化の内容をみると，レストラン利用客やメディア等による広範囲の人々（外部者）に，地域のことが知られるようになったこと，また地域住民自身もあたりまえにあった伝統野菜に対して新たな価値観を見出すなど，「粟」の取り組みによって，住民以外の人が地域を訪れ，活性化していること，地域住民自身も地域に対して目を向け，愛着をもつようになったことなどがうかがえる。

「粟」の取り組みがマスコミ等で報道されることにより，脚光を浴び，全国的に地域自体が着目されることにつながっている。加えて，外部からの訪問客によって地域が活性化していることがうかがえる。また，住民自身もあたりまえにあった伝統野菜に対して新たな価値観を見出すことができ，伝統野菜の栽培を通して，地域に対する愛着をもつようになっているのではないかと考えられる。

次に「粟」によって住民同士の関係性が変化したかどうか尋ねたところ，「はい」が1人，「どちらともいえない」が6人であった（図6参照）。

このように明確な変化を感じているのはわずかであるが，具体的に変化した内容は，「違う種類の野菜の栽培を計画的に担当するなど1つの目標に力をあわせる」である。これまでは各家庭で必要な野菜を栽培していたのであるが，「粟」をきっかけに，「粟」に関わり始めた住民が結束力をもち，地域の取り組

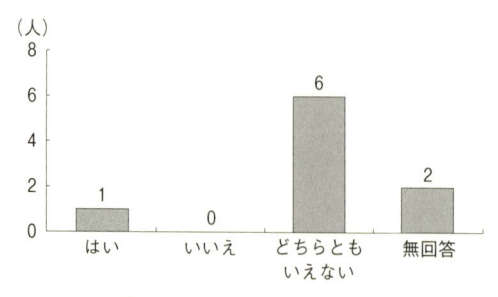

```
    (人)
  8
  6                    6
  4
  2     1                         2
        ┌─┐    0
  0     │ │   ───    ┌───┐       ┌─┐
        はい  いいえ どちらとも   無回答
                    いえない
```

図6 「粟」による住民同士の関係性の変化

みに力を合わせて取り組もうという意識の芽生えと捉えることができる。こうしたことが結果として，地域の福祉力として育成され，共生や協働の地域づくりにつながっていくのではないかと考えられる。

4）地域づくりに必要なこと

最後に，地域づくりに必要なことについては，「人と人との信頼関係」「古きよきを守り，新しい文化を創り出すこと」という回答が得られた。地域の希薄化，人々や家庭の個別化が進み，人と人との関係性が危ぶまれてきている昨今において，改めて，人と人とのつながりの大切さ，伝統を継承し，それをふまえて新たな文化の創造というものが地域づくりに必要であるということだと考えられる。まさしく，「粟」の取り組みが地域に根ざした福祉文化の創造につながっていくものだと考えられる。

5. おわりに

本章では，「粟」の取り組みを例にあげ，「地域の活性化」や「人と人とのつながり」を再構築するために，住民の主体的な参加のプロセスを検討してきた。何気ない普段の生活の中に，伝統野菜の栽培等の地域資源があり，それが外部の第三者から着目されることによって，地元地域の生活文化に対する興味関心や地域への愛着心が引き出され，主体的にその活動に参加・参画していくプロセスをみることができる。つまり，「粟」の場合は「大和野菜」の栽培という生活文化に生活価値が見出され，その取り組みに関わっていくことで，地域の中

に共生の意識が芽生えてきているのではないかと考えられる．加えて，その取り組みに関わっている家族の姿を見ているうちに，子どもたちが自然に畑作業を手伝ったり，地域の高齢者との関わりをもつようになるなど，自然な関わりの中で，福祉教育的な取り組みにもつながっている（ヒアリングより）．つまり，この取り組みが横のつながりだけではなく，次世代の育成，世代を超えて伝統文化の継承につながり，地域の活性化，人と人とのつながりの構築に寄与しているということができるだろう．

　また，「大和野菜」を栽培し，それを活用したレストラン経営やNPO法人，営農協議会の活動などを行うことで，身近な地域の中で雇用の確保，地域住民の組織化が図られ，相互に協働していくための基盤づくりにつながっているとも考えることができる．

　以上のように，地域福祉を推進していくには，住民の主体的な参加・参画が必要であるが，身近な地域の中に参加しやすく，共感できるような活動を創出することが重要であると考えられる．その際には，永山（2010：83-87）が指摘しているように，多様な生活文化を許容し，多様な価値観が共存する地域コミュニティ，すなわち「自治」に基づいて社会連帯をめざす地域福祉を重視することが重要であると考えられる．そしてそのことが日本人の歴史風土により適合し，より柔軟で豊かな地域社会の創造につながるということであろう．その結果，住民自身が主体的に地域社会を作り上げ，共生・連帯の地域を創造していくことができるのではないだろうか．

　本章では，伝統文化，特に伝統野菜の栽培に着目し，「地域の活性化」や「人と人とのつながり」の再構築について検討してきたが，日常生活の中に地域資源があることに気づき，それを活用しながら地域づくりにつなげる可能性があることに気づかされる．一見，福祉とは関係ないように思われるような異分野・異領域のものであっても，住民の暮らしの根底にあるものを地域資源と捉えることが大切であると考える．「福祉」は理解しがたいと思っている地域住民が非常に多い中で，住民の生活圏域での支え合いこそが「福祉」であることをいかに地区住民にわかりやすくつたえることができるか（平田，2010：145），また「むずかしい福祉」から「やさしい福祉」への切り替え（平田，2010：148）が，地域の中で課題となっている．福祉とは世のため，人のためになるこ

とを何かすること，自分を犠牲（時間や労力を惜しまず）にしてでも何かに取り組むことと考えるなど，なにか特別なこと，難しいことと思われがちであるが，もっと身近なものとして，気軽に取り組むことが大切ではないだろうか。そうでなければ長続きせず，単発的な活動となり，自己満足に終わってしまう危険性もあろう。そうではなく，まずは身近な地域の中で共通の取り組みを創出することが地域相互の助け合い，支え合いにもつながっていくと考えることが大切であろう。生活の延長線上で，自分にできることをできる範囲で取り組むことが大切なのではないだろうか。それぞれの地域の中で，何がその地域の特性なのか，地域資源として何をどのように活用できるのかなどを模索しながら，地域福祉の推進，すなわち地域に応じた取り組み，創意工夫により展開していくことが今後求められていくのではないだろうか。それが地域福祉を推進するための基盤を作り上げる第一歩につながっていくのではないかと考える。

　今後も引き続き，多くの方にご協力いただき，地域に対する愛着，関わり等について確認し，地域づくりの可能性を模索できればと考えている。

　末筆ながら，「粟」の代表者三浦氏はじめ，調査にご協力いただいたみなさまに心より感謝するものである。

引用・参考文献

馬場　清　2010　市民性創造のための福祉教育　日本福祉文化学会編集委員会（編）　新しい地域づくりと福祉文化　新・福祉文化シリーズ3　明石書店　pp.118-140.

平田　厚　2010　「市民参加の劇団」誕生で"ご近所福祉"が変わる　日本福祉文化学会編集委員会（編）　新しい地域づくりと福祉文化　新・福祉文化シリーズ3　明石書店　pp.144-152.

磯部幸子　2010　新しいコミュニティづくりと福祉文化の融合　日本福祉文化学会編集委員会（編）　新しい地域づくりと福祉文化　新・福祉文化シリーズ3　明石書店　pp.20-24.

瓦井　昇　2011　地域福祉方法論—計画・組織化・評価のコミュニティワーク実践—　大学教育出版

共同通信社　2009　進化する日本の食—農・漁業から食卓まで—　共同通信社

牧里毎治・野口定久（編著）　2007　協働と参加の地域福祉計画—福祉コミュニティの形成に向けて—　ミネルヴァ書房

永山　誠　2010　限界集落の再生と福祉文化の課題　日本福祉文化学会編集委員会（編）

新しい地域づくりと福祉文化　新・福祉文化シリーズ3　明石書店　pp.70-95.
日本福祉文化学会編集委員会（編）　2010　新しい地域づくりと福祉文化　新・福祉文化シリーズ3　明石書店
佐藤由美　2010　食のまちづくり　小浜発！おいしい地域力　学芸出版社
高橋和幸　2006　地域福祉と住民参加　勝木洋子・永井秀世・高橋和幸（編著）住民参加・参画のまちづくり―地域福祉新時代への挑戦―　中央法規　pp.15-24.
読売新聞生活情報部　2008　つながる　信頼でつくる地域コミュニティ　全国コミュニティライフサポートセンター
全国社会福祉協議会　2008　これからの地域福祉のあり方に関する研究報告　地域における「新たな支え合い」を求めて―住民と行政の協働による新しい福祉―
全国社会福祉協議会　2010　全社協　福祉ビジョン2011―ともに生きる豊かな福祉社会をめざして―

参考資料

三浦雅之　2008a　大和彩食館　大和の野菜に魅せられて（5）秋・紫とうがらし　季刊誌あかい奈良, **41**, 40-43.
三浦雅之　2008b　奈良・清澄の伝統野菜　Wonder Field, **13**, 2-3.
三浦雅之　2009a　株式会社「粟」の取り組みと六次産業による地域づくりについての一考察　地方シンクタンク協議会　地域研究交流, **83**, 6-7.
三浦雅之・三浦陽子　2009b　種と食が育む人の和　月刊大和路ならら, **130**, 16-17.
日本農業新聞　2009.7.6.　フロンティアな人びと：豊かな集落に伝統野菜あり―6次産業構想広がる―
Project Awa　2004-2010　粟　＜http://www.kiyosumi.jp/npo/index.html＞（2011.07.30）

第6章
子どもの育つ生活環境と人との関わり

石井浩子

1. はじめに

　近年の都市化や情報化などにより，社会や人々の生活は大きく変化してきた。さらに，核家族化や女性の社会進出，少子化などもあり，各家庭の姿は多種多様となった。そのため，その中で生まれ育つ子どもたちの生活する環境も大きく変化をしてきている。様々な社会や環境の変化により，家庭の力が弱まり，子どもの生活習慣の乱れやコミュニケーションの希薄化などがとりあげられるようになった。

　とりわけ，子どもの生活習慣とそのリズムの乱れは，きわめて深刻な問題となっている。よって，子どもたちのより良い健康的な生活を考えるためには，家庭での生活の見直しが必要となるが，現在はそれが難しい状況にある。よって，家庭で少しずつ取り組めるよう，幼稚園・保育所などの保育の中で，また，地域社会の協力などを得ながら生活課題の改善策を講じていくことが求められている。

　そこで，子どもたちが育つ場とそのまわりの環境について，子どもの生活やあそびの視点から捉え，望ましい環境とその健康的な生活について考えたい。

2. 子どもの抱える心とからだの問題と生活環境

2-1. 子どもの生活リズム

　子どもの望ましい生活リズムは，乳児期から大切に考えなければならない。昔から早く寝て早く起きる生活は，子どもの成長・発達にとって，とても大切

であるといわれてきたように，睡眠のリズムについては，早くから意識しておくことが必要である。そして，規則正しく栄養摂取をすること，成長発達にあった運動を行うことが大切である。よって，主に，睡眠・栄養・運動についてまとめる。

1) 睡眠のリズム

　新生児は，生まれてからしばらく，1日のうち，ほとんどを眠っている。主に空腹や排便，冷たさ（暑さ）などの不快な状態になると泣いて授乳してもらい，おしめをきれいにしてもらって満足するとまた眠る，ということを2～3時間ごとにくり返している。しばらくすると，体内時計ができてくるが，地球の自転周期は24時間で，人の体内時計は1日約24.5時間や25時間といわれており，大人は毎朝，太陽の光を浴びるなどをして，この時間のズレをリセットし，社会生活を維持している。しかし，生後数ヶ月の乳児は，大人のようにリセットする能力がまだ備わっておらず，リセットする能力を獲得しようとしている時期であるため，できるだけ昼夜の区別がつくような環境で過ごし，体内時計と地球時間を一致させることができるようにする配慮が必要である。

　また，脳の「松果体」は明暗を感知し，光の量が減ったと感知すると「メラトニン」を分泌し，それを身体が察知して脈拍・体温・血圧を低下させて，自然な眠りに誘ってくれる。誕生後から，しだいに夜の連続した睡眠時間を確保できるようになり，幼児期には夜間に10時間以上の睡眠を確保することによって，翌日には元気に活動することができるようになる。要するに，日中は太陽の光を浴びること，夜は暗い部屋で休むことが大事なのである。

2) 食事のリズム

　朝食・昼食・おやつ・夕食というように，決まった時間に規則正しく食事をすることでリズムがつくられていくため，食事も，生活のリズムをつくるうえで，重要な役割をもっている。

　子どもは，朝食から夕食までは3～5時間間隔で食事をしているが，夜は睡眠によって8～10時間程エネルギー補給することができない。よって朝には，脳の活動エネルギーとなるブドウ糖が不足した状態になっている。そこで，朝

食を摂取することにより，日中に考えたり，身体を動かしたり，人と関わるためのエネルギーを補給することができるのである。さらに，睡眠によって低下した体温を上げる働きや，長い時間，胃腸が空っぽであったことから，その空っぽの胃に食物が入ることで，その情報を脳に伝え，さらに大腸のぜんどう運動を引き起こし，それが刺激になって，大腸内の食物残渣を押し出そうとし，排便がしやすくなるという効果もある。

3) 運　　動

　生体のリズムにあった規則正しい睡眠や食事ができれば，子どもたちは日中にしっかり身体を動かすことができるようになる。誕生後から1年程かけて歩行ができるようになり，行動範囲も広がって他人との関わりも増え，物を介して人と関わるような複雑な行動もとることができるようになっていく。

　出生時は，知覚・判断・思考・運動など，高等な心の働きをもつことができず，適応行動ができない状態である。しかし，まわりの大人からのことばかけや世話をされることなどにより，徐々にことばを獲得したり，外部の情報をとりこんだりして思考・判断して行動できるようになっていく。身体を動かして遊ぶことで，全身の感覚器（視覚，聴覚，嗅覚，味覚，触覚）から入ってくる情報が脳に伝わり，子どもは新しい姿勢や動きを覚えるとともに，ものやことばの認知を広げていくのである。

　生活リズムを規則正しく保ちながら，からだを動かしてたくさん運動することが大切である。

2-2. 子どもの生活リズムの問題と課題

　子どもの生活リズムについて述べたが，現在の子どもたちの生活リズムは，核家族化や大人の夜型化などの影響から，様々な問題がみられるようになった。ここでは，子どもの生活リズムの問題とその課題についてまとめる。また，近年の子どもたちの生活リズムの状況から，問題となり改善のための課題となる項目について紹介する。

1) 睡眠リズムの乱れ

　近年，社会が夜型化し，人々の生活スタイルも変わり，夜遅くまで起きておくことが可能となり，それを支える職業も増え，親の生活スタイルも多種多様となった。就寝時刻が午後10時以降となっている幼児は，前橋ら（2007）の調査では，平成17年頃から，午後10時以降に就寝する幼児の割合が40〜70％という地域もあり，深刻な状況である。しかし，幼稚園や保育所，学校の基本的な登園・登校時刻は，昔から変わっていない。そのため，午前7時頃には起床する幼児が多い。つまりそうなると，就寝時刻が以前よりも2時間近く遅くなっているが，起床時刻は変わっていないため，睡眠時間がその分，短くなっている。睡眠不足の状態であるため，登園後も眠気を訴えてあくびをしたり，からだがだるそうにし，動くことを嫌がったり，イライラして物や友だちに当たる幼児の姿も見られてきた。このように短時間睡眠の幼児は，注意集中ができなかったり，イライラしたり，じっとしていられない，歩きまわるといったような姿がみられる傾向がある（前橋・石井ほか，1997）。

2) 摂食リズムの乱れと朝の排便の問題

　就寝時刻が遅く，睡眠時間が短いと，翌朝には食欲がわかず欠食したり，菓子パンをかじるだけの朝食となってしまう。そのため，腸への刺激がなく，トイレにいく時間のゆとりもないため，朝の排便もみられない。これまでの生活調査では，毎朝食べる幼児が約8〜9割で，1〜2割は毎朝食べていない・不規則摂取という結果がみられ，朝の排便実施も2〜3割程度である。

　朝食を欠食したり，十分な質と量を確保したりできなければ，日中に考えたり身体を動かしたり，人と関わるために必要なエネルギーが不足してしまい，イライラしたり，やる気がみられず，身体を動かすことを嫌がるようになってしまう。また，朝食をとることは，睡眠中に下がっていた体温を上げて活動力を増したり，排便の刺激にもなるが，朝の9時の時点でも体温が35度台であまり動こうとしない子どもや保育の途中で腹痛を訴えたり，昼食後に排便する幼児もみられる。

3) 運動不足

　就寝時刻が遅く，睡眠時間が短いと，朝の食欲も朝の排便もなくなり，日中の活動力が低下してしまう。自ら友だちと関わったり，夢中になって遊んだり，身体を動かして遊ぶということができない状態となっていく。

　前橋の研究（2008）によると，保育園の5歳児に，午前9時から午後4時までの間に腰に歩数計をつけて計測したところ，昭和60年～62年では約1万2千歩であったが，平成3～5年では7千～8千歩に減り，平成10年以降になると5千歩台に減少していた。日々の登降園も自家用車や園バスを利用していたり，日中は身体を動かすあそびを好まなかったり，帰宅後も室内の中で対物的なあそびをするなどして，子どもの生活全体の身体活動量が減ってきている。これでは，必要な運動量が不足し，体力も高まらない。このことは，夜の睡眠に必要な心地よい疲れが得られず，遅くまで起きていられることにもつながっていくのである。

4) 睡眠・摂食リズムの乱れと運動不足からの問題と課題

　睡眠の乱れや十分でない食事，運動不足の状態が続くと，自律神経によってコントロールされている体温調節機能が弱まって，登園時に，病気ではないのに高体温であったり，低体温であったりする幼児もみられている。幼少期は，自律神経系の働きが未完成で未成熟の状態であり，睡眠には自律神経を調整する働きがあるため，質の良い睡眠をとるようにすることが大事である。

　このままでは，体調不良や学力低下，体力低下など，幼児期だけでなく，その後の生活に大きな影響を与えてしまう。よって，幼少児期からの生活リズム改善計画の実行が急務である。

　子どもたちの健やかな成長を考えると，小学校就学前から，「睡眠」「食事」「運動」というものを，大切に考えることが必要である。そのため，今日，「早寝・早起き・朝ごはん」という国民運動が展開されているが，生活リズムの向上には今一歩の感がする。意欲をもって，自発的に，自主的に考え動ける子どもを期待するならば，「食べて」「動いて」「よく寝よう」をめざすことが求められ，特に人と関わる外あそびや汗をかくくらいの運動を生活の中に導入してもらいたいのである。

2-3. 子どもの生活環境からみた生活リズムの改善策

　わが国の幼児の生活習慣とそのリズムの乱れは，きわめて深刻な問題であり，幼少児期からの生活リズム改善計画の実行が急務である。これまで，わが国の幼児の生活習慣について，その実態を全国的に調査してきた結果，就寝時刻の遅れや睡眠時間の短さ，朝食の欠食や朝の排便のなさ，運動あそびの減少などが問題点としてあげられる。そのため，今日，国民運動として「早寝・早起き・朝ごはん」の運動が展開されている。しかし，ただ"早く寝て，早く起きましょう。朝ごはんを食べよう"と唱えるだけでは解決はできない。それぞれ早く寝られないこと，起きられないこと，朝ごはんを食べられないこと，それらの原因を考え，改善できる取り組みを考えていかねばならない。登園（朝の9時）から午後4時までの幼児の身体活動量は，昭和の時代と比較して，半分程になっている。環境や生活様式の変化などにより，身体を動かす機会が減少しているためであり，子どもたちの自律神経機能を高め，自発的・自主的に行動しようとする力をつけていくためにも，運動が不可欠なのである。

　そこで，子どもたちが抱えるからだの問題に対する改善策について，「食べて」「動いて」「よく寝よう」の3項目から考える。

1) 食べて

　核家族化が進み，さらに，一人っ子家庭や単身家庭の増加，女性の社会進出などにより，家族がいっしょにそろって食事をする機会が失われつつある。よって，今日，意識して家族で食事をするゆとりの時間をとり，バランスのとれた食事をきちんと食べることがあたりまえという感覚で，習慣化することが必要である。

　しかし，朝食を毎日食べない幼児の中には，朝ごはんを作らない家庭もあるため，まず，保護者に朝食の大切さを知らせることが大事である。さらに，毎朝食べているという子どもも，適切な量や質という点からは，まだ不十分である場合が多い。菓子パンに牛乳だけでなく，ごはんやパンなどの炭水化物や魚や肉，卵，大豆食品などを使った主菜，野菜や芋類，海藻を使った副菜など，バランス良く摂取できるようにしていくことも大切であり，これらは朝の排便にもつながることも理解してもらいたい。

さらに，バランスの良い朝ご飯を食べて十分なエネルギーを補給することができると，体温が上がり，ウォーミングアップした心身で，しっかり考えたり活動したり，人との関わりをもったりすることができるようになることを知らせていくことも大切である。

生活リズムが整い，日中，活発に動き，睡眠を十分とって朝食を摂取し，登園・登校前にゆとりの時間があると，朝の排便がしやすくなる。そのため，出そうになくても，少しの間トイレに入って座る習慣をつけるようにすることも大事である。

2) 動いて

朝ご飯を食べることによって，エネルギーを補給したら，戸外でからだと心を動かして，友だちといっしょに遊び込むことで，体力が高まるだけでなく，移り変わる外部環境に適応する力や，理性や感情のコントロールのできる社会性を育むことができる。また，汗をかくぐらいの運動をすることによって，体温調節のできる（産熱・放熱機能のよい）身体，言い換えれば，自律神経の働きの良い，意欲的で自発的に行動できる力が培われる。特に，午後3時～5時の間の運動あそびは，日中で最も体温が高く効果的である。運動のおもしろさや爽快さ，人と関わる集団あそびの楽しさの魅力を，十分に体験させることが求められる。

降園後も，テレビやビデオ視聴よりも，少しでも戸外で遊ぶ時間があれば活用してほしい。また，時間がなくても年齢に合った身体を動かすお手伝いをしてもらうことにより，家の中でも身体を動かしたり，家族とのコミュニケーションの時間がもてたりするようになる。

3) よく寝よう

日中にからだを動かすあそびをすることで，情緒の開放を図り，心地よい疲れで質の良い睡眠が得られる。寝るときの環境としては，「静けさ」や「やすらぎ」「きれいな空気」，子どもの様子がわかる程度の「暗さ」が必要で，午後9時頃までには，就寝することが望まれる。各家庭で，時計に印をつけたり，寝る前にすること，例えば絵本の読み聞かせや，添い寝をしながら話をするな

ど、睡眠までの流れを決めて、それを毎日行うことで、自然に眠りへと誘うようにしていく工夫が必要である。そして、朝まで連続した10時間以上の睡眠を確保することが翌日の子どもの元気さにつながる。

　朝、脳がしっかり機能するまでには2～3時間はかかる。また、朝食や排便の時間を確保し、元気に活動していくには、朝、ゆとりをもって早めにすっきりと起床することが大事である。そのためには、部屋のカーテンが厚すぎたり、遮光カーテンを使用したりすると、逆効果である。それらを薄いカーテンに取り換え、朝の光が入りやすいようにすると、朝、子どもが自分で目覚めるようになる。また、カーテンを開けて、さらに窓も開けて、部屋の空気を入れかえたりするなどして、朝の自然の暑さや寒さで目覚めるということもできる。子どもの好きな曲を流して、自然に起きられるようにする方法、子どもの好きな匂いで誘って起きられるようにする方法もある。要するに、人間のもつ感覚器に伝わる光や熱刺激、音や香りなどによって、自律起床ができるようにしていくことが大切である。

　このように、食べて、動いて、寝ること、それぞれのリズムが健康的に習慣化することが大事である。そして、睡眠のリズム、特に早寝早起きのリズムで幼児に十分な睡眠時間を確保できるようにし、しっかり前日の疲れをとって元気に過ごせるようにすること、そして、すっきり目覚めて、朝ごはんや昼ごはん、おやつ、夕食と毎日規則正しく栄養摂取するリズムも大事である。きちんと規則正しくエネルギー補給ができていると、しっかり考えたり遊んだり、身体を動かしたり、いろいろな人との関わりをもったりすることができる。また、日中しっかり考えたり動いて遊んだりすると、夜には心地よい疲れを生じ、入眠することができる。このように、睡眠・栄養・運動（あそび）は、互いに関連し合っており、それぞれの規則正しいリズムをつくることによって、1日の生活のリズム、1週間のリズムがつくられていく。これをくり返していくことで、子どもたちは、健康的に成長・発達をしていき、健やかな育ちをしていける。

　生活というのは、1日のサイクルでつながっている。午後、外あそびもせず、おやつを食べながらテレビを長時間見たりゲームで遊びすぎたりしてお腹が空かないので、夕食はあまり食べられない。そして、夜8時や9時頃になると、

夜食を食べるようになり，その後，元気が出て就寝が遅くなっていく。朝になると，夜遅くに夜食を食べていることで，食欲がわかない。そして，朝ご飯を十分食べていないことから，午前中の活力がなくなる。このように，どこか1つが崩れると，悪循環となっていくのが生活のリズムである。

しかし，考えを切り替えれば，問題となっている一つの習慣を改善すれば，次々と良いリズムが生まれてくるということである。各家庭で生活を振り返り，どこか一つ，できそうなところ，例えば，体温の高まる午後のあそびを取り入れることは効果的で，子どもと思う存分，遊ぶようにすると，お腹が空いて，夕食がしっかり食べられ，心地よい疲れで早く眠り，早く起きて朝食を食べる，というように改善がみられてくる。健康的な生活をめざすことができるように援助していくことが大事である。

よって，朝ごはんをきちんと食べることにより，エネルギーを得て，体温も上がって，日中，しっかり考えたり身体を動かしたりすることにつなげる。そして，しっかり身体を動かして遊ぶことで，気持ちよく疲れて早く眠れるようにする。早く眠って，朝すっきり目覚めると，食欲が出て，朝ごはんをおいしく食べることができ，朝の排便状況もよくなる。大人は，このような生活リズムを守り育てていけるような生活環境を整え，子どもと共に，日々，実践していくことが大切である。

3. 子どもの育ちと人との関わり

3-1. 人との関わりの中で育つ子どもの発達

人が生まれたときは，脳の発達は未熟な状態であり，歩いたり，自分から飲食をしたりすることができない。しかし，感覚機能は発達しており，まわりの環境や人からの刺激を受けながら，徐々にいろいろな学習をして成長・発達していく。このように，他の哺乳類の赤ちゃんとは違って，人の赤ちゃんには，長い養育期間が必要であり，まわりの大人，特に親との密接な関係のもとに育てられていく。

また，誕生後には睡眠と授乳による栄養摂取により，身長や体重も急激に増えていくが，ただ世話をしているだけでは健やかに成長していかない。環境か

らくるストレスが長く続いたり，周囲の大人からの適切な働きかけや養育がなされなければ，身長と体重の増加が一時的に止まったり，十分な発育が抑えられることもある（ガードナー，1981）。このように，子どもの発達には，周囲の環境や人との関わりが大きな影響を与えるのである。

1) 人との関わりの中で育つもの

生後間もない赤ちゃんでも，人の顔に注目する。生まれたときの視力では，遠くのものを見ることはできないが，約30～50cmの距離は焦点を合わせることができる。これは，赤ちゃんを抱きかかえたときの大人と赤ちゃんの顔の距離で，見つめ合うことができるようになっている。最近では，抱きかかえたときや授乳のときに，テレビを見たり携帯電話でメールをしたりしている母親も少なくない。赤ちゃんは，まわりの大人との相互作用によって発達していくことを考えると，しっかり目を見つめて授乳したり話しかけたりし，安心感や信頼感をもてるようにしていくことが大切である。そして，親密な身近な養育者との関係を基盤にして発達がすすみ，成長とともに人間関係が広がっていくようになる。そして，生活の中で，様々な人や物との関わりや，体験を広げていくことが子どもたちの生きる力につながることから，いろいろな実体験を通して人間関係を広げていくことが重要なのである。

また，成長し，幼稚園・保育所（園）に入園（所）後は，まずは先生との信頼関係を築くことが必要であり，その関係を基盤として様々なことを自分自身の力で行っていくことにより達成感や充実感を味わえるようになる。また，幼児は，園生活において，同年齢だけでなく，異年齢の友だちや他のクラスの先生とも関わりをもつ中で，自分の存在感や自分とは違う人に関心をもったり，共感したり思いやりをもつようになる。さらに，自分の感情や意志を自分なりに表現しながら友だちや先生といっしょに過ごす楽しさや大切さを知り，その生活のために必要な生活習慣や必要な態度を身に付けていく。このことが人と関わる力を育てることになるのである。

2) 前頭連合野の発育・発達不全

現在の子どもたちは，友だちとの関わり不足や集団あそびの体験不足など

がいわれている。さらに，睡眠状況の良くない子どもたちは，朝から元気がなく，床に座り込んでいたり，イライラしたりして友だちといっしょに遊ぶ機会が少ないことから，余計に友だちとうまく関わることができないようになっている。これらのことは，脳の発達にも影響する。脳の中でも「前頭連合野」という頭の前の部分に，人間らしさを特徴づける重要な働きをしている部分があり，その機能が十分育っていないのではないかといわれている。

　人間の前頭連合野は，チンパンジーの約6倍で，チンパンジーは2時間先の見通しは立てられるが，人間は将来何になりたいかというように，長期の計画を立てたり，夢を語ったりすることができるなど，高度な計画性や人間らしさをつかさどっている。この前頭連合野は，独りでは育たず，人との関わりがあってこそ育っていくものなのである。高度経済成長期以前は，お父さん，お母さん，きょうだい，そして，おじいさん，おばあさんがいるという家族構成で，家庭の中だけでもいくつもの人間関係をもつことができていた。そして，上下関係や挨拶，食事のマナーの指導やしつけ等を受け，子どもたちはいろいろなことを自然と学んでいた。その日あったことや楽しかったことをみんなで話したり，家族の中でもこれだけ人数がいれば誰かに怒られたりもするし，ほめてもくれるという人間関係があった。現在は，おじいさんやおばあさんは別で暮らしていて，お父さんは単身赴任や早朝に出勤して帰りは遅くて家にいない，お母さんも仕事が忙しく家に帰ってからも家事に追われてしまう。きょうだいがいても塾に行ったり，友だちとの携帯やメールの会話で部屋から出てこない，そのような中，小さな子どもが独りでご飯を食べる，という状況になる。核家族で団地，マンション住まいが増え，子ども部屋も存在するようになり，家にいても別々の部屋で過ごし，子どもはもの言わないおもちゃと遊び，親たちは別のことをしている。親は，子どもと関わっているつもりでも，ただ同じ部屋にいるだけで，子どもたちはテレビを見ていたりおもちゃで遊んでいて，関わってもらっているとは思っていないこともある。友だちと遊んでいても，ゲームを介して横に並んでいるだけであまり交流がないという状態である。昔は大人からしかられて，反省して，今度はこうしようとか，いろいろ工夫しようとする等，人と関わることで前頭連合野が発達していく機会が多かった。

　しかし，今はその機会が少なくなっている。そこで，家庭や地域で体験でき

なくなった分，期待されるのが幼稚園や保育園なのである。あえて，子どもたちが群れて遊ぶ機会を増やし，身体がぶつかったり足を踏まれたりして痛い思いをしたりすることで，気をつけながら力を加減をしてみたり，大きい子が小さい子に配慮したりなど，あそびの中でいろいろな経験を重ねることにより，無意識のうちに脳は判断を下す力をもっていく。無意識に情報を脳に集めて，それらから思考，認知，判断して行動をしているため，子どもたちが友だちとしっかり遊び込めるよう，いろいろな場面で子どもたち同士が関わり合える機会を増やしていくことが望まれる。

3-2. 親子あそびと集団あそびの魅力

　子どもは，全身を使って遊ぶことを好む。子どもが夢中になって遊ぶことは，人とのコミュニケーションをもつきっかけともなる。乳児期から，自分を楽しませてくれる存在は，自分を理解してくれ，信頼する人となる。その最初の出会いは親である。ふれあいあそびはスキンシップとなり，情緒の安定につながっていく。そして，身体を動かして遊ぶことで，全身の感覚から入ってくる刺激が脳に伝わり，子どもは新しい姿勢や動きを覚えるとともに，ものやことばの認知を広げていくことができる。

　この子どもの感覚を刺激し，脳の働きを活発にすること，また，情緒の安定や身体の発達を促進するものとして，親子のふれあいあそびやふれあい体操を紹介する。

　乳幼児の身体を持ち上げて上下左右に揺らしたり，回転させたりすることで空間認知能力を高めたり，スピードが早くなったり遅くなったりしたことを感じて，姿勢を保ってバランス能力を高める。また，揺れや回転は，落ちないように親にしがみつくことから，手や足腰を強くする。全身運動ができるようになると，手先の器用さにもつながっていく。親子のふれあいあそびや体操では，なにより，皮膚への接触があることから，触覚への刺激となり，愛着を感じやすくして，人とのつながりやコミュニケーションの意欲ももてる。できたことを褒めてもらうことで，達成感を味わうことができ，またしてみたいという意欲がもてたり，難しいことにもチャレンジしようとする。

　幼稚園や保育所の実践例として，登園後や降園前の少しの時間を利用して，

ふれあい体操（親子体操）を行っている園がある。以前，登園時に泣いて母親と離れるのを嫌がる子どもたちがいたが，ふれあい体操をとり入れると納得してスムーズに離れられるようになったようである。帰りは随時ホールに集まって，先生と子どもの動きのお手本を見ながら，1つでもよいからふれあい体操をして帰るというようにしている。仕事帰りのお母さんの負担にならないように，座って足を伸ばしているだけで，子どもがその上を跳んで母親の後ろをまわってもどり，また跳ぶ，というように子どもが動いてできるものを選ぶように配慮している。

また，親子ふれあい体操を日常生活に定着化させるための地域活動として，平日に未就園児とその親，お休みの日に市町村の取り組みとして地域の親子が参加して親子体操を行っている。広い場所で，日頃しないような動きをしたり，身近にあるもの（タオルや新聞紙など）を使って遊んだりして，いろいろな感覚を養うように工夫している。このような集団でのあそびを経験することで，ルールを守ったり，他の子どもの様子を見て刺激を受けたりすることとなる。また，親同士も顔見知りとなって，新たな交流の場ともなり得る。

4. 生き生きとした子どもの育ちを求めての提案

　小学校に就学すると，先生と保護者が毎日，直接話をする機会は極端に減ってしまうが，ほぼ毎日，保護者と対面することのできる幼稚園や保育園の役割は重要である。4歳・5歳で，良くも悪くも生活リズムがついてきているときに，いくら健康的な生活リズムの大切さや問題の改善を呼びかけても，日々の生活に追われ，これまでの慣れた生活スタイルを優先してしまう親も多い。しっかり意識して行動できることを期待するならば，まず，入園時，お母さんが子どもを預け（て働きに出）るという新しい生活が始まったときは，まだ改善可能な時期である。生理的なことを具体的に説明されると，納得するお母さんも多い。最初の頃に調整して，それがあたりまえになってくれれば，良い習慣が続いていく。夜型の親中心の生活になってしまうと，簡単には子ども中心の生活には戻せない。生活習慣は一度に良くなるものではないため，日々の声かけやおたよりを配ったり掲示したりする等，いろいろ工夫した地道な活動が家

庭での実行につながっていく。
「食べて，動いて，よく寝よう」
　最後に，①心・ふれあいを育てるために家庭における食を大事にし，そして，②自律神経を鍛え，生きる力を育むためには運動をしっかり行い，③キレないで精神を安定させるためには，質の良い睡眠を大切にしなければならない。人間らしく子どもたちが成長していくためにとても大切なことであり，そのためには，「食べて，動いて，よく寝よう」ということを発信していくことが求められる。

引用・参考文献

CHS子育て文化研究所　1999　養成校と保育室をつなぐ理論と実践―見る・考える・創り出す乳児保育―　萌文書林　p.36.
ガードナー，L. I.　1981　幼児の発育と愛情　別冊サイエンス　日本経済新聞社　p.55.
前橋　明　2008　子どものからだの異変とその対策　小児歯科臨床, **13** (8), 68.
前橋　明（編著）　2007　乳幼児の健康　大学教育出版
前橋　明（編著）　2008　健康福祉学概論―健やかでいきいきとした暮らしづくり―　朝倉書店
前橋　明（編著）　2010　子どもの未来づくり1　明研図書
前橋　明・石井浩子・渋谷由美子・中丞征太郎　1997　幼稚園児ならびに保育園児の園内生活時における疲労スコアの変動　小児保健研究, **56** (4), 569-574.
日本幼児体育学会　2007　日本幼児体育学会認定　幼児体育指導員養成テキスト　幼児体育―理論と実践―初級　大学教育出版
相馬範子　2009　生活リズムでいきいき脳を育てる―子育ての科学98のポイント―　合同出版

第7章
非加害者である母親の性的虐待を受けた子どもへの関わりと共生[1]

桐野由美子

1. はじめに

　家族は一生を通して個人の行動に影響を与える重要で強力な共生社会システムである。その家族の中で起こる性的虐待は，保護者（以下，親と記す）による子どもに対する犯罪であり，具体的には親の「子どもへの性交・性的暴行・性的行為の強要・教唆など」「性器を触る又は触らせるなどの性的暴力・性的行為の強要・教唆など」「性器や性交を見せる」「ポルノグラフィーの被写体などに子どもを強要する」などの行為を指す（厚生労働省，2009）。わが国でも性的虐待は年間約1300件起きている（厚生労働省統計情報部，2009）。

　親子間の性的虐待ケースに対応することは，根深い社会的価値観に挑戦することを意味する。われわれの文化は概して暴力，特に大人の子どもへの性的暴力を禁じている。同時に，われわれの社会は，子どもの発達における親子関係の重要性，家族の尊厳と独立性に強い価値観を抱いている。よって親子間の性的虐待はこれらの強い価値観に矛盾をもたらすため，子どもの最善の利益のために介入する際，「親－子」と「加害者－被害者」の2つの関連性をいかに考慮するかが課題となる（Sanders & Meining, 2000）。ともあれ，初期介入段階では子どもの安全を確保するため，まず子どもを加害者である親から分離することは不可欠である。

---

[1] 本章は筆者が単独執筆した未出版のペーパー（桐野由美子　2009　非加害者である母親の性的虐待を受けた子どもへの支援について　厚生労働省科学研究費補助金政策科学総合研究事業　子ども家庭福祉分野における家族支援のあり方に関する総合的研究　平成20年度研究報告書（主任研究者　高橋重宏）pp.165-177）に手を加えたものである。

性的虐待を受けた子どものケアに関して，子どもが虐待について開示した後，非加害者である母親[2]が子どもを信じ，子どもが再度虐待されないように子どもを守り，支援していくことが，子どものウェルビーイングにとって最も重要であるとされている。

また，子どもの開示後に児童相談所が親子分離をすべきか否かを判断する場合，虐待が再発しないよう，非加害母親が家庭で子どもを守る能力を見極めることがキーポイントになる。

本章の目的は，性的虐待防止に関して先進国とされている諸外国の文献収集等を通して，①非加害母親の実態（子どもの開示を信じること・子どもを情緒的に支援すること，子どもを実際に守ること）について，また専門職が②非加害母親の子どもを守ることができるか否かの判断をする際の基準についての現状を把握することにある。

なお本章でとりあげる性的虐待ケースについて，加害者が①子どもの親，あるいは②非加害母親のパートナー（ボーイフレンドなどを含む）であるものに限定する。

2. 初期の研究調査

2-1. 初期の傾向

性的虐待ケースの非加害母親についての 1940 年代から 1970 年代の文献をみると，非加害母親は「心理的・人格的欠陥をもつ」「冷淡で禁欲主義である」「だらしない身なりをし，幼稚で，夫に極端に依存している」「意識してあるいは無意識に性的虐待を認めている」などと表現されており，性的虐待はこのような母親のせいであると，母親への非難が多くみられる（Bolen, 2003）。

Bolen（2003）は「性的虐待を非加害母親のせいにする」傾向は今でも続いて

---

2) 本研究は非加害者である母親に焦点をあてたものである。厚生労働省は日本の性的虐待の加害者の詳細（父親・母親等の分類）に関する統計を提供していない。警察庁によると，児童虐待に分類されるもので平成 22（2010）年 1 月から 12 月に検挙された強姦事件（$n=16$）のうち，全件（100％）の加害者が父親等（実父・養／継父・内縁・その他）であり，強制わいせつ事件（$n=11$）のうち 10 件（91％）の加害者が父親等であった（厚生労働省，2011）。

いることを指摘している。その例として，統計上で母親を共謀者，つまり母親も加害者として加算する州もあることをあげ，これは社会そしてシステムの偏見であると非難している。子どもの福祉を念頭に置き，専門職は，非加害母親への援助を強化しなければならないのである。

性的虐待を受けた子どもの回復のために大きな貢献をする非加害母親の子どもへの支援に関する研究は 1980 年代に始まった。初期の研究には予備的なものが多く，①性的虐待，②被虐待児，③非加害母親，④子どもの虐待についての開示，⑤加害者，⑥加害者の子どもとの関係，⑦加害者の非加害母親との関係，などの特徴を追及した（Bolen & Lamb, 2002）。

2-2. 初めての非加害母親の保護能力アセスメントツール

1980 年代になると，非加害母親の子どもへの支援に関する多くの仮説を実証するための研究がなされた（Heriot, 1996; Bolen, 2002）。1980 年代の研究では，例えば①被虐待児の年齢，②非加害母親と加害者の関係，③非加害母親自身が性的虐待を受けた経歴，④非加害母親がドメスティックバイオレンスを受けた経歴，⑤非加害母親あるいは加害者のアルコール依存／薬物依存歴が非加害母親の子どもを支援する予測要因とされていた（Heriot, 1996）。

子どもが性的虐待を受けたことを開示した後，非加害母親が子どもをどの程度守ることができるかを測定する基準を開発する研究は Everson らによってはじめて行われた（Everson et al., 1989）。

Everson らのツールは PRIDS（Parental Reaction to Incest Disclosure Scale：近親姦開示に対する親の反応尺度）とよばれ，「親の支援」を①「母親の子どもへの情緒的支援」，②「子どもの開示を信じる」，③「母親の加害者への行動」の 3 つのカテゴリーに分類している。被験者は性的虐待が児童保護局に通告された後 2 ヶ月経った時点で調査され，上記①②③の合計得点を「子どもの保護能力」として測定された。しかし，この PRIDS の弱点として，「保護能力」の定義の曖昧さが指摘された（Heriot, 1996）。

2-3. Heriot（1996）の非加害母親の子どもへの支援アセスメントツール

1990 年代になると研究者たちは非加害母親の保護能力についてのアセスメ

ントツールの開発に力を注いだ。ここでその主な研究の一つとされる Heriot (1996) の量的調査研究を紹介する。

1) 目　的
　Heriot の調査目的は，開示後の子どもを保護する非加害母親の力を，より明確に首尾一貫して測定することにあった。

2) 方　法
　アメリカ・メリーランド州ボルチモアの非加害母親（$n = 118$）を対象に，「子どもを守る母親」の定義を①「保護行動」（子どもと母親自らが加害者と別居した）と同時に②「支援」（母親の被虐待児に対する情緒面と行動面での支援）の両方がみられる母親とし，「支援」として調査用紙に「子どもの治療を願った」「子どもに敵対心と怒りを抱く」など 37 項目を用いた。
　「母親が子どもを信じる」について，Heriot は「子どもを守る母親」の定義の一つとして含ませず，「母親の子どもを守る力に影響を及ぼす『態度』」として捉えた。
　Heriot は「子どもを守らない」リスク要因になり得る 15 項目を採用し（表 1 参照），それらのデータを二変量分析（bivariate analysis）・カイ二乗検定・多変量解析（multivariate analysis）・論理的回帰（logical regression）などで分析した。

3) 結　果
　結果の概要を次に箇条書きにする。
　① 75%の非加害母親が子どもの開示を信じ，68%が子どもを支援し，57.8%が子どもを守る行動をとり，52%が首尾一貫して子どもを支援し，かつ子どもを守った。
　②「加害者に拒否的：敵対的感情」を抱く母親のほうが，「加害者を温かく受け入れる感情」をもつ母親よりも，子どもをより「支援する」「守る行動をとる」傾向がある。
　③「性的虐待の重篤度」について，「膣にペニス挿入」の重度の場合，「愛撫

表1 Heriot（1996）の15のリスク要因

母	子ども	母と加害者の関係
1. 年齢	8. 年齢	12. 加害者の身元
2. 子ども人数	9. 性別	13. 関係継続期間
3. 母収入源	10. 人種	14. 母に対する身体的暴行
4. 母自身の被性的虐待歴	11. 性的虐待の重篤度	15. インテーク終了時の母の加害者への感情
5. アルコール／薬物依存		
6. 精神保健問題		
7. 過去／現在のCPS関与歴		

のみ」の軽度の場合よりも，母が子どもを守る行動が少ない。

④加害者が母親の夫／同棲中のボーイフレンドの場合のほうが，母親と子どもが加害者と別居する行動をとることが少ない。

⑤「母親が子どもの開示を信じること」と「母が子どもを守る行動をとること」には強い関連性がみられる。

⑥「被虐待児が幼少」の場合に比べて，「子どもが青年期」の場合，母親は「子どもを守る行動をとる」ことが少なくなる。

4）考　察

Heriotは近親姦の場合の非加害母親は，「子どもを守る」ニーズと，「加害者であるパートナーへの忠誠心等の感情」の板挟みになっていると捉えた。これは初期文献にみられる，「子どもを守らない非加害母親が悪い」とする「共謀母親理論」を置き換える考え方である。また，「介入時に約半分の非加害母親が子どもを守る行動をとる」ことを念頭に置き，専門職は先入観・偏見なしに客観的な対応をすることを示唆している。

3. 2000年以降の研究調査

結論を述べると，2011年の時点で，「これこそが性的虐待を受けた子どもの非加害母親の子どもを守る力を測定する最適なアセスメントツールである」といわれるものは存在しない。非加害母親の子どもを保護する力は，そこまで複雑なものだともいえるであろう。

本章では，2000年代になってから多くの研究者が行っている調査研究の中から，貢献度が高いと思われる主なものをあげる。

3-1. Pintelloら（2001）の調査研究
1）目　　的
　Pintelloら（2001）の研究目的は①性的虐待を受けた子どもを，非加害母親が子どもを信じ，守る割合を調べることと，②非加害者が子どもを信じて守ることを予測する「子ども・母親・状況の特徴」を把握することにあった。

2）方　　法
　アメリカの中部大西洋沿岸にある某児童保護局（日本の児童相談所に該当するChild Protective Services: 以下CPSと略す）のファイルから，1989年から1995年の間に，同居の実父・継父・母親のパートナーによる性的虐待が実証された435ケースを抽出し，データ分析が行われた。

3）結　　果
　結果の第1として，41.8％の非加害母親は子どもを信じて守り，27.3％は子どもを信じる，あるいは子どもを守る，のどちらかを行った。
　結果の第2に，非加害母親が「子どもを信じて子どもを守る行動をとる」ことを予測できる要因として，以下①②③が支持された。
　①母親の要因
　　成人してから第1子を出産した
　　加害者と別居あるいは離婚している
　　薬物依存の経歴がない
　　現時点で加害者と性的関係をもっていない
　　子どもが性的虐待を受けたことを知らなかった
　②子どもの要因
　　子どもの年齢が低いほど信じて守る
　　子どもが男子の場合のほうが，より信じて守る
　③状況の要因

子どもが性的行動をしていない場合のほうがより信じて守る

　これらのことから Pintello らは，大半の非加害母親が子どもを信じて守ることを強調すると同時に，性的虐待を開示した子どもを信じることと，子どもを守ることの定義づけと構成についてさらに深く検証する必要があることを指摘している（Pintello, 2001）。

3-2. Alaggia（2002）の調査研究

　カナダ・トロントの研究者である Alaggia は，文化と宗教がおよぼす非加害母親への影響（Alaggia, 2001），自らのドメスティックバイオレンスの被害が，子どもの性的虐待の非加害母親としての自分におよぼす影響など，多くの研究を行った（Alaggia, 2001, 2005）。

　本章では，Alaggia の，非加害母親の子どもへの反応と支援に関する調査研究（2002）について論じる。

1）目　　的

　本研究の目的は，性的虐待を受けた子どもへの非加害母親の対応，特に支援的対応に関する要因を探究することにあった。

　Alaggia は，非加害母親の子どもへの「response（反応・感応・返答）」「reaction（反応・受け取り方・態度）」「support（支援）」の定義がこれまで明確になされていないことを指摘し，「母親の子どもへの支援」を①「子どもの開示を信じる」②「子どもへの愛情面での支援」「子どもへの行動面での支援」の3次元に分類し，かつ，「子どもの開示直後」「2ヶ月後」「6ヶ月後」の時点の3回にわたり調査した。

2）方　　法

　10名の非加害母親をインタビューし，グラウンデッドセオリーによる分析がなされた。

3) 結果と考察

調査の結果，非加害母親の子どもへの支援を理解する際，第1に，上記の3次元，つまり①「子どもの開示を信じる」②「子どもへの情緒面での支援」③「子どもへの行動としての支援」の枠組みを用いること，そして第2に，母親の支援は，時が経つにつれ変わる，「流動的」なものであり，「子どもの開示直後」と「それ以降」を区別してみることが重要であるとした。

Alaggia は臨床ソーシャルワーカーに，偏見・差別なく非加害母親にストレングス志向で対応し，「逆転移」が起こる可能性にも注意をすべきであると説いている。なお，本章で後ほど論じる Burnside（2008）は，この Alaggia の枠組みを基盤として活用した研究を行っている。

3-3. Bolen らの調査研究

アメリカの研究者 Bolen も非加害親の被性的虐待児への支援に関して長年研究し続けている（Bolen, 2003; Bolen et al., 2002, 2004, 2007）。

1) 非加害親のストレス要因とアタッチメントの研究

まず Bolen らは，非加害親の被性的虐待児への支援についての要因として，新たに「非加害親と子どもの，虐待発生以前のアタッチメントスタイル」と「非加害親へのストレス要因」をとりあげ，アメリカ南西部にある某医療センターに来院した非加害親（$n=92$。その8%は非加害父親）と被虐待児（$n=92$）にアンケート調査をした（Bolen, 2002）。その結果，非加害親と被虐待児の間のアタッチメントスタイルと，非加害親の子どもへの支援との関連性は支持された。また，ストレス要因の中で，「非加害親の被虐待歴・虐待目撃歴」は非虐待親の子どもへの支援との関連性がみられ，被虐待歴・虐待目撃歴のある非加害親は，ない親よりも子どもを支援しない傾向があるという結果が出た。なお，この結果は前述の Pintello ら（2001）の研究結果と相反するものである。

2) アンビバレンスの研究

Bolen らは，「非加害母親の子どもへの支援」と「非加害母親のアンビバレンス」の研究調査について2つの論文を出している（2004, 2007）。アンビバレン

スとは，同一対象に対して，愛と憎しみなどの相反する感情を同時に，または交替で抱くことを意味する。

2004年に発表された研究でBolenらは，子どもが性的虐待を開示した後の非加害母親の子どもへの支援について，今までのように一本線上でその支援の強弱を測定してはならないと唱えた。Bolenらははじめての試みとして，非加害者母親の「開示後のアンビバレンス」を，子どもと加害者間の葛藤の数値（valence）として捉え，それを1つの概念とした。

Bolenらがこのように概念化したのは，「子どもの開示後の非加害母親のアンビバレンス」は，母親の「被虐待児を支援する能力」と「支援したいという願望」のみを検討するような簡単なものではないとみたからである。彼らはそれよりも，子どもと加害者の間の数値における緊張感をみる必要があると考えた。

Bolenらは，子どもの開示後の非加害母親のアンビバレンスは，①非加害母親へのストレス要因の増強と，②非加害母親に対する資源の低下に関連すると考えた。同時に彼らは，子どもの開示後の非加害母親のアンビバレンスは，③非加害母親のPTSDなどの深刻なストレス障害の発生と，④非加害母親と子どもとのアタッチメントスタイルに関連すると考えた。この研究では，子ども開示後の非加害母親のアンビバレンスを，状況下における「標準的（normative）」なものであるとした。つまり，非加害母親が動揺・困惑した状態であることはあたりまえのこととみなしたのである。

この研究では某医療クリニックに通院する性的虐待を受けた子どもの非加害母親30名を対象に，ソーシャルワーカーと医師によるインタビュー調査がなされた。その結果は以下の通りであった。

①子どもとのアタッチメントスタイルが安定している非加害母親ほど，アンビバレンス傾向が少なかった。

②ストレス要因を多くもつ母親ほど，より高いアンビバレンス傾向がみられた。

③非加害母親がもつ多種のストレス要因（経済的・子どもに関する・加害者（夫）に関する・法律に関する・家族関係についてのストレス要因）のうち，加害者（夫）に関するストレス要因が最も顕著であった。

④「パートナー（加害者）と短期間，良い関係をもっていた」あるいは「パ

ートナー（加害者）といる時だけ満ち足りた自分であると思う」非加害母親ほど，「行動」に「アンビバレンス」がみられた。

⑤DVの経験が多い母親ほど，「行動アンビバレンス傾向」が少なく，「認知アンビバレンス傾向」が多かった。この結果はBolenらにとって予想外の結果であり，この結果の背景として，DV体験者は暴力を含む関係から逃れることを好むためかもしれない，とBolenらは考えている。

⑥「認知アンビバレンス」は，i) 非加害母親と子どもとの関係が弱い場合，ii) パートナー（加害者）と長期間関係があった場合に多くみられた。

⑦「高い行動アンビバレンス傾向」あるいは「高い認知アンビバレンス傾向」がある非加害母親ほど，より高いレベルの精神的苦痛を感じている。

これまで，子どもの開示後に，子どもに対する感情と信条と行動においてアンビバレントな非加害母親は，子どもを適切に支援「しない」とみなされてきたが，それとは対照的に，このBolenらの研究では，「『親の子どもへの支援』と『アンビバレンス』は共存できる」とする仮説モデルをたて，その仮説を検証した結果，仮説上の理論モデルは予備的段階として支持されたわけである。

3-4. Plummerらの調査研究

Plummerら（2007a, 2007b）は，非加害母親の被虐待児への支援のテーマから少し離れているが，非加害母親とシステム，非加害母親と専門職の関係に焦点をあてた興味深い研究をしている。

Plummerら（2007a）は第1に，システムが性的虐待ケースに介入するときに起こる問題について調査する目的で，計59名の非加害母親を対象に，3つのフォーカスグループ（$n=19$）と自由記述式アンケート調査（$n=40$）を実施した。

その結果，システムによる介入に関して，セラピストに助けられたとの非加害母親の陳述があった一方，治療中にセラピストが暴言を吐いた，母親が投げかけた問題に対処するのを拒否した，などの陳述があったことも指摘している。また，母親と専門職の関係が弱い場合，非加害母親がパートナーによる性的虐待の再発の疑いを専門職に報告するのを躊躇する可能性が高いことがわかった。

これらの結果からPlummerらは，ケースワーカー，セラピスト，警察などの専門職が，激烈な危機状態にいる母親に，共感・自己反省・スーパービジョン・サポートをもって対応する重要性を強く主張している（Plummer et al., 2007a）。

Plummerらは第2に，アメリカ中西部の2つの民間セラピークリニックから10名の非加害母親を選び，それぞれ5名ずつから成る2つのフォーカスグループを用いて質的調査を行い，子どもが性的虐待を開示した後，母子関係がどのように変化したかを探った（Plummer et al., 2007b）。その結果，①虐待の調査，②子どもの行動問題，③システムからの強い要求を受けた母親の極度の疲労，④子育てに関する不安感が母子関係に悪影響をもたらしたことがわかった。特に，システムが介入することにより，非加害母親の罪悪感と自責の念が増し，援助してくれるはずの担当者を不信に思い，よい関係づくりができない場合があることを指摘し，援助者である専門職のさらなる研修等に力を入れることを提言している。

3-5. Cooheyらの性的虐待ケース確証基準に関する調査研究

Coohey（2006）は，アメリカのCPSソーシャルワーカーが，どのような基準に従って，性的虐待が実際に発生したケースにおいて非加害母親が子どもを守ることができなかったと判断したか，について調査した。

調査は①「子どもを守ることに失敗した」と判断されたアメリカ・アイオワ州に居住する非加害母親31名と，②「子どもを守ることができた」とされた62名の非加害母親について，調査担当のCPSソーシャルワーカーが質問調査票に回答する形式でなされた。

その結果，CPSソーシャルワーカーが介入するまでに，①非加害母親が性的虐待発生について気づいていた／知っていた期間を確認すること，②性的虐待発生に気づいた／知った後，非加害母親が子どもを守るために何をしたか／しなかったかを正確に把握すること，が必須であることをCooheyは強調している。また，性的虐待の再発の可能性・子どもの安全性を判断する際，非加害母親が，①子どもの開示を信じること，②子どもを支援すること，③薬物依存などの問題をもっていないこと，の3点を最低条件とするよう提言している。

3-6. Coohey らの非加害母親の子どもを守る力に関する調査研究

　性的虐待の非加害母親の子どもへの支援について，最近 Coohey ら（2008）は，ある画期的な枠組みを提案した。Coohey らは，過去の関連研究調査が多種多様の手段・定義を使って主要概念を測定していることを明示し，それらの「バラツキ」を問題視した。例えば，過去の研究では「非加害母親が性的虐待発生の事実を信じること」と「非加害母親が子どもを守る行動を実際にとる」の2つの要因をまとめて「1つの合成関数」として捉えてしまっていた（Cry et al., 2003; Pintello et al., 2001; Everson et al., 1989）。

1）Crittenden の「情報処理認知理論」

　Coohey らは新たに Crittenden（1993）の「情報処理認知理論」を応用し，「非加害母親が子どもの保護を実行する」ことに関する概念的枠組みを説明した（図1参照）。「情報処理認知論」では，非加害母親の「ものの見

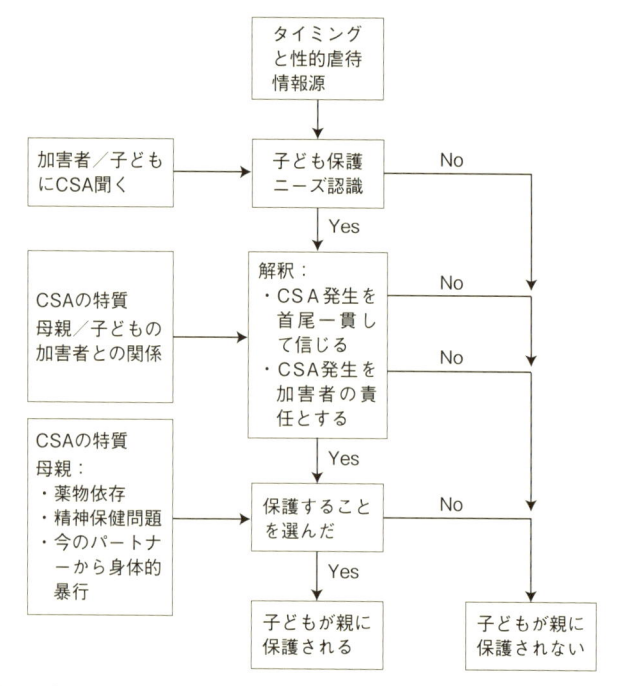

図1　母親による首尾一貫した子ども保護理解の為の概念的枠組（Coohey, 2008）

方（perspective）」「ものの解釈の仕方（interpretations）」「実際にとる行動（actions）」の3つをみることにより，非加害母親が子どもをネグレクトをしているか否かを判断できると考える。プロセスとして性的虐待ケースの場合，第1に非加害母親は，どこからか虐待の情報を得て，「子どもが保護を必要としている」との信号を認知する。この時点で母親は情報の処理を継続することも，その信号（刺激）を無視することもできる。非加害母親が情報処理を継続する場合，母親はプロセスの次の段階に移り，「情報の解釈」を行う（図1参照）。しかし，信号を無視する場合，子どもが再度虐待される可能性が大きくなる。

「情報の解釈」の段階で非加害母親が，性的虐待があったことを信じ，その責任は加害者にあると考えた場合，その母親はプロセスの次の段階に進み，実際に子どもを保護する行動をとる可能性が大きくなる（図1参照）。

2） 2008年の調査研究

上記に説明した「情報処理認知理論」を用いたCooheyらの研究では，子どもが性的虐待の被害を受けてアメリカ中西部の某CPS（児童保護局）に関与した85名の非加害母親を対象に，CPSのソーシャルワーカーがインタビュー調査を実施した。そのデータのコーディングを行った後，「首尾一貫して子どもを守った」母親グループ（$n=48$）と「子どもを守らなかった」母親の2グループに分類し，多変量解析を行った。

その結果の概要を次に箇条書きにする。

①先行研究で「非加害母親の子どもを守る力」に影響する要因とされた「母親の精神保健問題，薬物依存症」には，「非加害母親が子どもを首尾一貫して守ること」との関連性がみられなかった。

②非加害母親が加害者に，性的虐待が発生したか否かについて質問せず，非加害母親が加害者に性的虐待の責任があると判断し，性的虐待が起こったことを事実として首尾一貫して信じた場合，その母親の「被虐待児を首尾一貫して守る」傾向が最も強かった。

③性的虐待が起きたことを非加害母親が1年未満の短期間に知っていた場合のほうが，それ以上の期間知っていた場合よりも，母親の子どもを首尾一貫して守る傾向が多くみられた。

表2　バーンサイドの「4つのビネット」(Burnside, 2008)

A家族	B家族
・母は子どもの開示を信じる ・母は子どもを守る行動をとる	・母は子どもの開示を信じ<u>ない</u> ・母は子どもを守る行動をとら<u>ない</u>
C家族	D家族
・母は子どもの開示を信じる ・母は子どもを守る行動をとら<u>ない</u>	・母は子どもの開示を信じ<u>ない</u> ・母は子どもを守る行動をとる

④性的虐待が起こっていた期間が短いほど、非加害母親が首尾一貫して子どもを守る傾向が強かった。

⑤子どもが性的虐待を受けたことを強く信じる非加害母親ほど、子どもを首尾一貫して守る傾向が強くみられた。

⑥母親がドメスティックバイオレンスの被害を受けた経歴がない場合のほうが、子どもを首尾一貫して守る傾向が強くみられた。

⑦母親が、性的虐待が起こったか否かを子どもに質問し、加害者に質問しなかった場合のほうが、母親が子どもを首尾一貫して守る傾向が強くみられた。

以上の結果からCooheyらは、実践家が①非加害母親に「加害者であるパートナーがしたことは性的虐待であると思うか」を質問すべきであること、②非加害母親が加害者であるパートナーから身体的暴行を受けた経験がある場合、その母親に「加害者が子どもに近づかないようにする意思があるかどうか」のアセスメントをすべきであること、を強く主張している。

3-7. Burnsideの非加害母親の子どもを守る力に関する調査研究

最後に、CPSソーシャルワーカーが非加害母親の子どもを守る力について決断する際のモデルを、Alaggia（2002）の研究を基盤に独自に開発したBurnside（2008）の試みを論じる。

なお、Burnsideは、本章3-2にあげたAlaggia（2002）が提示した3次元（①「子どもの開示を信じる」②「子どもへの情緒面での支援」③「子どもへの行動としての支援」）のうち、①「子どもの開示を信じる」と③「子どもへの行動としての支援」の2次元のみについて検証した。

1) 目　的

Burnside の研究目的は，CPS ソーシャルワーカーが非加害母親の子どもを守る力について決断するプロセスを吟味することにあった。

2) 方　法

Burnside の研究では，カナダ・トロントの某 CPS 局に保管している実際の性的虐待ケース記録を熟読し，それらのケースに基づいた「4 つのビネット」を開発した（表 2 参照）。「4 つのビネット」では，非加害母親が①子どもの開示を信じる／信じない，と②非加害母親が子どもを守る行動をとる／とらない，の組み合わせから，4 タイプ（ビネット）の家族に分類している。

Burnside は次に，各ビネットに該当する実際のケースを匿名で，性的虐待ケースに長年（平均して 9.5 年間）関わった 15 名のソーシャルワーカーに提示し，各ソーシャルワーカーに非加害母親の子どもを守る力を考慮しながら，子どもの安全性に関するリスクの高低を判断するよう指示した。

3) 結　果

調査結果は次の通りであった。

①すべてのソーシャルワーカーが「非加害母親が子どもの開示を信じること」と「非加害母親の子どもを守る行動をとる」とを明確に区別していた。しかし，非加害母親の子どもを守る力と子どもの安全性の決断は，多重に小面化した（multifaceted）プロセスであり，各ソーシャルワーカーにかなりのばらつきがみられた。ビネット「B/C/D 家族」について決断する際，ソーシャルワーカーは「子どもの年齢」「非加害母親の子どもへの情緒的支援」「母子間のアタッチメントスタイル」を考慮した。

②「A 家族ビネット」，つまり非加害母親が子どもの開示を信じ，かつ子どもを守る行動をとる場合（リスクの低いケース）のみ，全被験者（15 名ソーシャルワーカー）の決断が一致した。

③子どもが何歳まで「非加害母親の子どもを守る力」をみて，子どもが何歳から「子どもが自力で自らを守る力」をみるのかについて，被験者間で意見が分かれた。

④被験者（熟練ソーシャルワーカー 15 名）は，非加害母親が子どもの開示を信じないことを，非加害母親のアンビバレンスの現れであるととった。また，

アンビバレントな非加害母親を子どもの支援にひきこむことは非常に困難であると結論づけた。

4) 考　　察

以上の結果から，性的虐待ケースに熟練したソーシャルワーカーでも，非加害母親の子どもを守る力の予測と子どもの安全性に関するリスクについての決断にばらつきがあることがわかった。Burnside は今後の課題として，①時が経つにつれ徐々に変化する非加害母親の「子どもを守る力」に関する概念を拡大化する必要性と，②母子間のアタッチメントの視野に関するさらなる研究の必要性をあげた。

4. おわりに

本章執筆にあたり筆者は，性的虐待を受けた子どもへの非加害母親の関わりについて現在までのすべての文献を収集することにつとめた。その結果，1980年代以来このテーマについて非常に多くの研究がつづけてなされていることがわかった。

最近の文献の多くは，非加害母親への専門職と介入システムからの偏見・差別が指摘されている。同時に，性的虐待を受けた子どものウェルビーイングにとって非加害母親からの支援がいかに重要であるかがわかっているにもかかわらず，その母親の子どもを守る力の測定の難しさも指摘されている。

1989年に Everson らにより開発された非加害母親の子どもへの支援を測定するツール PRIDS は一時広く活用されたが，当時の「母親の子どもを守る力」の定義がきわめて曖昧であったことなどから，現時点では世界的に共通して使用されている尺度は存在せず，研究者たちは今，新たな尺度の開発に努力を重ねているところである。

概して，性的虐待が再発するリスク要因として①非加害母親が子どもの開示を信じないこと，②非加害母親が子どもを守る行動をとらないこと，③非加害母親が加害者から身体的暴行を受けた経歴があること，などが最近の研究結果として共通してあげられている。また，非加害母親の子どもを守る力をみるに

は,「子どもを信じること」「子どもを情緒的に支援すること」「子どもを守る行動をとること」の3次元で,時の流れに沿って変化するプロセスを検討していくことが不可欠であることも指摘されている。これらの点を押さえた,測定基準に関するさらなる研究が不可欠であろう。

最近の研究で力を注がれているもう一つの課題は「非加害母親のアンビバレンス」である。つい最近まで,「アンビバレントな被加害母親は子どもを守ることができないとみられていたが,危機状態に直面し多くの不安・恐怖を抱く非加害母親が揺れ動くことは基準範囲内(normative)で当然であり,アンビバレントな被加害母親の子どもを守る力が強化されるよう専門職が支援することこそ,子どものウェルビーイングに結びつく,とする考え方が主流になってきているようである。専門職が,「アンビバレントな非加害母親が子どもを守る力をもっていること」を信じてその母親を支援していくことはことばで言うほど簡単なものではない。しかし,それこそが,今後の性的虐待を受けた子どもへのケアのキーポイントになると筆者は考える。

参考文献

Alaggia, R. 2001 Cultural and religious influences in maternal response to intrafamilial child sexual abuse charting new territory for research and treatment. *Journal of Child Sexual Abuse*, **10** (2), 41-60.

Alaggia, R. 2002 Balancing acts: Reconceptualizng support in maternal response to inter-familial child sexual abuse. *Clinical Social Work Journal*, **30** (1), 41-56.

Alaggia, R. 2005 Against the odds: The impact of woman abuse on maternal response to disclosure of child sexual abuse. *Journal of child sexual abuse*, **14** (4), 95-113.

Bolen, R. M., & Lamb, J. L. 2002 Guardian support of sexually abused children: A study of its predictors. *Child Maltreatment*, **7** (3), 265-276.

Bolen, R. M. 2003 Nonoffending mothers of sexually abused children: A case of institutionalized sexism? *Violence against women*, **9** (11), 1336-1366.

Bolen, R. M., & Lamb, J. L. 2004 Ambivalence of nonoffending guardians after child sexual abuse disclosure. *Journal of Interpersonal Violence*, **19** (2), 185-211.

Bolen, R. M., & Lamb, J. L. 2007 Can nonoffending mothers of sexually abused children be both ambivalent and supportive? *Child Maltreatment*, **12** (2), 191-197.

Breckenbridge, J. 2006 Speaking of mothers...: How does the literature portray mothers who have a history of child sexual abuse? *Journal of Child Sexual Abuse*, **15** (2), 57-74.

Burnside, L. 2008 The effect of maternal support on decision making in intrafamilial child sexual abuse investigations. Paper presented at the 17th ISPCAN international congress on child Abuse and neglect in Hong Kong on September 10, 2008.

Coohey, C. 2006 How child protective services investigators decide to substantiate mothers for failure-to-protect in sexual abuse cases. *Journal of Child Sexual Abuse*, **15** (4), 61-81.

Coohey, C., & O'Leary, P. 2008 Mothers' protection of their children after discovering they have been sexually abused: An information-processing perspective. *Child Abuse and Neglect*, **32** (2), 245-259.

Crittenden, P. M. 1993 An information processing perspective on the behavior on neglectful behavior. *Criminal Justice Behavior*, **20**, 27-48.

Cry, M., Wright, J., Toupin, J., Oxman-Martinez, J., McDuff, P., & Theriault, C. 2003 Predictors of maternal support: The point of view of adolescent victims of sexual abuse and their mothers. *Journal of Child Sexual Abuse*, **12**, 29-65.

Elliott, A. N., & Carnes, C. N. 2001 Reactions of nonoffending parents to the sexual abuse of their child: A review of the literature. *Child Maltreatment*, **6** (4), 314-331.

Everson, M. D., Hunter, W. M., Runyon, D. K., Edelsohn, G. A., & Coulter, M. L. 1989 Maternal support following disclosure of incest. *American Journal of Orthopsychiatry*, **59**, 197-207.

Heriot, J. 1996 Maternal protectiveness following the disclosure of interfamilial child sexual abuse. *Journal of Interpersonal Violence*, **11** (2), 181-194.

厚生労働省 2009 子ども虐待対応の手引き（平成21年3月31日改訂版）
   <http://www.mhlw.go.jp/bunya/kodomo/dv36/index.html> (2010.12.1)

厚生労働省統計情報部 2009 平成21年度福祉行政報告例
   <http://www.mhlw.go.jp/toukei/saikin/hw/gyousei/09/kekka8.html> (2011.07.10)

厚生労働省 2011 平成23年度全国児童福祉主管課長・児童相談所長会議資料（平成23年7月20日開催）
   <http://www.mhlw.go.jp/bunya/kodomo/kaigi/110803.html> (2011.8.1)

Pintello, D., & Zuravin, S. 2001 Intrafamilial child sexual abuse: Predictors of postdisclosure maternal belief and protective action. *Child Maltreatment*, **6** (4), 344-352.

Plummer, C. A. 2006 Non-abusive mothers of sexually abused children: The role of rumination in maternal outcomes. *Journal of Child Sexual abuse*, **15** (2), 103-122.

Plummer, C. A., & Eastin, J. A. 2007a System intervention problems in child sexual abuse investigations: The mothers' perspectives. *Journal of Interpersonal Violence*, **22** (6), 775-787.

Plummer, C. A., & Eastin, J. A. 2007b The effect of child sexual abuse allegations/investigations on the mother/child relationship. *Violence Against Women*, **13** (10), 1053-1071.

Sanders, B. E., & Meining, M. B. 2000 Immediate issues affecting long-term family resolution in cases of parent-child sexual abuse. In R. M. Reece (Ed.), *Treatment of child abuse: Common gound for mental health, medical, and legal practitioners.* Johns Hopkins.(郭　麗月（監訳）　2005　虐待された子どもへの治療：精神保健・医療・法的対応から支援まで　明石書店）

第8章

介護従事者の生活の質をも見据えた共生的福祉環境

三好明夫

1. 高齢者介護をとりまく状況の実際

1-1. 介護保険制度下での介護サービス

　2000年からスタートした国民協働連帯の理念を具現化する介護保険制度は社会に周知されるようになり，要介護認定を受けて介護サービスを利用する高齢者が急増している。高齢者側の要求の高まりに対して介護サービスの量はもちろん介護サービスの質（quality of life）が問われてきている。

　特別養護老人ホームにおいて生活している要介護高齢者への手厚い介護は介護保険制度導入前からも不可欠であったが，要介護認定によって心身状態レベルが明確となった後においては要介護度が軽度の高齢者が居宅サービスを中心とする一方，重度の高齢者は施設サービスを利用しなければならない実情がある。このことは激務につながる重度な状態の高齢者介護を，限られた人員の介護職員が担っていかなければならないことを意味している。

　介護職員は過酷な労働環境に加えて，介護サービスの質を高めるための創意工夫を日々続けているが，要介護高齢者の「利用者満足」を追求していくための重圧の中に置かれて感じている悩みや不安等を解消するための適切な支援が行われるのなら介護職員たちは，強いストレスを感じて業務を遂行しなくてもよいはずである。

　要介護高齢者の「利用者満足」をはじめ，個人の尊厳保障，人権保障は重要な課題である。しかし，これら高齢者の満足や人権保障は重要であるがために，その意味や理解が不十分であった場合に介護サービスの質の向上につながらないどころか心理的虐待などの行為を誘発してしまう危険性が考えられる。介護

職員に日常業務の中で援助行為の萎縮が起こらないような支援が必要である。

　介護職員たちが仕事に「生きがい」や「やる気」あるいは「誇り」を感じて行動しないかぎり、本当の意味で「利用者満足」など実現しない。「利用者満足」のためにはまず「介護職員満足」が必要なのである。quality of life（生活の質）の実現は利用者、介護職員ともに必要とされるべきである。加えて人権擁護の援助は簡単なものではなく、経験と勘だけでは対処しきれないが、十分な人権教育や研修が施されないままに、人権尊重の重要性は施設職員の使命であり責務とされている。

　山本（2011）は、「社会福祉の現場では、人権啓発が提唱されている。しかし、人権概念は抽象的であり、利用者のみならず施設職員も十分に理解していない。その結果、利用者の人権保障が十分に守れないばかりか、施設職員自身は日頃の業務の中で、自分の業務行為が利用者への人権侵害になるのではないかとの恐れから行為の萎縮効果が発生している。また、施設職員は過度なストレスを受け、高齢者虐待を誘発する温床になりかねない」と警鐘を鳴らしている。

1-2. 共生社会の実現に向けて

　「利用者満足」と「介護職員満足」に向き合うことは、互いが相互に理解し、協力し協働していくことの重要であり、「ともに支えあって生きる」という表現をまとめるなら「共生」の環境を整えていくということである。「ともに支えあって生きる」という人間として生きることの原理原則ともいえることが実現しづらい社会が鎮座している。

　多くの現場では「介護職員満足」の視点と展開が抜け落ちたままで「利用者満足」への強制が上層部からの指示、命令によって行われる。強制が行われては、介護職員たちの意思や思考が前向きになり心底「利用者満足」に向き合えるとは思えない。「強制」から「共生」に向かう必要がある。介護職員たちはこの「強制」に疲れきっている。

　吉田（2011）は、「介護労働において、介護労働者が利用者から被る「身体的」「言語的」「性的」な暴力的行為について長い期間、介護労働者個人の資質の問題ととらえられてきたことに問題提起を行っている。介護労働者の多くは

「相手は高齢だから，認知症だから」という理由づけで「言ってもしょうがない」と諦めている実態に加えて，利用者からの様々な暴力的行為に関して介護労働者は何らかの対応を組織に求めているにもかかわらず，その支援体制が組織に整っていないと感じている現状も明らかになっている。こうした中にあっても利用者やその家族と十分なコミュニケーションを図りながら介護関係を構築することを責務とされている」とまとめている。

「介護職員満足」の方策には様々なものが考えられるが，本章では，給与の改善などの経済支援や年次有給休暇の増大などの待遇改善ではない対応策の一つとして，また「共生」の実現策として，前述の吉田が提起する「介護労働者は何らかの対応を組織に求めている」に対する支援策として，ソーシャルワーク・スーパービジョンの実践に解決の方向を見出すことができるのではないかと考えた。

1-3. 課題解決に向けての道標

近年，スーパービジョンの必要性が叫ばれ，職員教育・研修などでも実施されることが多くなってきた。だが，これまで多くの特別養護老人ホームで新人また新任職員教育や研修は数多く実施されてきたはずである。

しかし，現場の介護職員たちの抱える不安などの苦悩が消えていないとすれば職員教育や研修の内容が妥当なものなのかどうか分析が必要である。つまり，この教育や研修がスーパービジョンなのか，スーパービジョン的なのかではあまりにも大きな違いとなっていくが，これまでに特別養護老人ホームでの介護職員を中心としたスーパービジョン研究は皆無であったことも見過ごせない。

特別養護老人ホームの現場における，施設職員スーパービジョンの展開としては，奈良県社会福祉協議会が福祉施設職員スーパービジョン事業を1994年から行っている。この事業に関与した植田は「スーパービジョンへの道案内」，「福祉施設におけるスーパービジョン―理解から実践へ―」と題した試みにより，スーパービジョンの必要性を示している。

だが，あくまでも限定的であり全国各地に広がり高まっているとはいえないし，筆者は施設外で実施されるOFF-JTよりも施設内で実施されるOJT方

式の職員教育，研修として広める必要があると考え，この教育および研修のコア・プログラムは「要介護高齢者の人権擁護であり介護職員の人権尊重」ではないかと考える。これは両者の quality of life をも含んでいる。人権を理解し，学び，護り，高める実践がなされないかぎり，どのような崇高なテーマや内容も現場の介護職員たちの要介護高齢者への実践や応用において有効また有益とはならないのではないか。

多くの特別養護老人ホームの現状は，増える要介護高齢者の趣味・嗜好や選択の自由などのニーズに合致するような生活の満足や安定が十分に満たされているとはいえず，介護保険制度に代表される介護サービスの量の充足に対して介護サービスの質の向上はともなっていない状況がうかがえる。

筆者は事業者への質確保のための罰則規定等の増強よりも，現場で働く介護職員たちが「働きがい」や「働く喜び」を感じてもらうことが大事ではないかと考える。さらにこれまでやむをえない緊急措置として実施してきた介護職員等のたんの吸引や径管栄養のうちの一定の行為を，法律で介護職員等の業務として認めるべきではないかという議論に対して，厚生労働大臣主催の「介護職員等によるたんの吸引等の実施のための法制度の在り方に関する検討会」が開催されている。介護職員による一定の医療行為は特に夜勤時などでは長年の課題とされてきた。法的に医療行為を認めることは夜間の緊急対応に有効ではあるが，直接的に生命に関わる場合が多い医療行為を短時間または短期間で正しく習得できるのか。そしてよしんば習得できたとしても，介護業務遂行上の強いストレスを感じるのは間違いない。

こうした状況の中でも特別養護老人ホームの介護職員に対するスーパービジョン研究は進んでいない。とはいえ，このまま放置して，福祉を学んだ若者たちが現場実践に向き合ったとき「理想と現実のギャップ」という言い訳をして立ち去っていくことを仕方ないものとしてはならない。若者を指導する立場の先輩介護職員や役職の介護職員たちは「経験と勘」「勢いと同情」で長い年月にわたって実践を続けてきた。全否定するつもりはないが，これらだけでは不十分であったことに多くの現場実践者たちが気づかなかったこと，気づいても解決策が見つからないまま放置したこと，また苦しみ，悩んでいたであろう状況を見過ごした研究者の責任は現場実践者と同等であると考える。

「実践」と「理論」の乖離を無くし，融合融和，連携連帯を進める時期に来ている。

2. ソーシャルワーク・スーパービジョン

2-1. スーパービジョンの定義

スーパービジョン（Supervision）を語源的にみると，「卓越した見方」を意味している。一般的に，ソーシャルワーカーがよりよい実践ができるように援助する過程のこととされるスーパービジョンについて，まず過去の定義から探ってみたい。

黒川（1992）は先行研究により米国のRobinsonは，スーパービジョンを「知識と技術を備えた熟練者がより熟練度の低い人の訓練の責任をとること」「スーパービジョンとは，実践を通して訓練されたものが未経験者である学生やワーカーに，ソーシャルワークの技術についての知識を伝達する伝統的な方法である」「教育的な目的を持った行政的な過程である」と定義している。これらの定義では，スーパービジョンの管理的，教育的側面が強調されている。

また，Kadushinはスーパービジョンの機能を，①管理的機能，②教育的機能，③支持的機能　の3つに分類し以下のように定義している。管理的スーパービジョンの主要な問題は，機関の政策や手続きの正確で，効果的で，かつ，適切な実行に関係がある。つまり，その究極の目標は，政策と手続きの遵守を保障することである。教育的スーパービジョンの主要な問題は，仕事をする上で要求される知識，態度，技能に関する，ワーカーの無知や不適正にある。その究極の目標は，無知をなくし，技能を向上させることにある。支持的スーパービジョンの主要な課題は，ワーカーのモラールや職業上の満足にある。その究極の目標は，モラールを向上させ，職業上の満足を充足することにあるとしている。

塩村（2000）によると，スーパービジョンはかつてRobinsonやTowelらによって定義されたが，「教育的な過程であるのか，管理的な過程であるのか，定義の混乱がみられた」とし，それがKadushinによって3つの機能として整理されたとしている。現在，Kadushinのこの3つの定義は，スーパービジョ

ンに関する様々な文献において，定義の中心として紹介や研究がなされており，今日のスーパービジョンを考える際に一つの重要な視点であるといえる。また，スーパービジョンを行うスーパーバイザーとスーパーバイジーのあり方も，この視点から捉えられている。

　Ming-sum Tsui（2005）は「ソーシャルワーク・スーパービジョンの目的を試みるとき，広く受け入れられている短期的な目的は良い職場環境，専門的知識，実践スキル，情緒的支えなどを提供することによって，効果的に仕事をするようワーカーの能力を改善することである。究極的目的は，クライアントに効果的で十分なサービスを提供すること，満足な仕事の遂行，現場のソーシャルワーカーの専門的能力を確かなものとすることである」としている。

　福山（2001）は，最近特に，組織上の運営管理上や専門家や利用者の保護という観点からリスクマネジメントが重要であり，このような現状に対応するためには，スーパービジョンの定義そのものを変える必要があると唱える。専門家の養成過程であり方法である従来の定義から，むしろ組織における人材活用の過程であり，方法であるという定義がより適しているように思われるとし，スーパービジョンとは，所属組織の中での専門職の運営や業務の確認作業であると規定している。

　スーパービジョンでは当初，特に専門家として成長していくために，実践経験の中で，自らの知識や技術を高めるべく経験者から指導を受ける必要性が認識され，教育的機能が最重視されていたが，時を経た現在では，スーパービジョンには支持，教育，管理，評価の4つの大きな機能があることを多くの人が認めている（渡部，2007）。また，大塚（1974）はスーパービジョンを行うスーパーバイザーの役割を，対人援助の専門職は複雑で，社会的関係の脈絡の中では予測しがたい問題に直面し，それを解決することを期待されるため，スーパーバイザーはソーシャルワーカーが限界を乗り越え，クライエントの問題解決に効果を出せるように，指導や助言を与えて支援するとしている。黒川（1992）は「ワーカーやカウンセラーの業務遂行能力を向上させる教育訓練の方法であり，困難な業務を行うワーカーやカウンセラーを支援する援助方法である」と定義している。

　スーパービジョンは，援助者の専門的実践についての指導・調整・教育・評

価する立場にある機関の管理運営的責任をもつ職員が行うもので，スーパーバイジーとの信頼関係を基底にその人の仕事を管理し，教育し，支持することによって専門家としての熟達を図るものである。スーパーバイザーの究極の目的は，機関の方針と手続きに従って，利用者へのサービスが量的・質的に最高の水準となるように取り組むことである。また，スーパービジョンは，援助者が自らの価値観や援助方法を客観的にみる機会を与え，援助職に必要不可欠であるとされている「自己覚知」の機会を提供する役割をもつ。スーパービジョンを行うことにより，援助者は自分の認識の偏りを自覚することができる。米村（1999）は，ソーシャルワークの対人援助の基本概念の一つとして「自己覚知」がいかに重要であるかを示している。森重ら（2008）は，自己覚知・自己理解について，「相談援助を行ううえで援助者が最も気をつけなければならないことの一つに，自らの価値観や感情について十分理解して援助するということ，つまり自己覚知が重要なのである。一般に社会福祉専門職養成課程では，社会福祉援助技術などの演習科目や実施実習およびそのスーパービジョンを通して，自己への気づきを促され，今まで気づかなかった自己を発見する作業が行われる。対人援助の場面では何よりもひとりよがりの援助をしないために，自分を知ること，つまり自己理解を深めることが援助者にとっての必須の条件となる」と述べている。

2-2. ソーシャルワーク・スーパービジョンをめぐる現状と課題

　スーパービジョンに関する理論はわが国においても様々な文献に紹介され，その必要性や有用性について紹介されている。しかし，実際には，現場においては，これらの理論を活用したスーパービジョンが行われているとはいいがたい。スーパービジョンについての研究を試みた塩村（2000）は，まず，現場におけるスーパービジョンに対する意識を調査し，以下のような現状を目の当たりにした。スーパービジョンは，社会福祉援助に欠かすことのできないものとして，各種教科書をはじめとする，様々な文献で紹介されている。したがって，大学の社会福祉教育を受けて，実践現場に入ると，当然のことながら，職場でスーパービジョンが得られるという期待をもっている。しかし，現場ではスーパービジョンということばはあまり使用されていない。ことば自体を知らない

職員もいる。文献で紹介されているような形で実施されているところはほとんどないので，類似したことを行っていてもそれがスーパービジョンだとは意識されていない。

　また，黒川（1992）も「スーパービジョンの理論と実際」の冒頭で，「わが国では，生きたケースを対象として，一週，一回，一時間のスーパービジョンを最低2年以上受ける機会のある人は極めて限られている。それは，スーパービジョンができる専門家がほとんどいないことによる。そのため，必要性は叫ばれていても，ほとんど実施されていない。また，理論として，知っている人はいても，なぜ必要なのか，どのように実施されるのか，体験的に知っている人はほとんどいないというのが現状である。組織の中でスーパービジョン体制が明確に位置づけられているかといえば，これもまた十分な進展が見られているとはいえない」と述べている。これが，今日の社会福祉現場におけるスーパービジョンの現状といえる。前掲の塩村（2000）のスーパービジョンの調査結果によれば，スーパービジョンについて研修を行った経験からみえたものは，少なくとも従来文献などで紹介されてきたようなスーパービジョンは社会福祉現場では実践されていないし，理解度も低いが，随時指導，職場内研修，ケース検討会などスーパービジョンと似た要素をもつ活動は行われているということであった。つまり，この「スーパービジョンに似た要素をもつ活動」こそ，スーパービジョンの代わりに，ソーシャルワーカーの成長に重要な役割を果たしているものだと考えられる。

　渡辺（2000）は日本におけるスーパービジョンの展開の難しさを，① 時間の不足，② 金銭授受の感覚の欠如，③ 契約感覚の欠如，④ Psychological mindedness（心理的なマインド），⑤ 治療構造への理解の不足，としている。

　日本精神分析学会のシンポジウムでは，同学会の教育研修委員会で，① 遠距離スーパービジョンについて，② 対面法以外の方法について，③ 頻度，④ 対象別種類，⑤ 集団スーパービジョン，⑥ プロセスノートの扱い，⑦ スーパーバイザーとスーパーバイジーの組み合わせ，といったスーパービジョンの課題が検討されたことが報告されている（塩村，2000）。

　では，就業前の資格教育におけるスーパービジョンへの教育および理解がどのように進められているのか。現在わが国における介護支援専門員（ケアマ

ネージャー）は，保健医療福祉分野で実務経験を積んだものが対象となっている。そこで，介護支援専門員の基礎資格となる医療・福祉分野での教育において，スーパービジョンに関する理解および教育がどの程度行われているのか，それぞれの専門職養成カリキュラムにおけるスーパービジョン割合をみてみると，社会福祉士養成に係る科目（旧カリキュラム）の中で，その教育内容として「スーパービジョン」ということばが明記されているのは，「社会福祉援助技術総論」での「スーパービジョンの意義と方法」のみであった。なお，看護師，歯科衛生士の教育カリキュラムにおいては「スーパービジョン」が明記されている科目はなかった。ソーシャルワークを学ぶ社会福祉士養成においても，スーパービジョンについての学びが，わずか1科目の中で限られた時間数であるという現状からもわかるように，介護支援専門員になる以前の専門職教育において，スーパービジョンとは，どういった目的で何のために行われているのかが正確に理解されていない状況の中，ケアマネジメントの現場において，スーパービジョンがうまく機能していくことは困難である。塩村（2000）の調査によれば，「スーパービジョンという名称でスーパービジョンを行っている」とする回答が4.1％，スーパービジョンということばは聞いたことがあるが，何もイメージできなかったり，内容を理解していなかったりする割合が20％を占めていた。言い換えれば，教育課程，実践現場のどちらにおいても，スーパービジョンの理解，実践力が低い状況である。

　介護保険開始当初のケアマネジメント実践では，スーパービジョンは行われていなかった。しかし，介護保険でのケアマネジメント実践において，介護支援専門員が抱える多くの苦悩や，介護支援専門員の資質にばらつきがあり，利用者に対するサービスが公平に行われていないといったような様々な問題が出現するにともない，国は介護支援専門員を支える仕組みとして，地域包括支援センターで，スーパービジョンを行う主任介護支援専門員（ケアマネージャー実務経験が5年以上の者を対象にした制度で，研修を修了した者に与えられる名称）の配置を提示した。2005年6月に改正され，2006年4月から施行された介護保険法では「地域」を重視し，「地域包括ケア」の考え方が基本的な方向性として示されている。地域包括支援センターはこの改正により新たに創設されたが，地域における多様な社会資源をネットワーク化し，地域住民に対する保

健医療の向上と，福祉の増進を包括的に支援する地域の中核機関として，①地域に総合的，重層的なサービスネットワークを構築すること（共通的支援基盤構築），②高齢者の相談を総合的に受け止めるとともに，訪問して実態を把握し，必要なサービスにつなぐ，虐待の防止など高齢者の権利擁護に努めること（総合相談，権利擁護），③高齢者に対し包括的かつ継続的なサービスが提供されるよう地域の多様な社会資源を活用したケアマネジメント体制の構築を支援すること（包括的・継続的ケアマネジメント支援），④介護予防事業と新たな予防給付が効果的かつ効率よく提供されるよう，適切なマネジメントを行うこと（介護予防マネジメント）といった機能を担うことが期待されている。センターには，介護支援専門員，保健師，社会福祉士に加えて「主任介護支援専門員（主任ケアマネージャー）」という役職が正式に設けられ，その役割として「地域包括支援センター」で，中心的役割を果たし，介護支援専門員の指導育成，介護支援専門員に対する相談・支援に携わるなど，広範囲の活躍を期待されている。包括的・継続的なケアマネジメント支援業務の一環として担当地域の介護支援専門員に対するスーパービジョン体制の構築や研修会の企画・実施，介護支援専門員同士のネットワーク組織の育成，さらには支援困難事例に対する事例検討会の開催などの取り組みが求められている。

3. 特別養護老人ホームとソーシャルワーク・スーパービジョン

3-1. 職員教育・研修の実情

これまで述べたように，数多くの文献や研究においてその有用性と必要性が唱えられているが，スーパービジョンはまだわが国の福祉実践現場において十分に浸透しているとはいえない。では，具体的に高齢者福祉現場での現状はいかなる状況にあるのか。

事例研究やケース会議を通して職員の資質を向上させようとする方法は真に重要であり，従来からミーティングや処遇会議という表現で利用者へのサービス提供について話し合いが行われてきている。最近では，カンファレンス，ケア会議，マネジメント会議などとよび，司会者は「ふり返りのワーキング」を取り入れるなどグループワークの形式を採っているところもみられる。こうし

たケア会議とは別にスーパービジョンの仕組みを取り入れ，職場内にスーパーバイザーの職務を設ける社会福祉施設も数は少ないがみられる。また，施設によっては施設長もしくは現場の管理的立場にある者がスーパーバイザーの責を担い，「スーパービジョン」の名称を掲げている如何にかかわらずその業務を行っている場合も散見される。

　職務として職場内においてスーパービジョンをすすめることは，社会福祉の職場においては本来必然である。社会福祉のニーズを抱える利用者の存在を中心に支援をチームですすめるためには，支援内容や方法が適正であるのか，また適正であったのかについては，支援者は常に自問自答を繰り返しつつも業務を遂行しなくてはならない。それは，社会福祉援助の支援内容は「生活」を対象とするために，詳細な部分については支援者の「生活の価値観」に委ねられる行為が連続して発生する特質をもつ。したがって，社会福祉支援の従事者は，その業務遂行に際しては，①業務，職場環境，職場の人間関係について管理を受ける必要があり，②職務についてさらに深く学習を継続することに関しての教育を受ける必要があり，③そうした業務遂行に際して同僚や上司から評価され，支持される必要があるとされる（管理的，教育的，支持的機能）。スーパービジョンの機能が社会福祉関連職種や職場において必要であることはこうした理由からである。山田（1999）は，老人福祉施設におけるスーパービジョンの必要性について，以下の3点にまとめている。①社会福祉の援助の特性からの必要性，②利用者およびワーカーの権利保障の立場からの必要性，③社会的公正の視点からの必要性，である。

　措置から契約へと，社会福祉施設を利用する条件の大きな変更によって，近年，わが国の社会福祉施設のおかれた状況は，経営的にも，働く条件としても厳しさを増しているといわざるをえない。雇用契約自体が不安定なものが多くなり，給与水準も低下傾向にあることは誰もが認めるところである。労働条件が厳しくなりながら，一方で提供するサービス水準の向上が強く求められ，職員の緊張感は年々増しているという実感がある。

　このような状況の中で，原則に忠実なサービス提供をしようとすればするほど，職員の疲労感は過重なものとなっている。皆が協力して，支え合って，チームワークが良く保たれて実践がなされている職場と，そうでない職場とでは

職員の定着率にも大きな差が出てくる。厳しい労働条件の中でも，職場内にきちんとしたスーパービジョンを継続的に受けることができるシステムを構築することは大切なことである。少なくとも管理的職分を果たす職員は，職員の気持ちを支え，その疑問に応答し，本来求められているスーパーバイザーの役割を果たすことができるようにしなければならない。しかし，残念ながら多忙のゆえか，専門性に乏しいからか，求めがあってもきちんと応じていない職場が非常に多いのが実情である。

4. 職員の生活の質の確保と働き甲斐を求めての支援の必要

　筆者のこれまでの研究では，特別養護老人ホームで働く一般介護職員の多くが業務上の様々な不安や悩みなどを抱えていることがわかり，不安や悩みの早急な解消が必要であり，そのためには一般介護職員の不安や悩みに的確に向き合え，正しい助言，指導が行える指導者（上司また先輩，ときに同僚もあるだろうが）の援助が必要となっていることが明らかにされた。こうした援助が行われたとすれば一般介護職員の意欲や意識が向上していくと考えられる。的確な内容での助言，指導が行える指導者が必要であることをさらに検討することの必要性が示唆されている。

　一般介護職員たちのスーパーバイザーは誰なのかということが明らかにされるとともに，スーパーバイザーたちに正しいスーパービジョン教育また研修が施されないのなら，間違ったスーパービジョンが続けられてしまうことになる。原則は，一般介護職員のスーパーバイザーは上司や先輩となる介護職員という同一職種であるべきである。このことも検証しなければならない課題である。この間違ったスーパービジョンを受けた一般介護職員はやがて役付きの介護職員となって部下や後輩の一般介護職員を指導するときに間違ったままのスーパービジョンを展開してしまう。この悪循環が現在も続いているだけかもしれない。前述しているが，筆者は間違ったスーパービジョンを「スーパービジョン的」と表している。スーパービジョン的とは，スーパービジョンの3つの機能を職員の悩みや苦しみに共感しながら，駆使することをせず，その指導のほとんどを管理的機能，つまり，指示命令，指導指摘，管理監督の意識および

姿勢で行うものと定義する。叱咤激励ばかりでは，介護職員のストレス軽減などありえない。

　措置制度から介護保険制度に移行（高齢者虐待等への対処として一部措置も残しながら）して10年以上が経過し，長命化とともに後期高齢者の増加と要介護高齢者の増加もあり，高齢者福祉実践をとりまく環境は激変している。急務とされる介護サービスの量に対して遅れてはいたものの，介護サービスの質の確保の重要性も特別養護老人ホームはいうにおよばず介護サービス提供事業者の絶対的な使命となっている。このことは，介護サービスの質を高めるために必要なことは，介護職員自身の質（意欲や意識）の向上が不可欠であるということでもある。

　要介護高齢者やその家族が抱える問題は複雑化，多様化，深刻化の一途をたどっている。だが，多くの特別養護老人ホームでは「利用者満足のために」「選ばれて生き残る施設になるために」「利用者のニーズ最優先」というような標語は目にするが，介護職員たちへの待遇改善策が十分に実施されているとはいえず，極度な不安感や緊張感の中で業務遂行を行っている。また，介護職員たちの多くは，要介護高齢者の満足やニーズに向き合う必要については理解しているものの，どうすればよいのか，またその前段階としての援助の技術や手法について不安や悩んでいることが多い。筆者は改めてスーパービジョンの必要を痛感しており，例えば，指導者である役付き等の介護職員が一般介護職員に適切なスーパービジョンが行えるように具体的なガイドライン，マニュアルまた，ツール作りを急がねばならない。これが完成すれば「職員満足」が「利用者満足」につながり「共生社会」の実現に結びついていくことになる。

　ソーシャルワーク・スーパービジョンが適切に実践できれば，ストレスマネジメントの効果も期待でき，介護職員のバーンアウトやストレス過多による高齢者虐待をも予防できるのではないかと考える。

引用・参考文献
相澤譲治　2006　スーパービジョンの方法　相川書房　p.3.
相澤譲治　2006　ソーシャルワーク・スキルシリーズ　スーパービジョンの方法　相川

書房　pp.5-13.
榎本悠孝・窪田悦子ほか　2002　特別養護老人ホームの施設長が実施するスーパービジョンの規定要因（その2）　老年社会科学, **24**（2）, 203.
福山和女　1993　スーパービジョン研修の現状と課題　ソーシャルワーク研究, **19**（3）, 4-9.
福山和女　2001　専門職の協同作業におけるスーパービジョン・システム構築の意義　テオロギア・ディアコニア, 別冊, 107-118.
福山和女（編）　2005　ソーシャルワークのスーパービジョン　ミネルヴァ書房　p.204.
池田紀子・雨宮多喜子・岩崎朗子　2004　臨床看護スーパービジョン導入の試み　看護管理, **14**（6）, 463-468.
厚生省児童家庭局企刊課（編）　1970　児童相談所におけるチームの中のケースワーカーとスーパーバイザー　児童相談専門職員の執務分析　pp.60-62.
厚生労働省老健局　2005　地域包括支援センター業務マニュアル　pp.5-8.
窪田悦子　2003　介護支援専門員に対する教育的・支持的サポートのあり方に関する研究　大阪市立大学院生活科学研究科長寿社会総合科学講座修士論文
窪田悦子・榎本悠孝ほか　2002　特別養護老人ホームの施設長が実施するスーパービジョンの規定要因（その1）　老年社会科学, **24**（2）, 202.
窪田悦子・岡田進一・白澤政和　2004　介護支援専門員に対する教育的・支持的サポートのあり方に関する研究　厚生の指標, **51**（10）, 6-12.
黒川昭登　1992　スーパービジョンの理論と実際　岩崎学術出版社
黒木保博・倉石哲也　1998　社会福祉援助技術論　全国社会福祉協議会　p.124.
Marcus, G.　1927　*The case work of supervision.* Survey, August 15. p.55.
松下年子・岸恵美子ほか　2008　施設内高齢者虐待が生じる背景と介護スタッフの課題　高齢者虐待防止研究, **4**（1）, 89-101.
Ming-sum, T.　2005　*Social work supervision.* Sage.
森重功・浦田雅夫　2008　対人援助職にとっての自己理解について―心理臨床場面における自己理解の一過程から―　奈良佐保短期大学研究紀要, **15**, 88.
森野郁子ほか　1968　スーパービジョンの現状　医療と福祉, **5-3**（10）, 4-13.
仲村優一　1960　ケース記録による査察指導のしかたについて　援護業務資料No.5　鉄道弘済会社会福祉部
奈良県社会福祉協議会（編）　2000　ワーカーを育てるスーパービジョン　中央法規
西原雄次郎　2005　ソーシャルワーク・スーパービジョンに関する体験的考察　テオロギア・ディアコニア, **39**, 48.
大塚達雄　1974　スーパービジョン　仲村優一ほか（編）　社会福祉辞典　誠信書房
Pallasch, W., Mutzeck, W., & Reimers, H. (Hrsg.)　1992　*Beratung-Training-Supervision.* München: Weinheim. SS.21-22.
Pettes, D. E.　1967　*Supervision in social work.* London: George Allen & Unwin.

坂本雅俊　2006　社会福祉機関におけるスーパービジョン実践研究　長崎国際大学論叢, **6**, 135-141.
柴田　晃　1976　ケースワーク・スーパービジョンの再検討　社會問題研究, **26**, 46-47.
塩田祥子・植田寿之　2010　ピア・グループ・スーパービジョンの意義と課題に関する考察　花園大学社会福祉学部研究紀要, **18**, 174.
塩村公子　2000　ソーシャルワーク・スーパービジョンの諸相　中央法規　p.71.
杉本敏夫・住友雄資　1989　新しいソーシャルワーク　中央法規　p.181.
竹内愛二　1959　専門社会事業研究　関西学院大学研究叢書, **9**, 295.
Towle, C.　1945　*Common human needs*. National Association of Social Workers.（村越芳男（訳）　1966　公的扶助ケースワークの理論と実際　p.151.）
植田寿之　2005　対人援助のスーパービジョン―よりよい援助関係を築くために　中央法規
渡辺久子　2000　医療機関におけるスーパービジョン　現代のエスプリ, **395**, 28-29.
山田幸子　1999　老人福祉施設におけるスーパービジョンの重要性―介護福祉士の調査から―　純心社会福祉教育研究　長崎純心大学, **9**, 33-41.
山本克司　2011　老人福祉施設における関係者の人権意識から考察する人権の法的問題　人間関係学研究, **17**（2）, 1-11.
米村美奈　1999　ソーシャルワーカーの「自己覚知」とその関係論的意味　医療と福祉, **32**-2（67）, 12-15.
吉田照美　2011　介護労働者が受ける利用者やその家族からの言葉による傷つきへの対処方法の研究　人間関係学研究, **17**（2）, 29-42.
財団法人介護労働安定センター　2009　介護労働者の就業実態と就業意識調査　平成20年度版

第3部
日常性の再評価

　これからの生活様式を考えるうえで，もう一度日常の暮らしを見つめなおそうというのが第3部のねらいである。
　毎日の食生活や日々の家事労働は，人の営みの基本である。そのような基本的なコトガラへの再認識や再評価を，新たな生活のあり方に活かすことを考える。一方，生活する側の立場からみると，「日常性」が大きく重い意味をもつ場合がある。子どもや支え手の必要な障がいをもつ人たちの生活である。コトガラに対してこのヒトの視点からも，「日常性」のもつ意味を考える。
　まず第9章では，食生活について，特に高齢者の健康維持につながる食生活のあり方を，サクセスフル・エイジングの概念を用いて論述，日常の食品選択や食物摂取の考え方を解説する。さらに食生活の向き合い方に関する男女の事情にも注目し，男性には日々の食生活への主体的な関わりを，一人暮らしの女性には，自身の食事や調理への関心やこだわりを求めている。
　第10章は，高齢者の自立的な日常生活行動に着目，「家事」や「外出」などの何気ない生活動作にこそ，自立と健康の維持の秘訣が内包されていること，だからこそ日々の生活を大事にしたいことを主張する。これら基本的な生活行動のうえに，さらなる生きがいのための，地域の福祉活動やボランティア活動などの地域役割にも言及している。
　続く2章は，ヒトの側から「日常性」を考える。
　第11章では，日々発達，成長する子どもにとっての"日常"として，子どもの「遊び」に注目し，日常生活における「子どもの遊び」の意味を考察，それを価値づける。さらに「子どもの遊び」を「社会福祉資源」と位置づけ，日常の中に，あるいは「伝承」や「自然環境」の中に本資源を見出すとともに，保護者や保育者，地域でこれを守り育てる必要があることを述べている。
　第12章は，知的障がい者にとっての"日常"をとらえる。一人暮らしをする人や施設で暮らす人，住み方は違っても，いずれも他者の支援や見守りを受けながら暮らす人たちの，毎日の就労や余暇活動を見つめ，生活断片のひとつひとつに意義と価値を見出す。最後にそれらを保障する社会の仕組みや国民ひとりひとりの意識の定着を筆者は求めている。

（中村久美）

第9章

毎日の自覚的食生活が生み出すサクセスフル・エイジング

加藤佐千子

1. はじめに

1-1. サクセスフル・エイジング

　高齢期において，どのように生きていくのがよいかを考えるとき，「サクセスフル・エイジング」という考え方が参考になる。サクセスフル・エイジングとは，「よりよい人生を送り天寿を全うすること」である。その実現のためには，長寿であること，生活の質（QOL；Quality of Life）が高いこと，社会貢献をすることという3つの条件がある（柴田，2002）。高齢期において心身の状況が望ましく，主観的・客観的な生活の質の状況が望ましく，生きがいとなるような社会への貢献などが認められ，これらの相互作用の結果，「よりよい人生を送り天寿を全う」することがサクセスフル・エイジングなのである。

　長田（2007a，2007b）は，心理的側面での加齢変化は，身体が成熟した20歳頃以降も，精神はさらに成熟に向かって生涯発達し続けるという考え方をもとに，機能・形態の加齢変化の単純なモデル図（図1）を示した。作業的仮説ではあると断わりをしたうえで，その中にサクセスフル・エイジングを位置付けている。図の中で，一点鎖線は，人格のような，質的変化も含めて生涯にわたり成熟に向けた発達的変化が生じる可能性のある側面である。実線は，加齢によりみられる一般的な老化を示し，点線は，一般的老化過程を下回った状態を示している。実線より上と破線の間を正常老化（ノーマルエイジング）であるとし，破線より上の部分にサクセスフル・エイジングが位置付けられるかもしれないとしている。なお，この図は，要介護の人たちにおいてサクセスフル・エイジングがないということを直接示しているものではない。

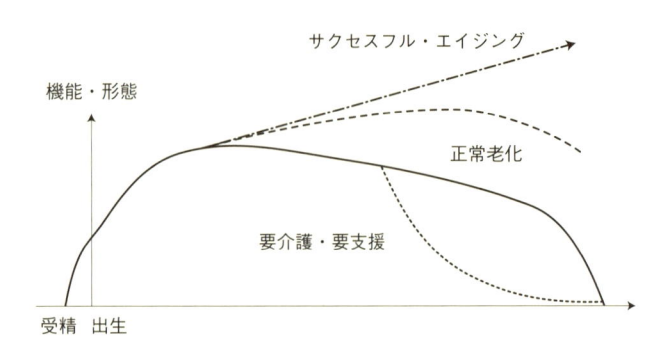

図1 機能・形態の加齢変化の単純なモデル図 (長田, 2007a, p.42)

しかし，よりよい人生を送ることが「できている」と感じられること，高齢者が心豊かに人生を送り全うするには，生活機能を健全に保ち，生活の質を高めるとともに，社会貢献へとつなげていくことが望ましい。そのことが，生きがいにつながり，サクセスフル・エイジングに近づける一つの方法であると考えられる。

1-2. QOL（生活の質）

サクセスフル・エイジングをめざすには，「いかに良く生きるか」というQOL（生活の質）が問われる。QOLにどのような要素が含まれるかについては，学問領域によって異なっていてその定義付けは難しい。しかし，ここでは，老年学におけるQOLの概念枠組み（柴田，2002）を紹介しよう（表1）。

まず，生活機能や行為・行動の健全性はQOLの根幹である。高齢者にとって生活機能がどのような状態であるかがQOLに非常に大きな影響をおよぼす。生活機能によって，行為・行動は決定されるからである。また，どの程度自分自身の生活の質を認知しているかということや，自分をとりまく環境の良好さ，さらには，主観的な幸福感をもっているかというような事柄がQOLの構成要素である（長田，2007b）。

鈴木（2000a）は，QOLの一面を表す「生活満足度」や「幸福感」は，日常生活動作能力によって規定されるとし，生活機能の自立性の維持がQOLをよりよく保つために不可欠であると述べている。柴田（2002）は，生活機能を維

表1 老年学のQOLの概念枠組み（東京都老人総合研究所，1998, p.50）

1. 生活機能や行為，行動の健全性
 （ADL，手段的ADL，社会活動など）
2. 生活の質への認知
 （健康度自己評価，認知力，性機能）
3. 居住環境
 （人的・社会的環境，都市工学，住居などの物的環境）
4. 主観的幸福感
 （生活満足度，抑うつ状態など）

持増進させることは，老化を遅らせることにほかならず，生活機能が健全に機能しているということは，高齢者が健康な状態であるということだと述べている。したがって，豊かな老年期の生活を送るには，当然ながら生活機能を高く保つことが鍵となるのである。

そこで，本章では，高齢者の健康の一側面である栄養状態や生活機能（咀嚼状態）が日常の食物摂取とどのように関連しているのかについて示し，サクセスフル・エイジングを生みだす日々の食物摂取のヒントや手立てを示していきたい。

2. 高齢者の健康を維持するための具体的方策

健康を維持するための，具体的方策として①脳卒中の予防，②骨の病気の予防，③虫歯の予防，④歩行能力の維持，⑤社会活動への参加の5点があげられる（柴田，2002）。これらのうち，食物摂取と直接関連としているのは，①脳卒中の予防，②骨の病気の予防，③虫歯の予防であろう。「①脳卒中の予防」に関しては，コレステロール値の上昇や血清アルブミン値の低下を引き起こさない食物摂取（適度な総エネルギー量，たんぱく質の摂取量，野菜の摂取量など摂取食物の量と質を適切にすること）が求められる。「②骨の病気の予防」に関しては，骨折や変形性関節症の予防として，骨，軟骨に含まれるたんぱく質のコラーゲンやカルシウムを十分に摂取することであろう。「③虫歯の予防」においては，なんでも食べられる丈夫な歯を維持することである。歯の定期的な治療は，自分にあった義歯の装着にもつながる。さらに，しっかり食べられるこ

とによって①脳卒中の予防や②骨の病気の予防に対しても好影響となると考えられる。

しかし，適切な食物摂取が行われないと，栄養面で様々な支障が生じる。高齢者の健康維持のための栄養は，壮年者と同様に食生活やライフスタイルの欧米化にともない増加してきた「過剰栄養」と高齢者に最も特徴的な「低栄養」の2つの局面からみる必要がある（日本老年医学会，2002）。また，高齢者における栄養状態はきわめて個人差が大きいので，同じ暦年齢であっても①自立高齢者における健康維持のための栄養と②要介護者における低栄養対策を区別して考える必要がある。加えて，疾病のある場合はそれらを考慮して考える必要がある。

2-1. 過剰栄養と肥満

過剰栄養は，過剰摂取の結果生じ，とりわけ摂取エネルギーの過多が肥満を招く。過剰摂取になりやすいのは，生活機能の保たれた自立高齢者である。肥満は膝や腰への負担も大きい。ウェストサイズは，メタボリックシンドローム（内臓脂肪症候群）やその予備軍の診断のための測定項目の一つである。肥満は糖尿病とも関連するので，高齢者でなくとも気にかかるところである。

肥満度は，BMI値（Body Mass Index〔体格指標〕；体重[kg] ÷（身長[m]）^{2}）を用いると比較的簡単に把握できる。日本肥満学会の判定基準では，BMI値が18.5未満を「やせ」，25.0以上を「肥満」と判定している（松澤ら，2000）。平成21年国民健康・栄養調査結果（厚生労働省，2010）では，70歳以上の男性の26.2%，女性の26.5%がBMI値25以上であり，約4分の1の人は「肥満」に属している。

食事で栄養素をバランスよく摂るには，献立内容として，主食（ご飯など穀類），主菜（肉や魚を主材料としたおかず），副菜（野菜を主材料としたおかず）がそろっているのがよい。しかし，主菜が2品以上あるような献立になると，多様な栄養素を摂取できても，摂取エネルギー量が多くなるので注意が必要である（足立ら，2004）。

どのくらいの摂取エネルギーが必要かについては，2010年度の食事摂取基準（厚生労働省，2009）で示されている。70歳以上男性の推定エネルギー必要量

は，身体活動レベル（Ⅰ～Ⅲ）によって異なり，レベルⅠは1850 kcal/日，レベルⅡは2200 kcal/日，レベルⅢは2500 kcal/日である。女性の場合は，1450 kcal/日，1700kcal/日，2000kcal/日である。注意しないといけないのは，これらのエネルギーの食事摂取基準は，基準とした体位に基づいて算出されているということである。男性は身長が161.0cm，体重が59.7kgの人に，女性は147.5cm，49.0kgの人に当てはまる推定エネルギー必要量なのである。したがって，身長の高い人はこれより多く必要である。低い場合は少ない量でよいのである。また，身体活動レベルとは，3段階で示され，「生活の大部分が座位で，静的な活動が中心である」場合，身体活動レベルは「Ⅰ（低い）」と判定され，最も少ないエネルギー量でよいということとなる。もしも，朝食にご飯1膳（約249kcal）とみそ汁（約65kcal），昼食にきつねうどん（約409kcal），夕食に親子どんぶり（約567kcal）（エネルギー量は足立，2005より）を食べれば1290kcalを摂取できることとなり，身長の低い高齢女性で，あまり動かない生活習慣の人においては，おやつに大福もち（約235kcal）（エネルギー量は文部科学省，2010より）を1個食べればエネルギー過多となってしまうことは一目瞭然である。

　しかし，身長と活動量で，エネルギー量は算出されるべきであるから，年齢だけに注目して推定エネルギー量をみるのは間違っている。つまり，身長と活動量が若いころと変わらないのなら，年を取っても必要なカロリーは大きく変化しない（柴田，2007）ので，年齢だけに合わせて，推定エネルギー量を食事摂取基準の表から読み取り利用するのは誤りである。また，高齢期においては，次項で述べる低栄養の問題もあるので，「エネルギーを若い時と比べて減らす」と安易に考えるのはよくない。もしも，食事摂取基準の推定エネルギー量に興味をもち，示された数値をうまく充足しようと試みるのであれば，自己の身長や活動量が若いときと比べて減少したのかどうかを考慮しながら実践するとよい。

2-2. 低栄養（PEM；protein energy malnutrition）

　高齢になるにつれて，身体を動かすことが少なくなり，新陳代謝も不活発になると食が細くなり，身体に様々な変化が生じてくる。もちろん高齢者は若年

者と比べて個人差が大きいが,一般に老化による身体の変化は食生活にも大きな影響をおよぼすと考えられる。食生活に関連する事柄で多くの人たちに共通して認められる変化は,①食欲の低下,②唾液,膵液の分泌低下,③舌の味覚細胞の減少,④のどの渇きの鈍化,⑤胃の粘膜の委縮や胃の運動能力低下による消化機能の衰え,⑥歯が弱る,咀嚼力や嚥下力の低下（西原・田中，1998）などである。これらの老化症状によって,食欲が減り,十分な栄養素が体内に取り込まれないと低栄養に陥るリスクが高まる。

　低栄養とは,数種類の栄養素が複合して欠乏するために惹起される。エネルギー源とたんぱく質の欠乏した状態（マラスムス型）とエネルギー源は充分であるがたんぱく質が不足した状態（クワシオコール型）と両者が合併した状態（マラスムス・クワシオコール型）の3種類がある（葛谷，2003）。

　食事回数が少ないときや,1週間続けて通常の80%以下しか摂取できないときは当然ながら摂取量が減少する（日本栄養・食糧学会，2001）。また,主食摂取量が少ないとエネルギーやたんぱく質不足の原因を,主菜摂取量が少ないとたんぱく質や脂肪不足の原因を生み出す。動物性食物摂取量の減少や穀類に偏った食事は亜鉛の摂取量の減少を引き起こす（日本栄養・食糧学会，1994）。このように低栄養は,食物摂取量の減少,食欲の減退が起因して栄養素が複合して欠乏することで陥るのである。なお,低栄養の原因には食欲不振などの生理的な本人の状況以外に,低収入や一人暮らしという要因も関与し（アドラー，1997),低栄養改善のサポートをする側においては,経済状況や家族状況など,本人をとりまく環境要因の影響を見逃してはならない。

　身体の栄養状態の良否が老化の進行を規定している。このため,低栄養になると疾病の発症が促され,生活機能が障害され,その結果,余命が短縮されてしまう（日本栄養・食糧学会，2001）。低栄養は,「閉じこもり」「転倒」などとともに高齢者の生活機能（自立）を阻害する要因とみなされている（日本栄養・食糧学会，2001）ので,低栄養に陥りやすい虚弱高齢者はいうまでもなく,自立高齢者においても様々な食物を適量摂取するよう心掛けることが特に重要である。

3. 咀嚼能力

3-1. 咀嚼能力と栄養状態との関連

　高齢者の健康維持のために虫歯の予防が有効である。虫歯の予防は，歯の老化や虫歯に対する適切な予防によって噛む力を保持することを目的とするものである。噛む力が劣ることによって，食べることのできる食物の数や量が減り，その結果，体力，栄養状態が悪くなり，生活機能の低下を引き起こすこととなる（柴田，2002）からである。

　柴田（1992a）は，沖縄県の大宜味村に居住する 65 歳以上高齢者を対象に調査を行い，咀嚼能力と健康状態との関連について報告している。「噛めない」と回答した群は，「噛める」と回答した群より男性で緑黄色野菜，油脂類の摂取が低く，女性では米類の摂取が有意に低かったことを示している。さらに，咀嚼能力の良好な群で，体重，ケトレー指数（体格指標の一種），開眼片足起立時間が有意に大きく，咀嚼能力が低下すると，食物摂取状態が悪くなり，その結果，身体状態へ影響をおよぼすことを明らかにしている（永井ら，1990；柴田，1992a）。

　在宅高齢者の生活状況と咀嚼能力との関係をみた研究（日本栄養・食糧学会，1994）によると，歯を失っても義歯などで矯正し咀嚼力を維持している人は，そうでない人に比べ，「何でも噛める」「家族と同じ食事が何とかできる」と答えた人の割合が高く，たとえ義歯であっても，咀嚼力を維持することは食生活をとおして家族との交流を円滑にし，活動性を高めることになる。また，「無歯顎で義歯がない」人は，「全て自分の歯（残歯数 15 本以上）」「一部義歯」「総義歯」などの人に比べて，「低摂取」の傾向になる（湯川，2000）。したがって，自身で歯の調子や噛み具合が悪いと感じている場合や残存歯が少ない場合，そして，義歯が必要にもかかわらず装着していない場合や義歯が合わない人の場合には，結果として，食物から摂取できるエネルギーや栄養素が十分ではなく，生活機能の低下や人との関わりにも影響が出てくるということである。

　さらに，「なんでも噛める」と回答した自立高齢者（平均年齢 71.5 歳）500 人に 5 年後に同じ質問をした研究（東京都高齢者研究・福祉振興財団・熊谷，2006）では，約半数は，5 年後も「なんでも噛んで食べられる」と回答している

が，残りの約半数は，「噛みにくい食べ物がある」と回答したと報告している。現在はなんでも噛める状態でも，5年後には半数の人は咀嚼機能が低下し，食物の咀嚼に何らかの不都合が出てくるのである。

3-2. 咀嚼機能の低下と悪循環

図2に咀嚼機能低下の悪循環プログラム（山口・平田・石川，2000）を示した。歯がなくとも義歯が適切であれば，栄養素は摂取できる。しかしそうでない場合は，咀嚼機能の低下が起こる。「噛めない」状態は，「柔らかいものを食べる」ことへつながり，結果として「咀嚼機能が低下」する。咀嚼機能の低下とは，咀嚼筋や舌運動機能が低下することであり，こうなると義歯の治療だけでは咀嚼機能を改善できなくなる。また，良かれと思って，周りの人が「食べやすいもの」や「カロリー重視の献立」の提供をすると食欲低下をもたらす。また，周りの人の「食べやすい食事＝柔らかい食事」という誤解がこのような事態を招いてしまう。咀嚼能力などの摂食（捕食から嚥下に至る過程をいう）機能が劣ってくると，低栄養へのリスクを高め，生活機能の悪化へと影響するのである。早期に義歯の調整等を行わない「誤った歯科治療」により「噛めな

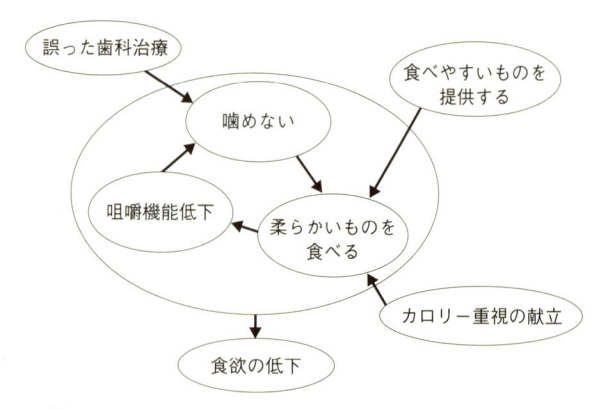

一般的に，"噛めない"との訴えがあったものに，軟食を提供する傾向がある。しかし，"噛めない"原因を確かめることなく，軟食を提供し続けると，図のような悪循環に陥ってしまう可能性がある。また，このような悪循環に陥った患者が，"噛めない"との主訴で歯科を受診した場合，歯科医師がその原因を義歯の不適合などにあると誤診し，誤った治療が行われていることも少なくないと思われる。

図2　咀嚼機能低下の悪循環プログラム（山口・平田・石川，2000，p.237）

い」状況から脱せず，柔らかい食事ばかりを食べてしまうことによって陥るのである。

　自立高齢者において「噛めない」状況を自覚している場合，その状況が今後どのようなことを引き起こすかを想像してほしい。人は，口から食物を摂取して，噛むことによって身体機能を維持するための栄養を得ているのである。噛むことは，脳を刺激し，摂食抑制や摂食促進にも関与するのである。サクセスフル・エイジングをめざすためには，日々の食事に対する関心をもつと同時に，歯の治療に対する関心も高めることが肝要である。

4. サクセスフル・エイジングを生み出す日々の食物摂取

4-1. 動物性食物と脂質の摂取

　肉類，牛乳，油料理をよく摂る食習慣をもっている高齢者とそうではない高齢者の「知的能動性」（高次の生活機能の一つ）を比較した研究（熊谷，2000；鈴木，2000b）では，「ごはん・漬物・みそ汁をよく食べる」習慣の人よりも，「肉類，牛乳，油料理をよく食べる」習慣の人のほうが，知的能動性の能力を低下させる危険率が低いことが明らかにされている（図3）。また，肉類を「ほとんど食べない」習慣の人よりも，「ほとんど毎日食べる」習慣の人のほうが，生活機能（知的能動性）を低下させる危険率が低いことが明らかにされている。このことは，肉類の摂取習慣が知的能動性の維持に役立っていると考えられ，高齢期において動物性たんぱく質の摂取は重要な意義をもつということを示している。

　ところがこのように述べてくると「肉は体にいいらしい」「肉を今まで制限していたけれど食べたほうが良いのだ」というように考えて，1枚150g以上もあるサーロインステーキを毎日食べてもよいと考えてしまう人が出てくることは否めない。特に，栄養や健康の情報に敏感で，マスコミの意見をすぐに取り入れるタイプの人にそのような傾向がみられる。食情報に対して極端な対応をしてしまうフードファディズムに陥らないように注意しなくてはならない。

　いかなる食物でも，単独ですべての必要な栄養素を満たせる食物はない。また，いくら健康に良いとされる食物でも，ある特定の食物を多量に摂取する

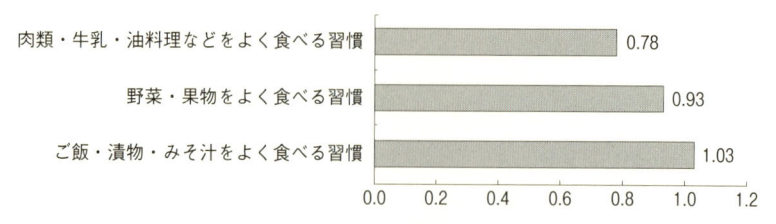

第9章 毎日の自覚的食生活が生み出すサクセスフル・エイジング

食習慣	危険率
肉類・牛乳・油料理などをよく食べる習慣	0.78
野菜・果物をよく食べる習慣	0.93
ご飯・漬物・みそ汁をよく食べる習慣	1.03

それぞれの食習慣が生活機能（知的能動性[*]）を低下させる危険率

[*]知的能動性とは，探求・創作・余暇活動等の生活機能を示す

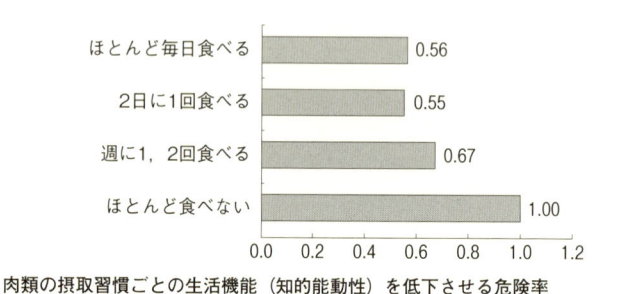

肉類の摂取習慣	危険率
ほとんど毎日食べる	0.56
2日に1回食べる	0.55
週に1，2回食べる	0.67
ほとんど食べない	1.00

肉類の摂取習慣ごとの生活機能（知的能動性）を低下させる危険率

図3　肉類の摂取の食習慣と生活機能（知的能動性）を低下させる危険率（鈴木，2000b，p.79より作図）

と，その食物成分の過剰摂取による弊害が懸念され，その他の食物の摂取量が減り，その結果として栄養バランスが崩れてしまうこととなる（日本フードスペシャリスト協会，2010）のである。70歳の人の場合なら，肉は毎日食べてよいがその量はせいぜい60g〜70g／日とし（東京都高齢者研究・福祉振興財団・熊谷，2006），赤身の部分を選択すべきである。

　癌，糖尿病，慢性肝臓病／肝硬変，心臓病，脳卒中などの死因は，場合によっては食事が原因で起こる。喫煙をせず，肥満を防ぎ，食事に気をつけて，コレステロールを管理し，高血圧にならないよう血圧をコントロールして，定期的に運動をして心肺機能と筋力を高め，病気の予防に気を配り，高度の医療を受けて，医者の処方に従った薬を使うなど，これらの健康行動がかつてないほどの長寿を生み出すとされている（アドラー，1997）。わが国でも，食の欧米化により生活習慣病が増加し，悪玉コレステロールを含む肉類に対する摂取に敏感な人も少なくない。また，柴田（1992b）は，「肉の食べ過ぎは生活習慣病のもと」とか「肉はコレステロール値を上げる元凶」と極端に肉を避けるべきだ

と考えている人を批判している。

　LDL コレステロールは，低比重リポタンパクがコレステロールを包んだ状態のもので，合成されたコレステロールを肝臓から全身の細胞へ運んでいる。HDL コレステロールは，高比重リポタンパクがコレステロールを包んだ状態のもので，血管などに余っているコレステロールを肝臓に運んでくる役割を果たしている。血中の LDL コレステロール値が非常に高いと動脈硬化を促進し，心臓病や脳卒中を引き起こす恐れがあるので悪玉とよばれる。細胞膜のコレステロールが低下すると神経伝達物質のセロトニンを細胞の中にとり込めなくなり，コレステロール値が低すぎるとうつ状態を引き起こしやすい（柴田，1992b；柴田，2002）。したがって，たんぱく質や脂肪分の摂取が少ない低栄養状態の人では身体面だけでなく心の健康も低下してしまうのである。

　一方，HDL コレステロールが非常に低いと脳卒中となるリスクが高まる。一般にコレステロール値を上昇させるのが，動物性食物に含まれる脂肪の主成分の一つである「飽和脂肪酸」である。しかし，肉に含まれる主要な飽和脂肪酸のうち，ステアリン酸やパルチミン酸といった飽和脂肪酸は，コレステロール値を上昇させない。中でもステアリン酸は，LDL コレステロールを減らし HDL コレステロールを増加させる働きをし，動脈硬化の予防に効果的な脂肪酸である。

　さらに，コレステロールは細胞膜の構成成分だけでなく，胆汁酸，副腎皮質ホルモン，ビタミン D 等の前駆体として重要な働きをしている（加藤・三好・鈴木・和泉，2000）。総コレステロール値が高い場合，その原因は，HDL と LDL コレステロールのどちらが影響しているかを判断しなければならない。一方的にコレステロールを少ないほどよいと決めつけずに，自身の疾病やコレステロール値がどのような状態なのかを把握したうえで，日々の動物性食物や油脂の摂取を考える必要がある。

4-2. 1日に「何を」「どれだけ」選択すべきか

　鈴木（2000b）によると，4年間の追跡データから，肉類，牛乳はもちろん，食物をまんべんなく摂取する，いわゆる多様な食物摂取習慣を有している人が，高次の生活機能のうちの「知的能動性」や「社会的役割」における機能低

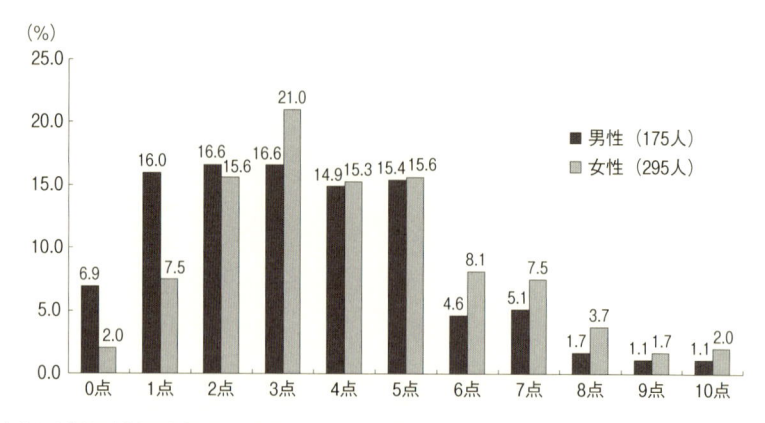

第9章 毎日の自覚的食生活が生み出すサクセスフル・エイジング

「魚介類」「肉類」「卵類」「牛乳・乳製品」「大豆・大豆製品」「緑黄色野菜」「海そう類」「いも類」「果物類」「油脂類」の10種類の食物群について，日々の摂取頻度を「ほとんど毎日食べる」「2日に1回食べる」「1週間に1～2回」「ほとんど食べない」の4カテゴリーでたずねた結果をもとに，各食物群について「ほとんど毎日食べる」と回答した場合を1点として，10種類の得点を加算した結果である。点数は得点が高いほど多様な食物を摂取していることを示す。筆者が，2010年6月～8月に，関西地区の在宅高齢者（60歳～93歳）に対して行った調査データを使用した。

図4　食の多様性得点の分布

下が少なかったとしている。したがって，高齢者がバランスのよい食物摂取をするには，1日3食を必ず摂り，「魚介類」「肉類」「卵類」「牛乳・乳製品」「大豆・大豆製品（味噌・醤油は除く）」「緑黄色野菜」「いも類」「海そう類」「果物類」「油脂類」の10種類の食物群からそれぞれ1品以上の食物を1日に摂取するよう心掛けるとよい（東京都高齢者研究・福祉振興財団・熊谷, 2006）。また，前述したように，主菜が多過ぎないようにし，多様な食物を「適量」摂取することが望ましいといえるだろう。

　1週間くらいの食事を振り返り，摂取した食物を上記の食物群に振り分けてみた場合，「ほとんど毎日」摂取できた食物群は何種類であったかをみたところ，生活機能の高い地域在宅高齢者であっても，5種類以上を摂取した人は5割に満たなかった（加藤・長田, 2008）ことが報告されている。また，図4には筆者が2010年度に60歳以上の健常在宅高齢者を対象として行った調査結果を示した。この結果から，5点以上（5種類以上）を獲得した人は男性では29.1％，女性では38.6％である。加えて，男性は女性に比べ，「0点」「1点」という人の割合が高く，食物群の種類が少ない食物摂取をしている傾向にあると

いえるだろう。10種類の各食物群からそれぞれ1品以上を毎日選択することは意外と難しいのである。「多様な食物を摂ろう」と自覚して食物選択をする必要があるだろう。

次に，食物の種類は，先に示した10種類の食物群からすべての種類を毎日摂取できるようにすればよい。したがって「何を」食べたらよいかを理解するのはたやすい。しかし，それらの食物を「どれだけ」食べたらよいかを把握することはやや難しい。そこで，選択する食物の量やバランスについては，厚生労働省と農林水産省が示している食事バランスガイドを利用するとよい。食事バランスガイドは，1日の食事のバランスをコマ型のイラストで表現されている。このイラストは，すこやか食生活協会が作成したもので，1日当たりの主食，主菜，副菜の例や果物・牛乳などを絵で示し，1日に摂取すべき量は年齢によってサービング数が決められている。摂取量や食物の組み合わせが不適切な場合，栄養バランスが悪く献立が偏りコマが倒れてしまう。摂るべき量や種類のバランスが適切であるとコマが続けて回るよう食物が配置されている。ただし，食事バランスガイドは原則として健康な人を対象としているので，糖尿病や高血圧などで医師の指導を受けている人は自己判断をせず，専門家の指示に従うことが肝要である。農林水産省のホームページ (http://www.maff.go.jp/j/balance_guide/b_sizai/index.html) にはこれらをまとめた高齢者向け解説書がPDFファイルで提供されているので参考にされたい。

5. おわりに

5-1. 養生訓に学ぶ

現代社会には，多くの食物があふれている。そして，食物の危険性や効能についての書物も数多く出版されている。マスコミの食情報や健康情報も多様であり，視聴者や消費者にとって何が正しいのか，何をどのように選択してよいか迷うところである。そこで，基本的な心構えについて最後に述べておきたい。

貝原益軒は『養生訓』(森下訳，2006) の巻第三「飲食上」の中で，「五味偏勝をさける」と記している。「五味偏勝」というのは，同じ味のものを食べすぎることを指しており，いろんな味のものを満遍なく食べることが病気にかから

ないこつであると述べている。『養生訓』では,「肉は控えたほうがよい」「おかずは少量のほうがよい」というようなことも書かれ,現代の栄養学と合わない内容もある。しかし,「うす味を心がける」「暴飲暴食はしない」「食事できることに感謝する」「楽しく食べる」「新鮮なものを食べる」など,現代人が忘れがちな心身の健康のために守るべき基本的事項が記述されている。これらは現代の食生活にも通じる心がけるべき事柄といえよう。

5-2. 自覚的な食生活の実践を心がける

　アンドルー・ワイル（1993）によると,「食生活は健康を左右するファクターのひとつで重要なファクターであるが,唯一のものではない。食生活は健康を左右するいくつかの重要条件のうち,唯一,完全に自分の意思でコントロールしうるものである。自分の口や胃に何を入れるか入れないかそれを最終的に決めるのは本人なのだ」と述べている。たかが食事といえども意思をもって主体的に臨む必要があるだろう。

　しかし,地域在宅高齢者の食物を選択する際の動機の強さをみると,家族と同居する男性は,「血圧に影響しない」「塩分が少ない」「腹八分目にする」などの病気や肥満と関連する事柄を重要視していないばかりか,日々の食物選択に関与せず,家族に一任してしまっている（加藤・長田, 2011）。彼らにおいては性的役割分業意識がこのような実態を引き起こしているものと推察されるが,食事の準備や食物選択を妻や家族任せにせず,面倒がらずに主体的に日々の食生活に関わり,低栄養に陥らないように,また,咀嚼機能が悪化しないようされたい。自分の健康のためにより良い食物選択を主体的に実践する食行動が,生活機能を維持する鍵となる。また,独居女性においては,夫や家族の食事を準備しなくても良いことから一人分の調理や後片付けは面倒で簡便化しがちであるが,調理行動が活動能力の維持につながっていると捉え,楽しんで取り組むことも必要かもしれない。このような毎日の自覚的な食生活の実践がQOLを向上し,他者との関係性を活発化させ,ひいてはサクセスフル・エイジングへとつながっていくのである。

引用文献

足立己幸・松下佳代・NHK「65歳からの食卓」プロジェクト　2004　NHKスペシャル　65歳からの食卓　元気力は身近な工夫から　NHK出版　p.40.

足立己幸（監修）　2005　実物大そのまんま料理カード　第1集　手軽な食事編　群羊社

アドラー，リン・ピータース　鳥飼玖美子（訳）　1997　100年を生きる百寿長寿者の生活と意見　三田出版会　pp.278, 352-353.

アンドルー，ワイル　上野圭一（訳）　1993　ワイル博士のナチュラル・メディスン　春秋社　pp.2-4.

石崎達郎　2000　地域在宅高齢者の健康余命を延長するために　東京都老人総合研究所　長期プロジェクト「中年からの老化予防総合的長期追跡研究」報告書　pp.94-101.

貝原益軒　森下雅之（訳）　2006　養生訓　現代文　原書房　pp.62-95.

加藤秀夫・三好康之・鈴木　公・和泉公美子（編）　2000　まるごと学ぶ食生活と健康づくり　化学同人　pp.10-11.

加藤佐千子・長田久雄　2008　地域在宅高齢者の食品選択動機と食の多様性および食品摂取との関連　日本食生活学会誌, **19**（3）, 202-213.

加藤佐千子・長田久雄　2011　在宅高齢者の食物選択動機の特徴―性別と同居の有無による分析―　老年社会科学, **33**（2）, 265.

厚生労働省大臣官房統計情報部人口動態　保健統計課　2010　平成21年簡易生命表の概況について
　　<http://www.mhlw.go.jp/toukei/saikin/hw/life/life09/index.html>（2011.1.14）

厚生労働省　2009　日本人の食事摂取基準［2010年度版］第一出版　pp.43-54.

厚生労働省　健康局総務課生活習慣病対策室　栄養調査係　2010　平成21年国民健康・栄養調査結果の概要　p.15.
　　<http://www.mhlw.go.jp/stf/houdou/2r9852000000xtwq-img/2r9852000000xu3s.pdf>（2010.3.16）

熊谷　修　2000　地域高齢者の食品摂取パタンが生活機能「知的能動性」の変化に及ぼす影響　東京都老人総合研究所　長期プロジェクト「中年からの老化予防総合的長期追跡研究」報告書　pp.158-166.

葛谷雅文　2003　高齢者の栄養評価と低栄養の対策　日本老年医学会雑誌, **40**（3）, 199-203.

文部科学省　2010　食品成分データベース　<http://fooddb.jp/>（2011.3.18）

松澤佑次・井上修二・池田義雄・坂田利家・齋藤　康・佐藤祐造・白井厚治・大野　誠・宮崎　滋・德永勝人・深川光司・山之内国男・中村　正　2000　新しい肥満の判定と肥満症の診断基準　日本肥満学会誌, **6**（1）, 18-28.

永井晴美・柴田　博・芳賀　博・上野満雄・須山靖男・安村誠司・松崎俊久・崎原盛造・平良一彦　1990　地域老人における咀嚼能力の健康状態への影響　日本老年医

学会雑誌, **27**, 63-68.
日本栄養・食糧学会（監修）　柴田　博・藤田義明・五島孜郎（編）　1994　高齢者の食生活と栄養　光生館　pp.35-52, 134.
日本栄養・食糧学会（監修）　2001　高齢者の食と栄養管理　建帛社　pp.76-82.
社団法人　日本フードスペシャリスト協会　2010　改訂　栄養と健康　第2版　建帛社　p.168.
日本老年医学会（編）　2002　老年医学テキスト改訂版　メディカルビュー　pp.125-133.
西原修造・田中弥生　1998　やさしくつくれる家庭介護の食事おいしく楽しく元気なくらし　日本医療企画　p.27.
長田久雄　2007a　第3章 2. 心理学的加齢の考え方　柴田　博・長田久雄・杉澤秀博　老年学要論　建帛社　pp.38-43.
長田久雄　2007b　人生80年時代に円熟期をいかに過ごすか　明治安田生命福祉研究所, クォータリー生活福祉研究, **16**（2）, 4-5.
柴田　博　1992a　老人保健活動の展開　医学書院　p.153
柴田　博　1992b　中高年こそ肉を摂れ!!　講談社　pp.12-18, 32-38, 48.
柴田　博　2000　プロダクティビティ高齢者の社会活動の意義　長期プロジェクト「中年からの老化予防総合的長期追跡研究」報告書　pp.81-85.
柴田　博　2002　8割以上の老人は自立している　ビジネス社　pp.26, 29, 107-115.
柴田　博　2007　ここがおかしい日本人の栄養の常識　データでわかる本当に正しい栄養の科学　技術評論社　p.113.
鈴木隆雄　2000a　II 高齢期のQOLの規定要因　東京都老人総合研究所　長期プロジェクト「中年からの老化予防総合的長期追跡研究」報告書　pp.75-80.
鈴木隆雄　2000b　地域在宅高齢者における飲酒状況と4年後における高次生活機能の変化　東京都老人総合研究所　長期プロジェクト「中年からの老化予防総合的長期追跡研究」報告書　pp.104-110.
東京都高齢者研究・福祉振興財団（監修）・熊谷　修　2006　ビジュアル版　介護予防マニュアル4　楽しく続ける栄養改善のアクティビティ　ひかりのくに　p.24.
東京都老人総合研究所　1998　サクセスフル・エイジング　老化を理解するために　ワールドプランニング　p.50.
山口雅庸・平田浩彦・石川直欣　2000　老年者咀嚼能力についての検討　東京都老人総合研究所　長期プロジェクト「中年からの老化予防総合的長期追跡研究」報告書　pp.230-238.
湯川晴美　2000　都市在住の健康老人における食物摂取状況—エネルギー摂取とその関連要因および食物摂取の加齢変化—　東京都老人総合研究所　長期プロジェクト「中年からの老化予防総合的長期追跡研究」報告書　pp.175-191.

第10章
日々の生活活動が支える持続的な自立 高齢者の暮らし

竹原広実

1. はじめに（健常高齢者に目を向けることの重要性）

　内閣府の高齢者の生活と意識（内閣府政策統括官，2005）に関するアンケート結果によると，「日常生活全般についての満足度」は［満足している（24.6%）］［まあ満足している（57.9%）］と両方合わせた［満足（計）］は82.5%と満足度は高い。しかしながら「将来の日常生活への不安」は［とても不安を感じる（14.1%）］［多少不安を感じる（53.8%）］と［不安を感じる（計）］は67.9%と3人に2人が将来に対する不安を訴えている。そして「将来に不安を感じる理由」は［自分や病気のこと（71.7%）］［自分や配偶者が寝たきりや身体が不自由になり介護が必要な状態になること（51.8%）］と，介護問題に対する理由は多い。日本の高齢化問題を考えるとき，介護問題は老後生活の最大の不安要因であり，ここに高齢者の保健・福祉的課題が集約されているといっても過言でない（芳賀，2010）。要介護高齢者やその家族に最大限の支援が必要である。しかしその一方で，8～9割の高齢者は介護や支援を必要としないで生活している。比較的元気な高齢者が健康を保持し，それぞれの能力に応じて社会と関わりをもち続けることは，要介護高齢者問題と同じく重要である（石田，2010）。

　そのため，超高齢社会において求められているのは，高齢者が自立して安全かつ快適な生活を維持できるような生活技術や生活環境の開発と普及である。国をはじめいろいろな社会機構がより社会福祉の充実された将来をめざして始動している。しかし現在の社会的対応が，高齢者の健やかに老いるための日常生活面において真の助力になるとは思えない。不確定要素を多く内在した20年にもおよぶ長い高齢期に十分対応するためには，様々な場面に対応できるよ

うな日常性を考慮したきめ細かな取り組みが必要である。本章は高齢者が要介護状態になるのを最小限にとどめ，現有する身体機能を長く保持し続け，いきいきとした暮らしができるための日常生活のあり方について考える。

2. 介護予防

　老後の介護に対する不安を解消し，要介護者の自立支援を社会全体で支える仕組みとして，2000年度から介護保険制度が施行された。その後改正を経て，予防の重視の方向性が示され「介護予防」に注目が集まっている（大川，2006a）。介護予防の枠組みは「新予防給付」「特定高齢者施策」「一般高齢者施策」から成るが，元気な高齢者を対象とする「一般高齢者施策」にはまだほとんど手がつけられていないのが現状である。

3. 生活不活発病

　「生活不活発病（廃用症候群）」とは，「動かない（生活が不活発な）」状態が続くことにより，心身の機能が低下して，「動けなくなる」ことをいう。特に震災などで被災し避難所での生活を余儀なくされた人々に対して，中越地震，東日本大震災から注意喚起されている。避難所での生活は動き回ることが不自由なことに加えて，それまで自分が行っていた畑仕事や炊事，掃除，買物などができなくなったり，またボランティアに頼ってあまり動かなかったり，人との

表1　生活不活発病の主な症状（大川，2006a）

Ⅰ. 体の一部に起こるもの	Ⅱ. 全身に影響するもの	Ⅲ. 精神や神経の働きに起こるもの
1　拘縮 　　（関節が固まる） 2　廃用性筋委縮 　　（筋肉がやせる） 3　褥瘡 　　（床ずれ） 4　廃用性骨委縮 　　（骨がもろく，折れやすくなる） 5　静脈血栓症状	1　心肺機能低下 2　起立性低血圧 　　（立ちくらみの強いもの） 3　疲れやすさ 4　消化器機能低下 　　（便秘，食欲不振） 5　尿量の増加 　　（脱水）	1　周囲への無関心 2　知的活動低下 3　うつ傾向→仮性痴呆 4　自律神経不安定 5　姿勢・運動調整機能低下

つきあいが狭くなるなど，生活が不活発になりやすい状況にあり，高齢者は特に生活不活発病を起こしやすい。国立長寿医療研究センターによると中越地震の際，要介護認定を受けていない長岡市の65歳以上の高齢者の約3割が，歩行に難しさを感じるようになり，その後6ヶ月も回復していなかったことが報告されている（大川，2008）。

生活不活発病はいったん起きると，歩くことが難しくなったり，疲れやすくなったりして「動きにくく」なる。「動かない」ことでますます筋力が衰え，心肺機能が低下，精神的にもうつ状態に陥りやすくなり，自宅に閉じこもりがちになる。それらがさらに症状を悪化させ悪循環に陥り，要介護や寝たきりの原因にもなる。発症は災害自体とそれによる環境因子の激変（避難所暮らしや仮設住宅入居など）によるところが大きいが，実は平常の生活でも必要な介護予防に関する取り組みの大切さが災害時に顕著に表れるという。日常生活においても，「生活不活発病」を起こさないことが，介護予防の重要なターゲットとなろう。表1に生活不活発病の主な症状を示す。「Ⅰ. 体の一部に起こるもの」のようにわかりやすい症状は比較的知られているが，「Ⅱ. 全身に影響するもの」や「Ⅲ. 精神や神経の働きに起こるもの」はあまり知られていない。しかし実際はⅡやⅢに属するものが重要であり，特にⅡの「心肺機能低下」は総合的体力が低下することであり，生活不活発病の初期症状の1つである「疲れやすさ」もそれが主な原因である。またⅢのように「うつ」傾向が起こったり，知的活動が低下したり，周囲への無関心を示して，一見「認知症」のようにみえることもある（大川，2006a）。

4. 日常生活行動の捉え方について

高齢者の日常生活が活発化するライフスタイルを提案するには，生活行動を量と質の両面から捉えることが大切である。「生活不活発病」の契機は，①活動の量的減少，②活動の質的低下，③参加の制約，の3つに分けることができる。それぞれを説明すると，「活動の量的減少」は，種々の生活行為ができるのにあまりしなくなってしまった状態，「活動の質的低下」は骨折など運動を困難にする疾患などによって歩行困難などが引き起こされるケースである。ま

た「参加の制約」は，「退職」「一人暮らしになる」とか「転居」など主に環境の変化が誘因となり外出や社会生活への参加が激減し，生活不活発病を引き起こす原因となることを指す（大川，2006b）。

5. 高齢女性の日常生活行動に関する実態調査

　高齢者の日常生活を把握することで，日常の生活活動における身体活動量に影響をおよぼす要因を明らかにし，活動量の高い自立した暮らしを支えるライフスタイルを考える。以下，著者が行った実態調査（竹原・梁瀬，2009）をもとに考察する。

5-1. 生活の規則性（時間）

　高齢者は起床，就寝，食事はおおむね同時刻であり，基本的に規則正しい生活をしているケースが多い。また活動量について図1に1日目と2日目を示すが，両日で大きな差はなく同程度の活動量である。それゆえ，一日一日をどのように過ごすかが大切といえる。

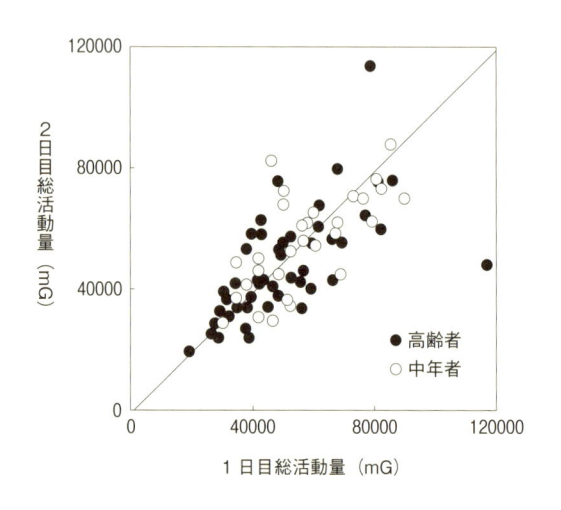

図1　24時間身体総活動量の日間比較

5-2. 生活行動の種類

生活行動には毎日行われるものとそうでないものがある。日々の活動量を高めようとすれば毎日行う生活行動のあり方が重要になる。例えば家事は毎日行われているが,外出,運動を毎日するものは僅少である。また家事を炊事,洗濯,掃除に分けて詳細をみると,炊事は毎日する者は多いが洗濯と掃除は2～3日置きにされているケースが多い。

5-3. 主たる活動の場と生活時間帯
1) 活動の場

自宅と自宅敷地内での活動を「屋内活動」,外出や散歩,自宅外の仕事などを「屋外活動」とし,主に生活行動が展開されている場について図2に示す。

時間について70代以降,屋内で過ごす時間が長くなる傾向がみられるものの中年者との違いはみられないが,活動量は,加齢にともない屋内比率は高く,屋内を基点とする生活にシフトしていく様子がうかがえる。

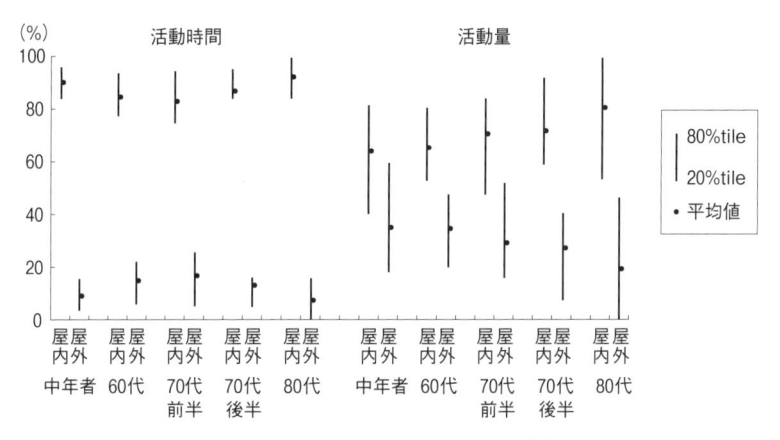

図2　活動時間および活動量の屋内,屋外比率

2) 各生活行動に要する時間

生活行動を「家事」「食事」「外出」「休憩」「就業」「運動」「睡眠」「その他」に分け,高齢者がどのような生活行動に多くの時間を費やしているか時間配分

表2　クラスター別にみた各生活年齢に要する時間配分

分類	n	1位	2位	3位	4位	5位	24時間総活動量平均（mG）
t1	19	家事 (22.6)	休憩 (20.1)	その他 (9.2)	食事 (7.9)	外出 (7.3)	47,686
t2	11	休憩 (33.3)	家事 (13.9)	食事 (7.3)	その他 (6.3)	外出 (6.1)	43,128
t3	8	就業 (20.9)	休憩 (18.3)	家事 (8.3)	食事 (7.1)	その他 (6.9)	45,352
t4	13	外出 (20.1)	家事 (17.0)	その他 (11.2)	休憩 (9.8)	食事 (5.4)	61,284

注1）（　）数値は平均所要時間を1日の割合で示す　　注2）順位に睡眠時間は入れていない

を検討したところ，4つのグループに分類できた．表2にそれぞれ所要時間の多い生活行動上位5位を示す．グループt1，t2，t3とも上位1，2位に「休憩」があり，1日の20～30％の時間を休憩に費やしている．一方，t4は外出が多く休憩は少ない．それぞれのグループの平均総活動量をみると，外出時間が長いt4が最も多く，次いで家事時間が長いt1と続く．休憩時間が長いt2は少ない．このことから外出や家事行動が総活動量に強く関与していることが推察される．

3）活動リズム

一日の時間経過にともなう身体活動量の変動から活動リズムを類型分けしたところ，A～D群の4パターンに分類できた（図3）．A群は日中の「活動量の増減幅は少なく，活動レベルが全体に小さい．B群は午前を頂点に午後から夜間へと活動レベルは低下し，C群は午後に活動の頂点があり，D群は午後，夜間と時間帯が遅くなるほど増加する，といった特徴がみられる．それぞれの群の活動量を比べると，B群，C群が多い．このB，C群は午前もしくは午後に活動のピークがあるめりはりの効いた生活リズムである．また各群に属する高齢者の平均年齢をみるとA群，D群は70歳代と高く，B，C群は60歳代である．このことから活動リズムと加齢との関連もうかがえる．

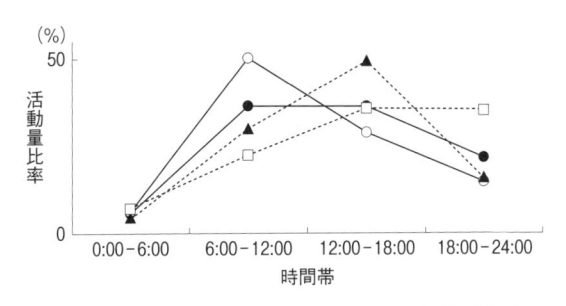

凡例	クラスター	平均年齢(歳)	人数(人)
●—	A	73.6	26
○—	B	68.6	8
▲----	C	69.6	11
□----	D	72.8	5

図3　クラスター別にみた時間経過に伴う活動量変動

5-4. 身体活動量に関連する要因

1) 年齢との関連

年齢の異なる4人の対象者の 0:00 ～ 24:00 の活動量推移を図4に示す。

中年者 (M19) と若年者 (Y6) は活動量の振幅が大きく24時間身体総活動量はそれぞれ 119,802mG と 128,900mG である。これらと比較すると高齢者 (E15 と E29) の活動量は 62,946mG, 39,080mG であり, 今回の対象者中, 最高齢82歳 (E29) の活動量の振幅はかなり小さい。

図5は年代別にみた結果であり, 高齢者と中年者との間に活動量の差が認められる。また高齢者であっても 60, 70, 80 代と加齢にともない活動量の減少がみられ, 特に70代後半いわゆる後期高齢者から有意に減少する。このように加齢とともに体力が衰え, 生活活動が不活発になってゆく。もちろん, 加齢が原因であることは否めない。しかし, 果たして加齢だけが活動の不活発の要因であろうか。そこで各生活行動が身体総活動量におよぼす程度について相関係数を用いて検討を試みた。身体総活動量との相関係数は, 高齢者は「外出」$r=0.74$, 「家事」$r=0.51$ が高く, 中年者の $r=0.41$, $r=0.33$ と比べると関連の強さが顕著である。

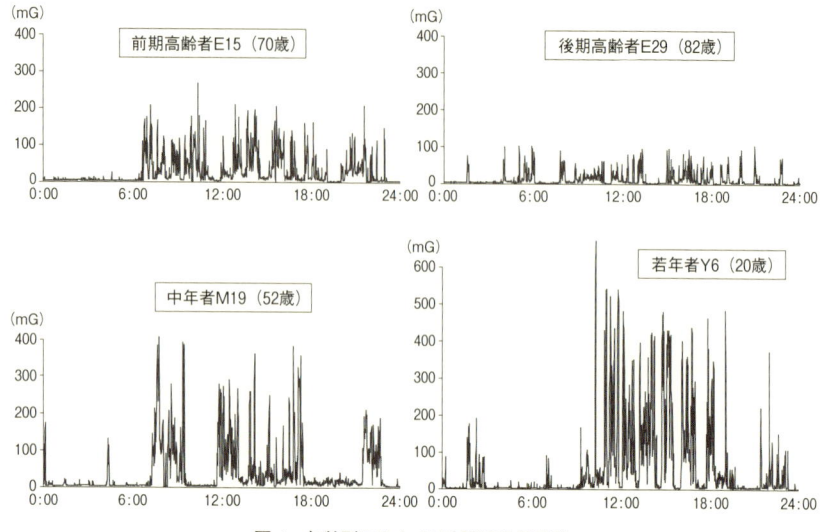

164 第 10 章 日々の生活活動が支える持続的な自立高齢者の暮らし

図4 年齢別にみた 24 時間活動量推移

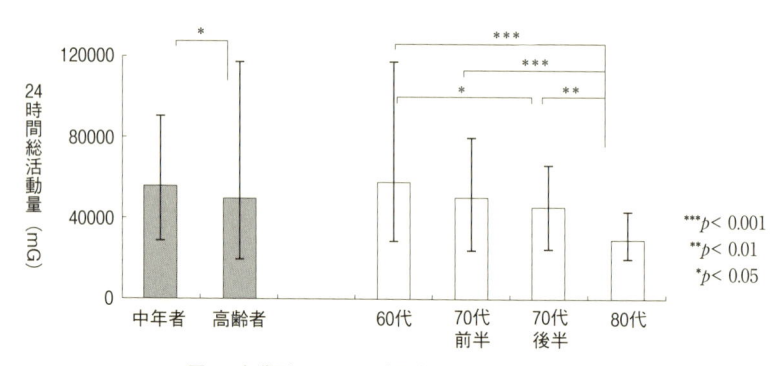

図5 年代別にみた 24 時間身体総活動量の傾向

$***p < 0.001$
$**p < 0.01$
$*p < 0.05$

2) 家庭内の役割（家事）

　家族構成（子世帯との同居，別居）が身体総活動量にどのように影響をおよぼしているかについては顕著な違いはみられなかった。家庭内での役割分担の有無との関連をみるために，役割の一つである「家事」を担当しているか否かについて検討を行った。図6に同居家族3例をとりあげて，24 時間活動量推移を示す。家族 A は中年者（M15：嫁）が家事をすべて担当し，高齢者（E26：

5. 高齢女性の日常生活行動に関する実態調査

【家族A：中年者が家事担当】

高齢者 E26(78歳)

中年者 M15(51歳)

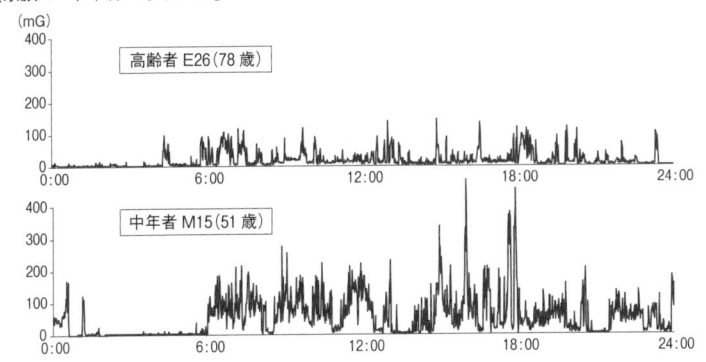

【家族B：高齢者, 中年者, 二人で家事分担】

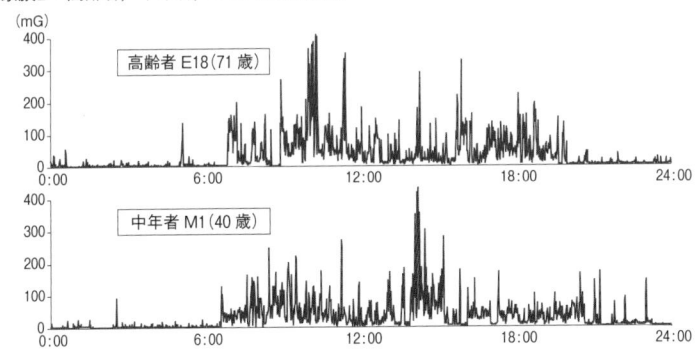

高齢者 E18(71歳)

中年者 M1(40歳)

【家族C：高齢者が家事担当】

高齢者 E23(75歳)

中年者 M3(46歳)

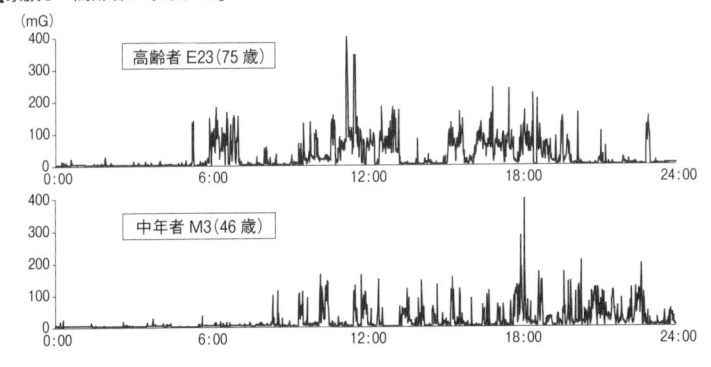

図6　同居家族員の活動量の傾向

姑）は家事を行っていないケースである。一日の総活動量は中年者 80,662mG，高齢者 27,026mG と，高齢者の活動量は中年者の三分の一程度である。家族 B は自営業で書店を営み，日中の店番を高齢者（E18：姑）と中年者（M1：嫁）で交代し，また家事も二人で分担しているケースである。二人の一日の総活動量は高齢者 50,756mG，中年者 46,004mG と同程度である。家族 C は高齢者（E23：母）が家事一切を行っており，中年者（M3：娘）は会社に勤務し，家事を行っていないケースである。一日の総活動量は高齢者 44,510mG，中年者 29,902mG と中年者は通勤や仕事にもかかわらず，高齢者の方が活動量はかなり高い。また図 7 に身体総活動量および家事活動量を示す。高齢者群の家事担当者は家事活動量，身体総活動量とも非担当者に比べて多い。一方，中年者群の家事担当者は非担当者より家事活動量は多いが総活動量について同傾向は認められない。

　これらのことから，高齢者にとって家事という役割を担うことは家事活動量を高め，結果として身体総活動量を高めることにつながるといえる。先述した「生活不活発病発生契機」の一つに，「参加」の制約があるが，主婦として家庭内で役割（「参加」）を果たし，家事（「活動」）を行っていた高齢女性が，子どもとの同居で主婦としての役割を失い，家事をしなくなることも生活不活発病発生の契機となりやすい。つまり，家庭内での役割，家事を担当するかどうかは活動量の高い生活を送るために大切な要因であるといえる。

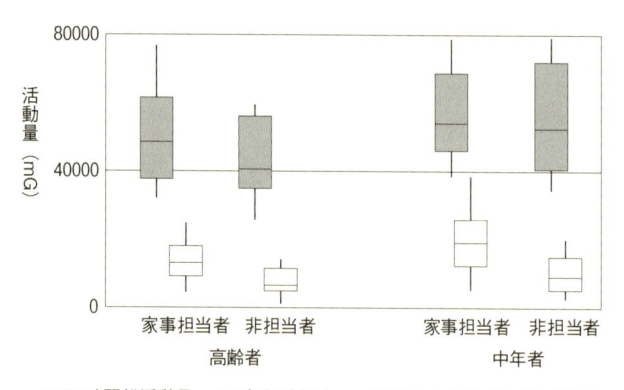

図7　家事担当と 24 時間身体総活動量，家事活動量

3) 炊　　事

　家事の中でも「炊事」は毎日行われているが，「掃除」「洗濯」は毎日行う者が少ない。それぞれの一日当たり平均所要時間も炊事 131.3 分，掃除 39.9 分，洗濯 44.2 分と炊事が特に長いことからも，「炊事」は日常的な生活行動として家事活動量そして身体総活動量に強く関与しているといえる。

4) 外出，運動，就業

　高齢者の外出行動は，買物，習い事に行く，通院，友人と出かけるなどがある。外出時間は休憩時間と負の相関係数にあり，外出をよくするか休憩をよくとるか，いずれの生活スタイルであるかは身体総活動量に影響をおよぼす。年齢との関連は強く，後期高齢者群（r=-0.69），前期高齢者群（r=-0.41），中年者群（r=-0.13）と，加齢にともない体力の衰えから外出を控える生活になることがうかがえる。しかし「外出」は活動量増加だけでなく，精神的健康感を高めることから，寝たきり予防の前段階である閉じこもりへの対策として生活範囲の拡大を図ることができるためその必要性が報告されている（古達・武政，2007）。

　運動は一般的に身体機能の維持，向上に役立つことは広く知られている。高齢者は健康への関心が高く自由に使える時間が多いこともあり，運動を日常的に行うものは少なくない。1 分間当たりに換算した活動量をみると，運動は 148.1mG/min と高く短時間でも日常的に運動することは活動量増加につながる。家事は 55mG/min 程度であるが活動時間は長い。高齢者の健康の維持増進には運動などの部分的な強度の高い活動だけでなく，低強度の家事や仕事などきわめて日常的な生活活動が必要である。生理学的見地からも習熟した作業はエネルギーを効率よく消費する（梁瀬，1968）ことが明らかとなっており，つまり日々長年行われてきている慣れた家事作業は高齢期において重要な意味をもつことが示唆されている。

　高齢者の就業は少なく，就業時間も平均 4.8 時間とフルタイム就業は少ない。しかし就業者の平均総活動量は 56,160mG と，高齢者群全体の平均 49,845mG より多いことから身体総活動量への影響の大きさがうかがえる。

5-5. 身体活動量と各要因の因果関係

　高齢者の身体活動量に各要因がどのように影響をおよぼしているかについて，図8に示す因果モデルを作成し検討を行った。

　このモデルを説明する。「年齢」は直接的に身体活動量に影響するだけでなく，「家事行動」「外出行動」「生活時間配分」が加齢にともないそのあり方が変化することで間接的に影響を与えている割合が大きい。

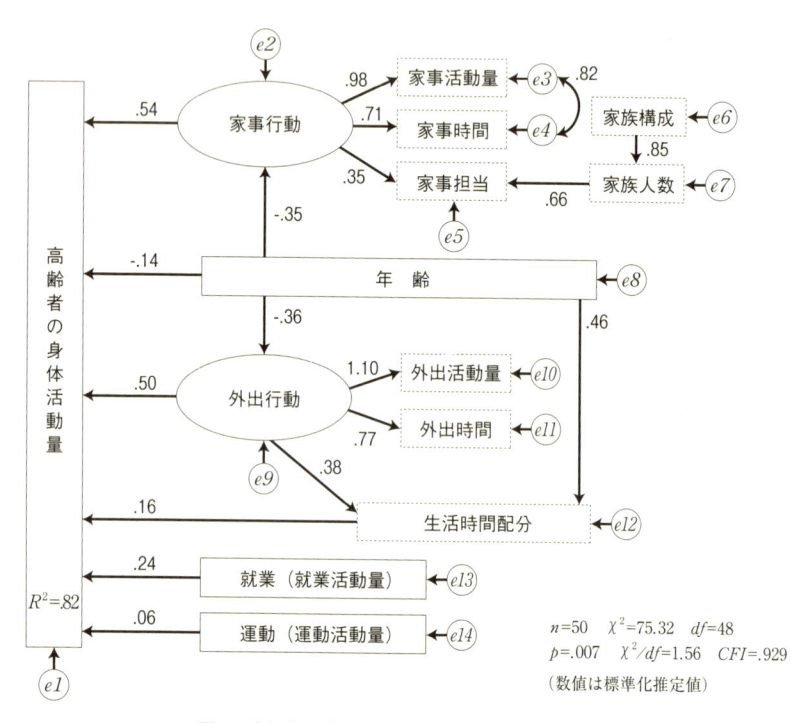

図8　高齢者の身体総活動量と各要因との因果関係

$n=50$　$\chi^2=75.32$　$df=48$
$p=.007$　$\chi^2/df=1.56$　$CFI=.929$
（数値は標準化推定値）

$R^2=.82$

6. 社会的役割の創出

　高齢期における家庭内役割の喪失や退職にともなう社会的役割の喪失は，高齢者の生きがいの喪失にもつながる（公益財団法人長寿科学振興財団HP）。老化にともなう活動能力の低下は「社会的役割」→「知的能動性」→「手段的自

立（IADL）」の順で生じることが実証されている。さらに「手段的自立」の低下は，生活空間の狭小化と合わせて「身体的自立（ADL）」の低下をもたらし，「要支援，要介護状態」へと移行する（芳賀，2010）。「社会的役割」の維持・改善策に力点をおくことこそ，積極的な介護予防策となる。これらをふまえて，積極的な意味での介護予防策として社会的役割を創出するものとしてボランティア活動があげられる。ボランティア活動への参加意欲の高い高齢者は多い。希望するボランティア活動の範囲は，年齢が高くなるほど狭くなり，「住んでいる町内会程度」と回答する者の割合が高くなる。高齢者の場合，参加しやすいよう身近な地域で活動ができるような工夫，仕組みづくりが求められる（経済企画庁，2000）。

7. おわりに

単に病気の有無や長生きだけでなく，長い高齢期をいかに充実した生活を送るかといった生活の質に重点をおくことはとても重要である。2001年に発表されたWHOのICF（International Classification of Functioning, Disability and Health：国際生活機能分類）の生活機能モデルを図9に示す。

これは生活不活発病の発生メカニズムや予防対策を理解するうえで基礎とな

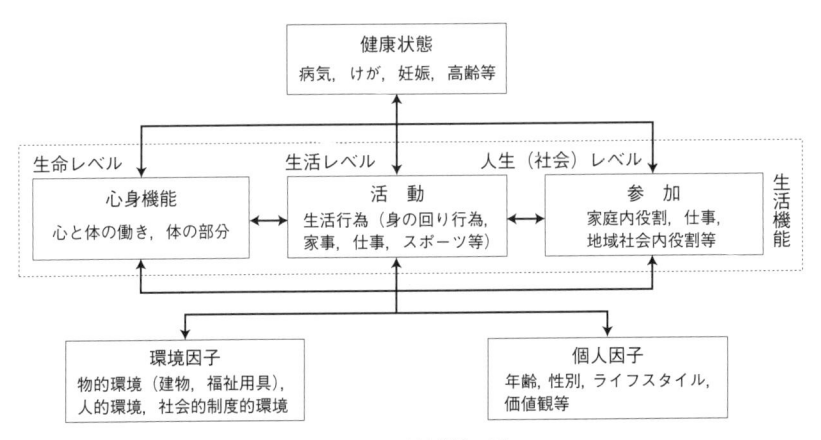

図9 ICFの生活機能モデル

り，また「生きることの全体像」についての「共通言語」と位置付けられているものである。この図には「生きることの全体像」とは生命レベルの「心身機能」，生活レベルの「活動」，人生（社会）レベルの「参加」の三者の包括概念として「生活機能」があり，それら3つのレベルの間，またそれらと「健康状態」「環境因子」「個人因子」との間に相互関係があることが示されている。つまり人が「生きる」ことはこのように重層的，多面的なものであるということ，そして生きることの全体像はひとりひとり違う個別的，個性的なものであり，個別性を尊重することで介護予防も真の効果を上げることができるという理解が必要である（大川，2006a）。"年だから"と行動を制限するのではなく，それぞれの能力に応じ，生きがいをもって生活すること，また家族や周囲も高齢者に何らかの役割を期待するといった配慮が必要であろう。

引用・参考文献

Fujiwara, Y., Shinkai, S., Kumagai, Y. et al. 2003 Longitudinal changes in higher-level functional capacity of an older population living in a Japanese urban community. Archives of Gerontology and Geriatrics, 36, 141-153.
古達彩子・武政誠一 2007 神戸北区における地域高齢者の外出頻度とその要因 神戸大学医学部保健学科紀要, 23, 23-34.
芳賀 博 2010 介護予防の現状と課題 老年社会科学, 32 (1), 64-69.
石田易司 2010 アクティビティ実践とQOLの向上 明石書店
梁瀬度子 1968 手作業の習熟過程における中枢機能の研究 奈良医学雑誌, 19 (2), 240-246.
菅野夏子 2008 外出頻度が少ない高齢者の心理・社会的特徴ならびに生活環境特徴 関西福祉大学研究紀要, 11, 221-226.
経済企画庁 2000 平成12年度国民生活選好度調査：ボランティアと国民生活
公益財団法人長寿科学振興財団 HP 健康長寿ネット 高齢者の生きがい活動
　　＜http://www.tyojyu.or.jp/hp＞
厚生労働省国立長寿医療センター HP
　　＜http://www.ncgg.go.jp/department/cre/index-cre-j.htm＞
内閣府政策統括官（共生社会政策担当） 2005 高齢者の日常生活に関する意識調査結果
大川弥生 2000 新しい概念（ICF：国際生活機能分類）に基づいたリハビリテーション入門 新企画出版社 p.13.
大川弥生 2005 広域災害における生活不活発病（廃用症候群）対策の重要性 介護予

防の視点から　医療, **59**（4）, 205-212.

大川弥生　2006a　生活不活発病とは？　介護予防のターゲットは「生活不活発病」（特集：介護予防のターゲット「生活不活発病」を防ぐ）　コミュニティケア, **8**（13）, 14-21.

大川弥生　2006b　生活不活発病の原因の診断　生活不活発病の発生契機：3つのタイプ（特集：介護予防のターゲット「生活不活発病」を防ぐ）　コミュニティケア, **8**（13）, 22-25.

大川弥生　2006c　生活不活発病への対応「水際作戦」で生活不活発病の克服を：「生活機能低下の悪循環からの脱却」　コミュニティケア, **8**（13）, 26-35.

大川弥生　2008　高齢被災者に対する生活機能低下（廃用症候群）予防等プログラムの実施及び評価等に関する標準手法に関する研究　平成19年度総括研究報告書：厚生労働科学研究費補助金厚生労働化学特別研究事業

竹原広実・梁瀬度子　2009　日常生活における生活行動と身体活動量に影響を及ぼす要因―中年者との比較　日本家政学会誌, **60**（11）, 937-944.

第11章

社会福祉資源としての「子どもの遊び」
——遊びの重要性の再評価と必要な支援について

畠山　寛

1. はじめに

　近年，子どもの運動機能の発達，社会性の発達，そして，自我に関する発達について様々な問題が指摘されている。運動機能の発達については，運動能力の低下があげられる。これは基本的な運動技術や能力が身についていないために，以前には運動会で普通に行われていた種目が実施できなくなっていたり，投げる，打つなどの基本動作が未熟なことからソフトボールなどの体育の授業が成立しにくいといったことがあげられる。また，よりひどい状況としては，転んだ際に手をつくことができず顔を地面に打ちつけ怪我をする子どもがいる。社会性や自我の発達については，「子どもの数が少なくなり，親の期待が子どもに集中することになるため，過干渉や過保護の傾向が増大し，生活からゆとりが失われ，さらには兄弟姉妹や地域社会における同年代の子どもや高齢者とのふれあいの減少とも相まって人間関係の希薄化をまねいている」という指摘や「現在の子どもたちの心の問題として，懸念されているいじめ，不登校，思春期の問題行動などの背景には，家庭，地域社会，学校などの様々な要因が複雑に絡みあっているものと考えられるが，幼児期に友だちと十分に遊ぶことによって自己の存在感や充実感を味わい，さらに悩みや葛藤を通して，友だちの存在に気付くといった自我の形成に関わる体験の不足がその要因の１つである」という指摘がなされている（時代の変化に対応した今後の幼稚園教育の在り方に関する調査研究協力者会議，1997）。これらの指摘は，子どもの社会性や自我が以前と比べると育ちにくい環境にあることを意味するものであり，社会性や自我の未熟さが思春期以降の問題とつながっていると考えられる。

現在の子どもの発達に関する環境が，子どもの様々な側面の発達に十分に寄与できない状況であるとすれば，早急に子どもの発達を保障する環境を整える必要があると考えられ，その役割を担うのが社会や大人であると考えられる。

本章では子どもの発達を保障する環境を整えるための方法の一つとして「子どもの遊び」に注目する。具体的には社会福祉資源という観点から「子どもの遊び」を捉え直し，今後必要とされる「子どもの遊び」と「遊びのための支援」について論考することを目的とする。

2. 福祉資源としての「子どもの遊び」

この節では社会福祉資源について整理したうえで，「子どもの遊び」を捉え直すこととする。

2-1. 社会福祉資源とは

社会福祉資源とは社会福祉の分野で活用される社会資源のことを指す（徳永，2002）。そして，社会資源とは「利用者のニーズを充足するために動員されるあらゆる物的・人的資源を総称したもの」である（日本社会福祉実践理論学会，1997）。このことから，社会福祉資源とは社会福祉に関わるニーズを充足するための物的・人的資源であるといえる。

社会福祉資源の特質を表す基準には3つの軸がある（白澤，1993）。

第1軸は，どのようなニーズに対応するものであるのかをもとに分類するものである。特に社会生活上のニーズに着目すると①経済的安定を求めるニーズ，②就労の機会を求めるニーズ，③身体的・精神的健康を求めるニーズ，④教育・文化・娯楽の機会を求めるニーズ，⑤居住の場に対するニーズ，⑥家族や地域社会での個別的生活の維持に対するニーズ，⑦公正や安全を求めるニーズ，⑧その他の地域生活上のニーズなどに分けられる。

第2軸は供給主体をもとに分類するもので，フォーマルなものとインフォーマルなものに分けられる。フォーマルな供給主体は，行政，法人（社会福祉法人や医療法人など），自助組織（生活協同組合や農業協同組合など），NPOなどの民間団体，企業などのサービス提供の責任と権限が公的に認められているもの

である。一方，インフォーマルな供給主体とは，家族や親類，友人・知人，地域・近隣の人などである。

そして，第3軸は物質的資源と人的資源とに区別される資源の中身である。物的資源には金銭や物資，施設や設備，制度などが含まれる。そして，人的資源には，知識や技能，愛情や善意，情報や地位などが含まれる。このような分類の仕方は，どのようなニーズに対して，誰がどのような資源を供給するのかについて総合的に考えたり，整理したりするうえで有用なものだといえよう。

2-2. 子どもの遊び
1）遊びとは何か

「遊びとは何か」については，古くはギリシャ時代から，そして，今日に至るまで多くの人々によって議論されてきた。また，その過程の中で遊びに関する多くの理論や説なども生み出されてきた。その中から本章では，何が遊びとなり，何が遊びとならないかについて「活動の主体である本人の意識や心理的な状況」を重要視する考え方に沿って論考を進める。

活動の主体である本人が，その活動が遊びであると判断する場合にのみ遊びとなるという考え方を「生成としての遊びの見方」とよぶ。この考え方によれば，周囲から見て遊んでいるように見えていたとしても，活動主体である本人が遊んでいると感じていないのであればそれは遊びにはならず，反対に，周囲から見て遊びとは思えないような活動（学習，仕事など）でも，本人が遊びだと感じているのであればそれが遊びであると考える。

例えば，保育所などでは8月になるとプールを利用した水遊び（プール遊び）を実施するところが多い。多くの子どもたちは心地よい水の冷たさや水中での活動に楽しさを見出しその活動に没頭する。この場合，水遊びは子どもたちにとって遊びとなりえていると考える。一方で，水が嫌い，プールが嫌いな子どもにとってはプールに入ることが義務となってしまっており，たとえ水の中に入って活動したとしても，遊びとして捉えていない場合には遊びとは認められない。さらに，算数の問題を解いているといったように，周囲から見ていると勉強しているように見える活動でも，本人が遊んでいるように感じているのであればそれは遊びとなる。つまり，何が「遊び」となるのかは外からは見えな

いものなのであり，本人の意識や心理に依存する。
　こういった活動主体の意識や心理の状態に目を向けた遊びの考え方として以下に示すような「遊びの条件」がある（山田，1994）。

　①その活動が，活動主体にとって楽しいこと。
　②主体にとっては，その楽しい活動自体が目的であって，少なくともその活動主体が，その外部にある他の目的達成のための単なる手段となっていないこと。
　③その楽しい活動が，外部から強制され，拘束されている感じを主体がもたないこと。

　これら3点が含まれる活動を「遊び」と捉えることにより，「遊び」が単に活動それ自体を示すのではなく，活動主体の意識や心理面も重視されることがわかる。このような考え方を理解しておくことは，「遊び」を支援する際に，単に「遊び」の活動が行われればよいと考えるのではなく，その「遊び」活動を通して子どもたちが何を感じているのかに注目する必要性を示しており，遊びを供給する立場にとっては重要な考え方だといえる。

2）遊びを通して育つもの

　幼児期の遊びは生活の一部として考えられている。保育所保育指針においても「遊びを通した総合的な指導」が重要であることが示されている。「遊ぶ」ことによって，子どもたちの何が育っていくのかについては多くの考え方があるがここでは斎藤（1989）の考えを紹介する。
　子どもの発達における遊びの機能として，身体運動，認知，コミュニケーション，社会性，情緒感情，自己の6つの側面があるとしている（斎藤，1989）。これらについて簡単に説明を加えると，まず身体運動では，筋肉や骨格の発達，運動能力の向上や体力の増進といった発達が含まれる。また，感覚器からの情報とそれに対応した運動を起こすことによって，知覚と運動の協応が行われ，知覚・感覚と運動の統合・自動化がなされるようにもなる。認知発達については，自らの周辺環境に対する探索を行い，理解しようとする行動が含まれる。

このような経験を重ねることにより，物事の結果を予測し，目的をもって，意図的に働きかけることができるようになる。

コミュニケーションの発達については，人との関わりを通した遊び（例えば，ごっこ遊びなど）を行うことで発達すると考えられる。コミュニケーションの発達については，単に語彙を獲得するだけではなく，自分の考えや思いを伝えたり，相手の考えや思いをことばや行動から理解する力の育ちであると考えられる。

社会性の発達については，友だちなどと関わって遊ぶことで，協調性が育ったり，葛藤を経験することで相手の立場を理解できるようになったり，関わるうえでのルールや約束事なども学ぶことができると考えられる。遊びによっては役割をともなう遊びもあることから（例えば，ごっこ遊びなど），それらを経験することで役割取得的発達も促される。

情緒発達では，遊ぶことにともなう楽しさや快感があったり，遊びを通して何かが達成できたとすると満足感や充実感が経験される。また，遊びは欲求の充足的側面もあることから遊ぶことで情緒的な安定も促される。さらに，このような快感情だけではなく，友だちとの葛藤を経験することで，悔しさや不満，さみしさなどの不快感情なども経験され，情緒的な発達が促されると考えられる。

自己の発達については，遊びの中で自分の能力を試す機会に出会い，実際にやってみることでたくさんのことができることを経験する。仮に，できないことが出てきたとしても何度も繰り返し行うことでできるようになる。このような経験が，自己意識や自己に対する自信をもたらすことになる。また，仲間との遊びを通しても自己や仲間の存在を意識することで，さらに，自己に対する意識も促されると考えられる。

以上に述べたように，先の節で子どもの発達の問題としてとりあげた運動能力の発達，社会性の発達，自己の発達などいずれにしても，子どもの「遊び」を通して育てていくことができるものだといえる。

2-3. 社会福祉資源として「遊び」について

上述したように，「遊び」は子どもの様々な能力の発達を促す機能をもつもの

と考えられる。そして,「遊び」自体は子どもにとって生活の一部となっているものでもある。しかしながら,子どもの発達の未熟さが指摘さていることから,現代の子どもたちの「遊び」の環境や状況が不十分であることが考えられる。遊びの環境や状況が不十分だとすれば,子どもたちの「遊び」を充実させるための方法を考えなくてはいけない。

　社会福祉資源の考え方で「遊び」を捉え直すとすると,どのように考えることができるだろうか。ここでは,「遊び」を幼児期の子どもの「遊び」として想定して話をすすめる。なぜならば,幼児期は発達期の中でも発達が著しい時期であるとともに,生活の中で遊びが占める割合が高いこと,また。先の指摘においても幼児期の経験などが問題視されているからである。

　社会福祉資源の第1軸である「どのようなニーズ」であるのかについては,子どもの身体運動の発達,社会性の発達,自己の発達に関するニーズが対象になる。これらは身体的・精神的健康に関するニーズや教育・文化・娯楽の機会を求めるニーズと関連するニーズであると考えることができる。

　第2軸の供給主体については,子どもの遊び相手になる人物・施設などが考えられる。遊び相手としての子どもの家族（親やきょうだい）や地域の友だちやそのきょうだい・親などのインフォーマルな資源があると考えられる。さらに,子どもが通う保育施設の職員などフォーマルな資源が考えられる。さらに,公園などの遊びスペースを提供する自治体の存在もインフォーマルな資源と考えてもよいだろう。

　第3軸の供給されるものについては,それはすなわち「遊び」である。遊びをどのように供給するのかについては2つの考え方がある。1つ目は子どもたちのニーズに合わせて必要とされる「遊び」を供給するということである。つまり,現在の子どもたちにとって必要とされている発達を促すための「遊び」の供給である。このニーズに合わせた「遊び」の供給には2つの考え方がある。一つは「遊び」そのものを新たに供給するということがあるだろう。そして,もう一つは,子どもたちの「遊び」を展開させるための支援である。このどちらも子どもたちにとって必要な遊びとは何かを知らなくては供給・支援することができないものである。

　遊びの供給に関する2つ目は「遊び」環境の供給である。子どもたちが遊ぶ

ためには「遊び」のための物理的環境が必要になる。この環境の考え方では、物理的環境には、空間的環境、時間的環境、人的環境があると考えられる。空間的環境については、室内、室外のスペースや遊具・道具などが含まれる。時間的環境については、「遊び」が充実するために必要とされる時間ということが前提である。そして、人的環境とは遊び相手のことをさす。遊びが楽しく展開してくためには、仲間といえるような年齢や発達が近い遊び相手の存在が重要である。

3. 遊びの現状

　ここでは現在の子どもの遊びに関する状況や特徴を明らかにし、その上でどのような問題点があり、どのように改善すればよいのかについて考えることとする。

　現在の社会における子育て環境については、少子化、核家族化、地域社会の希薄化などにより家庭や地域における教育力の低下などが叫ばれている。教育力の低下は、子育て中の親の周りに身近な子育てについて相談できる相手ができにくい状況になっているからである。それと同時に、地域社会の希薄化によって地域の中で子どもが育っていくことも難しい状況であるともいえる。子どもが育つ社会的状況についてもこれらの問題があることは見逃せない。

　次に、現在の子どもはどのような「遊び」を行っているのかを明らかにしていく。そうすることによって今後必要とされる「遊び」について考えることとする。

　小学校の子どもとその親を対象にした遊びに関する研究では、子ども世代の遊びと親世代の遊びには違いがあることが指摘されている。親世代と比較すると、現代の子どもの遊びの特徴は、まず、遊びの種類としてはドッヂボール・野球・サッカーなどのスポーツ系、カードゲーム・TVゲームなどのゲーム系が多いことが示されている。また、室内遊びと外遊びの比較などでは、自宅などの室内で遊ぶ傾向が強く、外遊びをする場合では公園や校庭などで多く遊ぶことが明らかにされた。一方で、親世代が行っていた慣習系の遊び（自然空間を利用した遊びである缶けり、鬼ごっこ、木登りなどの伝承遊び）が少ないこ

とが示されている（木谷・木村・今野，2011）。

　また，幼稚園児を対象にした遊びの調査では，平日，幼稚園から帰宅した後夕食までの遊び場と時間では，室内が平均96分，外遊びが62分となっている。休日の午前中は室内遊びが平均88分，外遊びが平均53分，午後は室内遊びが75分，外遊びが108分となっている。さらに，遊び相手を見てみると平日では全体的には「兄弟姉妹」が52.3％と最も多く，次いで「友達」と「母親」が同率の42.5％となっている。そして「祖父母」は9.8％，「ひとり遊び」は0.6％である。父親は平日では何ら子どもの遊び相手はしていないことが示されている。

　休日では「兄弟姉妹」が平日よりも割合は高くなる（74.2％）が，「父親」が43.6％と子どもの遊び相手をしている。その分「母親」との遊びや「友達」と遊ぶことが減少する。休日は，兄弟姉妹そして父親や母親など主として家族と過ごし，父親にとっても子どもと触れ合う大事な時間となっている。

　次に，遊びの内容についてみてみると「よくしている・時々する」の遊び内容を男女児ともに17項目のうち上位3位までは室内遊び（玩具遊び，テレビを見る，絵本を見る）で占められている。また「テレビゲーム」や「虫取り」は男児の方が好んで遊んでいる割合は高いものの，全体的に「木登り」や「川遊び」は幼児の遊び内容としてはとても少ない（後藤・立花・藤川，1999）。

　大学生を対象にした伝承遊びについて調べた研究では，30年前の入学生は戸外で身体を使った群れ遊びを中心に行っており，身体のバランスを養ったり，自然物を利用したりする遊びを行っていた。一方で，2007年度の入学生の遊びでは30年前の学生と比較すると，身体をぶつけ合ったり，触れ合ったりするあそびが激減していることが示されている（大橋・谷本，2008）。

　以上の結果をふまえると，現代の子どもの遊びは以前と比較して，室内での遊びが増えていたり，少人数の遊びが増えていたり，遊びのレパートリー（特に触れ合いがともなう遊び）が少ないなどの特徴があると考えられる。これらから，今後はまず，室外での遊びが増加することが必要であると考えられる。特に自然が豊かな環境の中で遊ぶことである。次に，異年齢集団による遊びを増やすことである。そして，遊びのレパートリーを増やすことなどが必要とされるだろう。

4. 遊びの支援のために

　ここではこれまでの議論から，今後必要とされる子どもたちの遊びやそれを支える家庭，保育施設，自治体などのあり方について述べていくが，その前に，子どもたちに遊びを供給するときの考え方について述べる。

4-1. 遊びの有用論と心情論

　遊びが子どもの生活の一部であり，遊びを通して子どもたちが発達していくとすれば，遊びは子どもたちにとってなくてはならない重要な発達のための資源である。

　しかしながら，この考え方が行き過ぎると，子どもに対して「遊び」を供給する立場の人は，子どもに対しては「遊ばなければならない」，親に対しては「子どもを遊ばせなければならない」という考え方をもつことになるだろう。さらに，この考え方の問題点は，子どもに「遊び」を強いる関わりになってしまうことが考えられる。強いられた「遊び」は「遊び」の本質からはずれたものであるため「遊び」とはよべない。

　大切なことは子どもたちが心から楽しむ「遊び」を行うことである。心から楽しめる「遊び」は，その活動が継続し発展していく。その過程の中で心身を働かせることで子どもたちの発達が促されるのである。このように「遊び」は役立つものであるという考え方は遊びの有用論とよばれる。有用論が行き過ぎると，子どもの遊びから楽しさや主体性が失われることになる。

　これと対比されるのが遊びの心情論である。心情論は子どもの心情に目を向ける考え方である。つまり，遊んでいる子どもたちが楽しいと感じていることに注目する考え方である。そして，この考え方は遊びの3条件に合致する考え方である。

　遊びの心情論の考え方に立つことにより，遊びの「楽しさ」とは何かを考える必要性が生まれてくる。なぜならば，遊びは単なる活動ではなく，子どもたちにとっては楽しい活動であるべきだからである。そして，遊びを支援する立場にとっては，子どもたちが楽しいと感じられるよう遊びを支える必要が出てくるからである。そのためには，遊びの何に対して，どのような楽しさを感じ

ているのかを考えることは避けられないのである。

　つまり，遊びを提供・支援する際には，遊び自体が子どもたちにとって有用なものであるという認識をもちつつも単なる遊び活動で終わるのではなく，子どもたちにとって，楽しい遊びになっているかどうかについても視野にいれて提供・支援することが大切なのである。

　これらをふまえて遊びを提供・支援するためには，さらに，子どもたちとの日々の関わりを通して，遊びに対してどのような楽しさを感じているのかを分析・理解する姿勢が必要とされるだろう。そうすることで子どもたちが楽しいと感じられる遊びやその環境の構成ができるようになると考えられる。

4-2. 遊び資源の提供者別の支援のあり方について

　ここでは遊びの資源の提供者の中から子どもにとって最も身近で重要な存在だと考えられる保護者と保育者の支援のあり方を主に述べることとする。保護者は子どもたちにとって最も身近な遊びの供給者であるとともに，最も重要な理解者でなければならない。以下に保護者に期待される支援について述べる。

1）子どもの遊びの重要性を知ること

　子どもの遊びの重要性については，保育や教育の関係者以外の人はしっかりと学ぶ機会がないと考えられる。このような保護者に対しては遊びが運動機能や社会性，自我の発達を促すことを知ってもらう働きかけが必要になるだろう。

　保護者への働きかけについては，子どもが通う保育施設，地域子育て支援センター，児童館などの福祉・教育機関が行うことが望ましいと考えられる。特に，保護者との信頼関係が形成されていると考えられる保育施設の職員からの働きかけによって遊びの重要性の理解が進むだろう。その際，遊びの重要性だけではなく，具体的な遊びの内容についても提案できるとよい。

2）子どもの遊びの発達について理解を深めること

　子どもの遊びは年齢段階によって異なる。つまり，年齢によって何に対して楽しさを感じるのか，あるいは，どのような活動を好むかが異なるのである。このような子どもの遊びの発達的な分類についてはパーテンの社会的相互交渉

の視点による分類が有名なものであるが，ここではピアジェの遊びの発達段階を参考にしながら，遊びを見るための視点を示した清水（1983）の遊びの発達構造について示す。

　まずはじめに感覚運動期である0～2歳では感覚運動遊びが主になる。感覚運動遊びとは，自己の感覚や身体機能を使って快感情を求める目的で行われる繰り返しのある遊びである。次に前概念の段階（客観的なイメージではなく，子どもの個々のイメージが中心になる思考段階）である2～4歳では，感覚運動遊びに加え，一人，もしくは，大人相手の象徴遊びが行われる。象徴遊びは見立て遊びや振り遊びのことをいう。次の直観的思考の段階である4～7, 8歳では，これらの遊びに仲間同士で行うごっこ遊びといった集団的な象徴遊びが加わる。この段階を過ぎて，7, 8～10歳くらいまでの具体的操作期に入るとルールのある遊びが加えられる。このルールのある遊びとは，勝敗を競う様々なゲーム，スポーツ競技が含まれる。形式的操作の段階に入る11歳以降はルールがある遊びで勝敗を競う競技型の遊びが主になる。

　このようにみてみると，幼児期の遊びは感覚運動遊び，象徴遊びがメインであり，幼児期の子どもの遊びとして競技型のルールのある遊びを提示するのはあまりふさわしくないことがうかがえる。つまり，遊びの発達の様相を知ることで年齢にふさわしい遊び方があること理解し，適切な遊びを供給できるようになることが大切であると考えられる。

3）子どもとともにいること

　昨今の社会情勢をふまえれば保護者は仕事や家事に追われて子どもたちとゆっくりと関わる時間がもてないかもしれない。また，子どもと遊ぶとなると疲れることも事実である。しかしながら，子どもにとって楽しいと感じられる時間を共有することは可能ではないかと考えられる。つまり，「遊び」が楽しい活動であるのであれば，楽しい時間を過ごすことが大切だと考えるのである。特に○○遊びというような遊びを行わなくても，子どもにとって楽しい時間を過ごせたのであれば，それは遊びになっているのである。

　保護者については以上の3点について述べておく。次に保育者にとって必要とされる支援について述べていく。

日々子どもたちを保育施設で保育している保育者はどのような支援を行うべきだろうか。まず,遊びには,空間,時間,仲間,そして指導者が必要になると考えられている。保育施設には空間,時間,仲間などの物理的条件は整っていると考えられる。そこで保育者に期待されることは遊びの指導者となることである。

保育者は,遊びの重要性や発達における遊びの違いなどは十分に理解しているうえに,日々の子どもたちの関わりの中でどのような遊びを楽しんでいるのかについても理解していると考えられる。そのうえで,子どもの発達の現状を理解した適切な支援が求められる。以下に保育者に求められると考えられる支援について述べる。

4）伝承遊びの実施

伝承遊びとは,子どもの遊びの中から自然発生的に生まれ,代々共有されてきた遊びであり,子どもの社会の縦横のつながりによって,大人から子どもへの経路を通して伝え受け継がれてきた遊びの総称である（中地,1988）。

伝承遊びの区分には6つある。縄跳び,かくれんぼなどの「身体発達を促す遊び」,折り紙,カルタなど「知的発達を促す遊び」,あやとりなどの「手遊び」,ままごと,あぶくたったにえたったなどの「社会性の発達を促す遊び」,もちつきなどの「行事的な遊び」,虫取りなどの「自然環境的遊び」である。

伝承遊びは,子どもにとって楽しく,面白いエキスだけが子どもから子どもへと伝えられ,このような伝承遊びの経験は,子どもの心身の発達にとって欠かせない栄養素としての役割を果たしている（穐丸,2008）。

さらに,伝承遊びは一人よりも集団で遊ぶことがより楽しく意味のもつものだと考えられている。それは,年齢や発達によってルールの変更が柔軟に行われたり,異年齢で遊ぶことができたりする。また,伝承遊びには一定のスキルや体力が要求され遊びを教えたり,教えられたり,切磋琢磨することで,子ども同士のコミュニケーションの能力を育てるのと同時に子どもの相互理解を深め子どもの社会性の発達を促すことができると考えられている。

以上のように伝承遊びには子どもの発達を促す要素が含まれている重要なものであるのと同時に,子どもの発達に合わせたルールの設定等が可能なことか

ら，子どもの楽しさに目を向けた遊びとして提供しやすいものであると考えられる。

伝承遊びについては，近年では地域における子ども集団の形成が難しく，伝承遊びの伝承は難しくなっているのが現状である。そこで，保育施設において保育者が伝承遊びの実施および伝承の一端を担うことが求められる。保育者が伝承遊びを実施する意義は，発達に有用な伝承遊びが行われるということ，そして，子どもの発達や成長を知る保育者だからこそ，子どもの発達や年齢にふさわしい伝承遊びを提供できる，もしくは，ルールを適応的に変えられることにある。保育者には伝承遊びについて理解深めて実施してもらうことが期待される。

5）自然環境の中での遊び

築山のある場，起伏のある場，樹木のある場，水のある場があり，それらが複合的に構成された自然環境型遊び空間をもつ園庭は，子どもに対して遊びのきっかけや拠点を提供し，多様な遊びや冒険的遊び空間として働きかけていること，自然環境要素で構成された園庭は，単に機能性を優先した限定的な遊び空間ではなく，幼児自ら主体的に遊びの発見，創造，拡がりを促す遊び空間であり，幼児の体力と感性を育む遊び環境となっていること，さらに，自然環境型の園庭は，遊具・道具性を強く発信している既設の遊具以外に多様な遊びの場が拡がり，その誘発要因の多くは素材・素形性，自然性，回遊性であり，それは遊びの創出へとつながって，樹木，築山，小屋，遊具などの配置や活用が効果的に働いていること，自然環境型の園庭における遊びの場は，空間規模より自然環境によって有効性を発揮すること，などが報告されている（横山, 2006）。

このことから，通常の園庭ではなく，自然環境に近い園庭，もしくは，自然環境の中に子どもたちを連れ出すことによって，子どもたちの遊びが展開されて発達が促されると考えられる。近年，室内遊びがメインになっている子どもたちに対して「自然環境場」を提供することも保育者の重要な役割だと考えられる。

上記以外についてフォーマルな資源の役割について述べると，まず，子育て

支援センターの親子遊びの指導などで伝承遊びの取り入れを行うことも期待される。保護者の中には伝承遊びを行った経験が少ない者もいるかもしれない。子育て支援センターで親子一緒に遊ぶことで，伝承遊びが家庭の中に持ち込まれ，親子の楽しい時間が増えるとことにつながる可能性もある。また，それが保育施設へと伝わっていくことも考えられる。

5. おわりに

　本章では，子どもの遊びを社会福祉資源と捉え，そのニーズ，供給主体，資源について整理した。現在の子どもの発達状況をふまえると，子どもの遊びを日常の中に存在する自然なものと捉えるよりも，子どもの発達にとって不可欠であり，社会（大人）による意図的な働きかけが必要なものであると考えられた。

　今後は子どもの遊びに関する保護者の意識の変化とともに，これまで伝えられてきた伝承遊びについても広く浸透していく環境などの整備が期待される。

引用・参考文献

穐丸武臣　2008　子どもの世界（23）　伝承遊びを考える　子どもの発育発達, **6**（2），107-109．

後藤ヨシ子・立花由紀子・藤川知香　1999　少子時代の幼児の生活と遊び　長崎大学教育学部紀要　教科教育学, **32**, 89-99．

時代の変化に対応した今後の幼稚園教育の在り方に関する調査研究協力者会議　1997　時代の変化に対応した幼稚園教育の在り方について

木谷　忍・木村美智子・今野浩次　2011　子どもの遊びの多様性の喪失について—福島県相馬市での遊びの現状と保護者たちの認識—　農業経済報告書　pp.55-61．

厚生労働省　2008　保育所保育指針

中地万里子　1988　現代子ども大百科　中央法規出版　p.568．

日本社会福祉実践理論学会　1997　改訂版社会福祉実践基本用語辞典　川島書店　p.66．

大橋美佐子・谷本満江　2008　伝承遊びに関する調査研究（1）：約30年間における伝承遊びの意識変化　中国学園紀要, **7**, 7-12．

斎藤こずゑ　1989　遊びが培うもの　無藤　隆・柴崎正行（編）　保育講座19児童心理学　ミネルヴァ書房

清水美智子　1983　遊びの発達と教育的意義　三宅和夫ほか（編）　児童心理学ハンドブック　金子書房
白澤正和　1993　ケースマネージメントの理論と実際　中央法規　p.112.
徳永幸子　2002　ソーシャルワークにおける社会福祉資源活用の意義　活水論文集, 93-106.
山田　敏　1994　遊び論研究―遊びを基盤とする幼児教育方法論形成のための基礎的理解―　風間書房
横山　勉　2006　園庭における自然環境型遊び空間に関する研究（3）―園庭の空間規模と遊びの場―　日本建築学会北陸支部研究報告集, 343-346.

第12章
知的障がい者の日常の暮らしと自立への道

矢島雅子

1. はじめに

　人間らしい尊厳のある暮らしは，生活（住まい）の場，活動の場，余暇の場という三本の柱で成り立っている（林，2008）。人は成人期になると，住まいや活動する場，余暇を過ごす場を自分で選び決めて暮らしていく。つまり，暮らし方を自分で主体的に考えて決めていくことができるのである。

　しかし，知的障がい者は，自分の暮らしを自分で築いていくことはできないと考える人もいるであろう。知的障がい者は，物事を自分で選び，決定していくことができず，一生保護して守っていかなければならないという障がい者観が一般社会に根強く残っているのではないだろうか。また，障がい者の生活・人生が親や職員の判断によって決められ，障がい者はその決定に従うことを求められていないだろうか。本章では，成人期の知的障がい者が生き方を自分で選び，決め，その人らしく生きることがいかに大切であるかを述べ，誤った障がい者観を見直すことにつなげていきたい。

　本章のタイトルでもある「自立」の概念は，国語辞典によると「自分以外のものの助けなしで，または支配を受けずに自分の力で物事をやっていくこと」（西尾ら，2009）と定義される。さらに，社会福祉用語辞典では「自立には，身体的自立，精神的自立，経済的自立，社会的自立などがある。自立した生活とは，介護等の支援を受けながらも，主体的，選択的に生きることであり，それを保障する支援方法が求められる」（中央法規出版編集部，2008）と定義されている。

　以上をふまえ，筆者は自立を次のように定義する。「自立とはひとりひとり

表1　自立を支援する社会生活力プログラム（奥野ほか，2006，p.16-25）

生活の基礎	自分の生活	自分らしく生きる	社会参加	自分の権利いかす
・健康管理	・金銭管理	・自分と障害の理解	・情報	・障害者福祉制度
・食生活	・住まい	・コミュニケーションと人間関係	・外出	・施設サービス
・セルフケア	・掃除，整理	・男女交際と性	・働く	・地域サービス
・時間管理	・買い物	・結婚	・余暇	・権利擁護
・安全，危機管理	・衣類管理	・育児	・社会参加	・サポート

の意思が尊重され，日々の暮らし方や生き方を自ら選び，決め，主体的に生きていくことである」。

つまり，自分の生活や生き方を自分で考え，介助を通じてその人らしい暮らしを築いていくことである。

知的障がい者が自立した日常生活を送るためには，自信をもち，必要なサービスを活用していく社会生活力を高めることが必要になる（表1）。

本章は社会生活力プログラムの「住まい・コミュニケーションと人間関係・外出・余暇」を中心に，①知的障がい者が暮らしの場においてどのような目標を立て喜びや楽しみを見出しているのか，自立に向けてどのような課題を達成したらよいか，②知的障がい者が日中活動の中で自分の思いや考えをどのように人に伝えて人間関係を築いているのか，③知的障がい者が豊かな生活を送るために余暇をどのように過ごしているのか，④暮らしの場，日中活動の場，余暇活動の場における自立生活の課題とは何かを述べていく。

2. 知的障がい者の暮らしの場

成人期の知的障がい者のうち，在宅者はここ15年間で増加しており，現在は約7割の人が在宅で暮らしている（図1）。一方，入所施設を利用している人は2000年までは3割を超えていたが，2005年には3割を下回る減少傾向にある。

入所施設利用者が減少している背景には，1981年の国際障害者年以降，ノーマライゼーションの理念により，入所施設から在宅へと施策が転換したことがあげられる。社会から隔離され，保護的・集団重視の大規模施設における生活は，ノーマライゼーションの理念とかけ離れたものであり，脱施設化の取り組

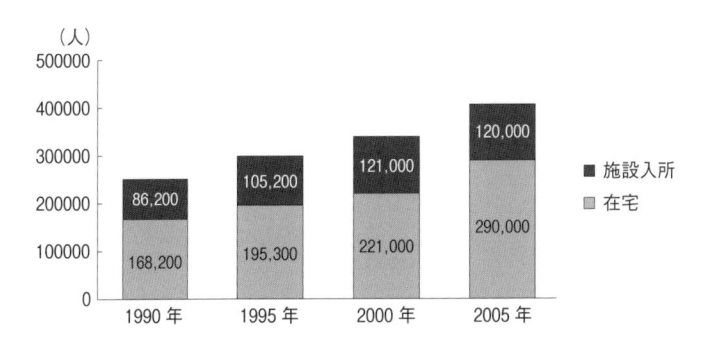

図1 全国の18歳以上の知的障がい者（厚生省，1900，1995；厚生労働省，2000，2005をもとに作成）

表2 知的障害者施設の推移

	1995年	2000年	2005年	2011年
グループホーム	760	2020	5414	7288
知的障害者入所更生施設	1085	1303	1470	832
知的障害者通所更生施設	239	350	498	476
知的障害者入所授産施設	210	228	225	151
知的障害者通所授産施設	608	890	1427	907

※1995年から2005年までは厚生労働省『社会福祉施設等調査』（2009）をもとに作成。
2011年はWAM NET『障害者福祉サービス事業者情報』（2011年2月16日現在）をもとに作成。グループホームの数値は，「共同生活介護（3330箇所）」と「共同生活援助（3958箇所）」の指定事業所数より算出。

みが1980年代以降始まったのである。

　そして，地域に密着したグループホームが暮らしの場として整備されていくのである（表2）。暮らしの場の選択肢が増加する今日，実際に知的障がい者は誰と暮らしているのであろうか。

　成人期の知的障がい者の約8割は自分の家やアパートで暮らしている（表3）。さらに，在宅で暮らす成人期の知的障がい者の7割は，親や兄弟姉妹と同居している（表4）。核家族化や高齢化が進む中，今後は一人暮らしやグループホーム・ケアホームで暮らす人が増加することが予想される。家族と離れ一人暮らしやケアホーム，施設で暮らす場合にはどのような課題を達成しなければならないか，次に事例をとりあげてみる。

表3　18歳以上の在宅知的障がい者の生活の場
(厚生省，1990，1995；厚生労働省，2000，2005をもとに作成)

(%)

	1990年	1995年	2000年	2005年
自分の家・アパート	88.8	89.0	84.2	82.0
会社の寮	2.2	1.0	0.7	0.3
グループホーム	1.5	2.2	5.4	8.9
通勤寮	—	—	0.1	0.1
その他	7.2	7.4	8.3	7.5

表4　18歳以上の在宅知的障がい者の生活同居者
(厚生省，1990，1995；厚生労働省，2000，2005をもとに作成)

(%)

	1990年	1995年	2000年	2005年
一人で	2.5	2.8	5.1	5.6
夫婦で	3.1	2.3	2.4	3.1
親と	32.9	37.1	37.3	37.2
親・兄弟姉妹と	40.1	41.1	36.4	32.9
兄弟姉妹と	9.0	5.6	5.4	5.1
友達と	3.9	3.0	5.4	5.4
その他	7.9	7.4	7.0	9.7

2-1. 一人暮らしをするAさんの事例

Aさん（女性，28歳）には，軽い知的障がいがある。Aさんは学校を卒業後，作業所でパンを作り，7年間グループホームで生活をした後，一人暮らしを始めた。

一人暮らしを始めたのは，「一人立ちがしたい」と思ったからだ。暮らしのためには収入が欠かせないため，Aさんは4年前から温泉施設に勤務している。

仕事内容は，客室の清掃や接客であり，午前9時から午後4時まで働く。仕事にミスは許されないという緊張の中でAさんは失敗して挫けても前向きに頑張り，「仕事は楽しい」と話している。職場の上司は，「Aさんは接客も苦にならないようで，この仕事に向いている」とAさんの働きぶりを高く評価してい

る。Aさんの一人暮らしを支えているのは、週1回のホームヘルパーの訪問と2週間に1回訪問する障害者就業・生活支援センターのスタッフである。Aさんは、ホームヘルパーから料理を教えてもらい、料理の本を見ながらヘルパーと一緒に調理をする。Aさんは、人間関係に広がりをもたせるために、手をつなぐ育成会の本人活動のリーダーとしても活動している。障がいのある仲間と集まり、ボーリングやバーベキューを企画して余暇も積極的に楽しんでいる。また、Aさんは野球観戦が好きであり、部屋には野球選手のポスターを貼り、楽しみを見出している。

　Aさんの将来の夢は、韓国や台湾に海外旅行に行くことである。

(全日本手をつなぐ育成会　2010)

　Aさんは、職場の上司や同僚、ホームヘルパー、障害者就業・生活支援センター、知的障がいの仲間のサポートにより、仕事と一人暮らし、余暇の3つをバランスよく続けている。仕事や一人暮らしで悩んでいることを信頼できる人に話し、安心した気持ちでいることが仕事と一人暮らしを長く続ける秘訣になっている。学校卒業後に作業所で働く経験を積み、また、グループホームで親元を離れる経験を積み重ねることにより、一人暮らしをしていく自信が出てきたのだといえる。そのような一人暮らしをする前の準備段階は必要であり、信頼できる人のネットワークを作り一人暮らしに移行していくことが望ましい。

　一人暮らしの自立に向けての課題は、①「一人立ちをしたい」という障がい者の意思を尊重しつつ、一人暮らしの練習・準備を事前に行うこと、②困ったときにはすぐに人に助けを求められるネットワークをつくること、③仕事や余暇を日常生活に取り入れ、自分は決して一人ではないという安心感をもつことが大切である。

2-2. ケアホームで暮らすBさんの事例

　6年前にケアホームができ、最初から入居しているBさん(男性、36歳)。Bさんはケアホームに入った理由を「家を出て自由な暮らしをしたかった。そして、遅刻をしないように自分で早く起きて準備ができるようになりたいと思っ

て頑張っている」と話す。Bさんは月曜日から金曜日までは，生活介護施設に通って仕事をしている。朝，7時に寮のスタッフに起こしてもらい，朝食を食べ施設の送迎バスに乗っての通勤である。寮生活をするようになって，遅刻はなくなった。

　Bさんの仕事は，パソコンを使ってのデータ入力の仕事やリサイクル商品の管理をしている。ここでの収入は月7,000円くらいで，このお金が小遣いとなる。

　Bさんが一番楽しみにしていることは，毎週金曜日の晩酌デーである。ヘルパーと一緒にコンビニに行って，「今日の予算は1000円かな。残りは貯金」と計画を立て，お酒やおつまみ，好きな雑誌を買って自分の部屋で楽しんでいる。

（きょうされん，2010，pp.9-10.）

　障がいのあるなしにかかわらず，「成人になったら親元を離れ，一人立ちをしたい。自由な暮らしがしたい」と考える人は多いであろう。ケアホームは，どんなに障がいが重くて介助が必要であっても，住み慣れた地域の家庭的な雰囲気の中で自分の時間を大切にしたいという障がい者の願いに応えて作られた。

　事例のBさんは，親元を離れ，自分で考え行動するという精神的な自立をめざしてケアホームで暮らしている。Bさんは「自分一人で朝起きることができるようになる」という目標を立て，目標を達成できることにより，意欲や自信をもつことができている。Bさんにとって仕事をすることは，生活のリズムを整えることであり，また，自分で自由に使うことができる収入を得ることにより，生活の楽しみを見つけることにつながっている。仕事をすることにより，社会の中で役割を果たし，社会に貢献していることを自ら確認することができる。

　Bさんは，仕事を終えケアホームに帰ってからどのように過ごすかを自分で考え，決めている。事前に計画を立てヘルパーと買物に行き，好きなものを買う楽しみ，自分の部屋でゆっくり過ごす時間を大切にしている。

　ケアホームにおける自立に向けての課題は，①目標をもち，生活スケジュールを自分で考えることができるよう見守ること，②リラックスして楽しみの時間がもてるようにすること，③集団の生活ペースよりも個人のペースを尊重す

ること，④少人数の仲間や職員の存在が安心感につながることである。

2-3. 施設で暮らすCさんの事例

　Cさん（女性，27歳）が施設に入所したのは19歳の頃。将来の生活を見据えての決断だった。まだ，学校を卒業したばかりで最初は寂しくて泣いてばかりいたCさん。現在は「今は寂しいとは思わない。毎日が楽しい」と元気一杯である。

　沢山の仲間たちに囲まれて笑顔の絶えない日々を送っている。毎日のお手伝いも積極的で，時には頑張り過ぎてしまうこともある。Cさんが自分らしく過ごせるように，職員の皆さんはどんなことを大切にしているのか。職員の話によると「Cさんは自分の気持ちを伝えるのに時間が必要だが，時間がかかっても自分の言葉で伝えてくれるまで待つようにしている。また，Cさんと同世代の女性らしい生活を，施設の中でも送れるようにしたいと思っている」ということだった。

　施設では，Cさん自身が自分で決め，自分の生活をつくっていくことを大切にしている。日用品や洋服等は施設を出て自分で買うことを大切にしている。さらに施設で工夫していることは，一人ひとりが自分の時間を楽しむことである。Cさんは「スマスマとか嵐の番組を見る。嵐のCDを聞くのが好き。これからはスキーをやってみたい」と話すなど，楽しみながら日々の生活を送っている。

（きょうされん，2010, pp.6-7.）

　暮らしの場は，ひとりひとりのニーズに配慮し，安心して豊かに暮らせることが求められる。事例のCさんは19歳のときに家族と離れ，その後施設がCさんの安心できる居場所となるまでに長い年月がかかったであろう。集団生活では，自由が制約されることも多く，また対人関係のストレスも多い中，Cさんが暮らす施設では家庭に近い暮らしの場となるように工夫がされている。その一つとしてひとりひとりが役割をもち，施設で暮らしている。食器を片づける，タオルを畳む，机を拭くなど，日常の生活場面に主体的に参加をすること

により，援助を受けるだけではなく人の役に立つことで自信をもつことができる。

また，同世代の人の暮らしの条件に近づけるために，Cさんが好きなもの，やりたいことを自分で選び本人の意思を職員は尊重している。施設の外に出掛けて買物や散歩をしたり常に社会とのつながりを大切にしている。

さらに，仲間と過ごす時間を大切にすると同時に，一人で過ごす時間も大切にしている。職員はひとりひとりがどのような思いや希望をもっているのか，何を悩んでいるのか寄り添い，サインを見逃さないように関わっている。そのような職員の関わりがあってこそ，Cさんは自分の感情や思いを他の人に伝え，安心感が得られているといえる。

施設における自立に向けての課題は，①集団の中で役割をもつこと，②自分で選び，決める機会をつくること，③ひとりひとりの思いを知ること，④一人の時間を大切にすること，⑤ひとりひとりのペースを保証することである。

以上3つの事例を通して自立に向けての達成すべき課題を示した。知的障がい者の暮らしの場は，家族と暮らす場合や一人で暮らす場合もあれば，施設やケアホーム・グループホームで暮らす場合もあり，それぞれのライフステージに応じて住まいの場は変化していく。暮らしの場では，家族や友人・知人，地域の人々とのつながりがあり，障がい者の日中活動や余暇活動を支える土台になっている。暮らしの場は，ひとりひとりが安らぎを感じ，ありのままの自分でいられることが大切である。

3. 知的障がい者の日中活動

3-1. デイサービスセンターの創設

成人期の知的障がい者のうち一般就労をしている人は約2割，作業所や通所施設において福祉的就労をしている人は約4割を占める（厚生労働省，2005）。

また，自分の家やデイサービスセンターで過ごしている人は約3割を占める（厚生労働省，2005）。

デイサービスセンターは障がいの重い人が日中を過ごす場所として地域に整備されている。知的障がい者デイサービスセンターは旧・知的障害者福祉法に

規定され，1991年に創設された。デイサービスセンターには地域において就労が困難な在宅の知的障がい者が通い，文化的活動や機能訓練等を行い，自立を図るとともに生きがいづくりを行っている。

　サービスの内容は，基本事業（文化活動，機能訓練，社会適応訓練等）と送迎サービス，選択事業として入浴サービス・給食サービスがある。

　旧・支援費制度の対象である知的障がい者デイサービスセンターは，障害者自立支援法の施行実施にともない，新サービス体系である生活介護事業所および地域活動支援センターに移行することになった。

3-2. デイサービスセンターで過ごす知的障がい者の思い

　筆者が2010年6月からボランティアとして関わっているA生活介護事業所は，定員35名のうち，身体障がい者が20名，知的障がい者15名が利用している。男女構成は，男性が約6割，女性が約4割と男性の割合が多く，平均年齢は33歳である。

　主に知的障がいのある利用者が活動しているフロアでは，3つのグループに分かれ，午前中は畑作業や紙すき作業，大学校庭の花壇管理を行う。利用者5,6名，職員3名からなる小グループで活動に取り組む。

　知的障がい者が自分の思いや考えをどのように人に伝えているのか，筆者がボランティアとして参与観察した結果，①ことばを使って人に思いを伝える，②スキンシップを図り気持ちを伝える，③作品作りを通して自分の思いを伝える場面がみられた。A生活介護事業所には，ことばを使って会話をすることができる知的障がい者は少ないが，利用者のAさんは，ことばを使って自分の思いを伝えようとする。Aさん（男性）は，施設に到着して朝の会が始まるまでに，フロアにいる職員ひとりひとりに話しかけている。手には鞄とAさんが好きな漫画やパンフレットを持ち，アニメのキャラクターやゲーム等のことを話題にして，「このキャラクター知ってる」「この星人は強いの」と次々に質問をしている。Aさんは質問した答えが返ってくると安心して，フロアにいる別の職員に他の質問をしている。Aさんは，職員とことばのキャッチボールをしながら，自分のことを職員が見てくれている，受けとめてくれたと感じ取り，安心感を得ている。Aさんが話すことばの奥には「今日は気分がいいです。皆

と仲良く楽しく過ごしたい」という気持ちがあると思われるが，Ａさんはその気持ちをことばで表現することが苦手であり，アニメのキャラクターのことを質問しながら気持ちを表現する。

　Ａさんのようにことばを使って会話をすることが難しい場合は，身振りや手の動き，表情で自分の気持ちを表現し，また，スキンシップを図りながら人とコミュニケーションを図っている場面がみられる。利用者は朝施設に到着すると，職員や他の利用者と握手をして挨拶を交わす。相手の手に触れることにより，利用者同士の緊張や不安な気持ちも和らぎ，利用者の顔は笑顔になる。握手を交わす中で相手の体調を気遣い，優しさや思いやりの気持ちを伝えるのである。スキンシップを図ることは，障がいの重い人にとっては大切なコミュニケーションの一つである。利用者のＢさん（男性）は，ことばを話すことはできないが，全身を使って思いを伝える。あいさつをするときは，必ず相手の手や腕，肩に触れ，手を大きく動かし喜びを伝える。嬉しいときには，「あー」という声と一緒に手を大きく広げてスキンシップを図る一方，悲しいときには表情が硬くなり，手足を動かすこともせず，その場を動こうとしない。

　知的障がいや自閉症の障がいがあり，ことばを使って会話をすることが難しい場合であっても，障がいのある人が作った作品を見ていると，その人の気持ちを理解することができる。紙すき作業などの創作活動を行っているグループは，利用者５名のうち３名は自閉症の障がいがある。自閉症の障がいがあるＣさん（女性）は，周囲の人とコミュニケーションをとり，対人関係を築くことが困難である。また，生活のスケジュールや作業の手順が変化することに対して強い不安を示すことがあり，グループの活動に参加することは難しい。そのため，Ｃさんには個別のプログラムを準備している。１日の活動の流れを机に貼り，また，作業するスペースを仕切り，静かに落ち着いて日中の活動ができるよう環境の工夫が行われている。Ｃさんは手先が大変器用であり，塗り絵やちぎり絵の作品を作っている。周囲の人とことばを交わし，自分の気持ちを伝えることは難しいＣさんだが，Ｃさんはものを作る過程の中で自分の気持ちを表現し，作品にはＣさんの気持ちが詰まっている。四季折々の植物や動物を想像しながらちぎり絵の絵葉書を作っているときのＣさんの表情は穏やかであり，生き物や周囲の人を大切に思うＣさんの気持ちが伝わる。作品を作る過程

でその人の感性が磨かれ，その人らしさ・個性が引き出されるのだといえる。

　デイサービスセンターで日中を過ごす知的障がい者の多くは，ことばで自分の素直な気持ちを表現することが苦手であり，言いたいことが人に伝わらずに困惑し，また，言いたいことを言えずに我慢を続けストレスを溜めてしまう場合がある。そして，創作活動に集中できずに仲間を叩いたり，物を投げたりといった行動をしてしまうこともある。それらの行動の背景には，自分の思いをどのように表現してよいかわからず困惑している知的障がい者の心の葛藤がある。デイサービスセンターでは，知的障がい者の心の内をよく理解し，心の葛藤を和らげていく支援が必要とされている。

4. 知的障がい者の余暇活動

4-1. 余暇の過ごし方

　ノーマライゼーションの8つの原理を提唱したベンクト・ニィリエは，人生に意味を与えるためにも余暇は非常に重要であると考えている（ニィリエ，1998）。自分一人でリラックスして過ごしたり，スポーツや勉強や旅行をしたり，映画を見て過ごす人もいるであろう。余暇は自分が望むように過ごすこと，そして自立して生活することを学ぶことが必要となる。知的障がい者はどのように余暇を過ごしているのであろうか。

　成人期の知的障がい者の外出状況は，一人で外出する人は全体の約4割程度であった（厚生労働省，2005）。

　また，休日の過ごし方は居住場所でテレビや音楽を鑑賞する人の割合が最も多く（68％），続いて買物（49.3％），家事（33.8％）の順になっていた（複数回答：回答者272人）。娯楽施設や外食をする人は全体の3割近くを占めているが，仲間との活動や映画・コンサート・芝居を鑑賞する人の割合は2割を下回っていた。休日に一緒に過ごす人の割合は，親が最も多く（46.3％），続いて友人（20.8％），支援者（13.8％）の順になっている（全日本手をつなぐ育成会，2009）。

　知的障がい者本人が余暇で大切にしていることは，楽しめること（57.0％）やストレス解消（22.1％）である。さらに，余暇を誰と過ごしていきたいかに

ついては，家族（30.1％），友人（24.3％），自分一人（19.5％）の順になっており，家族や友人と過ごすことを希望している人が全体の5割を占めている（全日本手をつなぐ育成会，2009）。

　知的障がい者本人の要望には「家族以外の人とも過ごしたい，同世代の仲間と楽しみを共有したい。買物に行きたいが，店が家から遠く車がないと行けない。電車に乗って自由にどこでも行きたい。切符が買えないから電車に乗れない」（全日本手をつなぐ育成会，2009）があり，一緒に出掛けてくれる仲間が欲しいといった声や移動手段がないために外出することを諦めている人もいる。以上の調査結果から知的障がい者は余暇の経験が少ない傾向にあるといえる。

4-2. 外出による社会経験の広がり

　障がい者の余暇を支援するサービスの一つにガイドヘルプサービスがある。障がい者に対するガイドヘルプサービスは，1974年「盲人ガイドヘルパー派遣事業」として始まり，障害者自立支援法では国が個別に支給する「行動援護」と市町村の創意工夫で実施される「移動支援事業」という枠組みで取り組まれている。

　次に筆者がガイドヘルパーとして関わったグループ支援の事例を紹介し，外出することの意義についてとりあげる。

1）グループ支援の事例

　筆者がガイドヘルパーをしている移動支援事業所では，毎月日曜日にはグループ支援として，利用者が20名程参加し余暇活動を行っている。毎月の活動内容は事業所が計画を立て，映画鑑賞やカラオケ大会，ゲーム大会やボーリング，夏祭りやクリスマス会等を企画している。

　筆者が2011年5月に参加した余暇活動では，利用者25名が4グループに分かれ，それぞれのグループにヘルパー4名が入った。午前中は市内の観光名所であるお寺や神社まで出掛け，お菓子とお土産を買って帰り，午後は散策の感想を発表してお菓子を試食するというウォークラリーの活動内容であった。ヘルパーを含め10名程のグループで公共交通機関を利用して目的地まで出掛けるときは，歩くスピードの遅い利用者のペースに合わせ，利用者は他の利用者

に気づかいをみせていた。駅の階段を上るときは,「ゆっくりでいいよ」と利用者同士で声を掛け合っていた。お菓子屋に着くとショーケースを皆で眺め,お菓子の話題で話が弾み,グループの雰囲気も和らぎ笑顔が見られた。散策が終わった後はお菓子を分け合い,観光名所を見た感想を話し合った。グループごとの発表のときは,積極的に利用者が発表し,全員で楽しみや喜びを共有することができた。

2) 外出することの意義

　グループ支援は,利用者が社会経験を積み重ね,社会で生きていく力を得ることを目指している。グループ支援の特徴は,利用者が仲間やヘルパー,市民の人との交わりの中で協調性や社会性を育むことができる点にある。自分の気持ちを表現して人に伝えると同時に仲間の気持ちも汲み取り行動に移していくことを経験し,社会の中で協調して人間関係を築くことができる。

　社会性については,①目的地までの交通手段を考え,公共交通機関を利用することにより,計画的に物事を考える力がつくこと。②食事の注文や買物の支払いを経験して人に自分の意思を伝え,お金を管理する力がつくといえる。

　さらに,仲間と外に出掛けて映画やカラオケ,買物等を楽しむことによりひとりひとりの心に余裕が生まれ,日々の生活は生き生きとしたものになる。

　つまり,社会経験を積む余暇活動により自信がつき,利用者の日々の暮らしは主体的で活気に満ちたものになるのである。余暇を仲間と過ごすことにより楽しみや喜びが倍増すると同時に協調性や社会性を身につけることができるのである。

5. 自立生活をめざして

　知的障害のある人が暮らしの場,日中活動の場,余暇活動の場においてその人らしい自立した暮らしを送るためには,①安心を感じること,②役割をもち,意欲を高めること,③仲間と支え合うこと,④社会とつながることという4点が必要となる。

　1点目の安心とは,住居や日中活動の場,余暇を過ごす場が居心地良く感じ

られることを意味する。そして安心には本人の障がい特性や性格のことを理解して意思を汲み取る信頼できる人の存在が欠かせない。2節でとりあげた3つの事例では，ホームヘルパーや施設職員といった家族以外の信頼できる人の見守りによって，本人のペースで生活を作り上げている。地域の中で障がい者本人の意思を汲み取り良き理解者である人が増えていくことが期待される。

2点目の役割をもつことは，自立した暮らしには欠かすことができないものである。2節でとりあげた施設で暮らすCさんは，毎日の手伝いに積極的に取り組み，集団生活の中で役割をもつことが生きる喜びにつながっていることがわかる。また，3節でとりあげたデイサービスの事例においてもひとりひとりが役割をもつことを重視している。昼食の準備では利用者が協力してお茶を注ぎ，机を拭くという役割を担い，集団の中で貢献する機会を設けている。周囲の人から「ありがとう」と声を掛けられ，役割が達成できた喜びを感じることができる。人から認められ評価されたときに喜びや充実感を感じ，それが生きる意欲につながっているといえる。

3点目の仲間の支えは，安心して自分らしい暮らしを作り上げるためには欠かせない。それぞれの暮らしの場において心を開いて喜びや楽しみ，悩みを語り合える仲間がいることは心の支えになり，生きる意欲を高める。4節でとりあげたグループ支援の事例では，仲間と楽しい余暇の時間を共有することにより楽しみや喜びが倍増していくことがわかる。仲間と日中活動や余暇活動に参加することにより，仲間を思いやる気持ちが深くなり，協調性が高まるといえる。

4点目の社会とつながることは，知的障がい者の暮らしの場が広がり，障がいのない人と対等の人間関係を築き，常に社会と関わり成長していくことである。デンマークでノーマライゼーションの理念を提唱したバンクミケルセンは「知的障がい者の生活をできるかぎり通常の生活状態に近づけることが重要である」（バンクミケルセン，1998）と述べている。通常の生活状態とは，常に社会とのつながりがある生活だといえる。住居，食事，金銭管理，余暇，学習の機会，就労や日中活動等の様々な場において，知的障がい者が暮らしに必要なモノや情報，サービスを自ら選び生活に取り入れ，地域住民とのつながりの中で暮らしていくことが必要となる。

4節でとりあげたガイドヘルパーは，社会との橋渡しとなることが期待される。知的障がい者がガイドヘルパーとともに娯楽施設や公共交通機関，レストランなどを利用することにより市民と出会い交わる機会が得られる。交流の中でこそお互いの理解が深まり，知的障がい者の暮らしを支援する輪が広がるのではないだろうか。

6. おわりに

2006年の国連総会において障害者権利条約が採択され，日本は2007年に署名し，批准する意思を国内外に明らかにした。

障がいがあっても，あたりまえに地域で社会生活を送る権利があり，人権の確立のために私たちひとりひとりが環境を整え，行動に移していかなければならない。障害者権利条約の第19条は「自立した生活及び地域社会へのインクルージョン」を規定している。住む場所や誰と一緒に住むかは自由に選択することができ，在宅サービスなどを使えるようにしなければならない。

さらに障害者権利条約の第30条は「文化的な生活，レクリエーション，余暇及びスポーツへの参加」を規定している。障がいのあるなしにかかわらず，すべての人が文化的な生活に参加する権利があり，レクリエーションや余暇およびスポーツ活動に参加することが可能とならなければならない。

権利条約の規定を今後どのように実現していくか，国民ひとりひとりの障がい者福祉の取り組みが期待される。

引用・参考文献

赤松英知　2010　重度知的障害のある人の労働と暮らしをめぐる現状と課題　障害者問題研究，**38**（2），82-89.

バンクミケルセン, N. E.　花村春樹（訳）　1998　福祉Books ⑪　ノーマリゼーションの父　ミネルヴァ書房　pp.156-157.

中央法規出版編集部　2008　四訂　社会福祉用語辞典　中央法規　p.282.

林　守男　2008　地域生活を支えるネットワークについて考える　きょうされん重度重複障害部会（編）　ひかり輝くなかまたち—障害の重い人を支える実践記録　萌文社

p.108.
厚生省児童家庭局　1990　平成 2 年　精神薄弱児（者）福祉対策基礎調査
　　<http://www.nivr.jeed.or.jp/download/shiryou/shiryou14_08.pdf#search='精神薄弱（者）福祉対策基礎調査結果の概要'>
厚生省児童家庭局　1995　平成 7 年　精神薄弱児（者）福祉対策基礎調査
　　<http://www.nivr.jeed.or.jp/download/shiryou/shiryou14_08.pdf#search='精神薄弱（者）福祉対策基礎調査結果の概要'>
厚生労働省　2000　平成 12 年度　知的障害児（者）基礎調査
　　<http://www.mhlw.go.jp/houdou/0109/h0919-3.html>
厚生労働省　2005　平成 17 年度　知的障害児（者）基礎調査
　　<http://www.mhlw.go.jp/toukei/saikin/hw/titeki/index.html>
厚生労働省　2009　平成 21 年　社会福祉施設等調査
　　<http://www.mhlw.go.jp/toukei/saikin/hw/fukushi/09/index.html>
きょうされん　2010　こんなくらしをしています　月刊きょうされん　TOMO, **367**, 6-10.
内閣府　2011　平成 23 年版　障害者白書　pp.12-33.
日本障害フォーラム（編）　2008　みんなちがってみんな一緒　障害者権利条約　日本障害フォーラム　pp.30-39.
ニィリエ, ベンクト　河東田博ほか（訳）　1998　ノーマライゼーションの原理　現代書館　p.59.
西尾　実・岩淵悦太郎ほか（編）　2009　岩波国語辞典　第 7 版　岩波書店　p.726.
奥野英子ほか（編）　2006　自立を支援する社会生活力プログラム・マニュアル　中央法規　pp.16-25.
田中智子　2010　成人期の知的障害者における暮らしと家計構造　障害者問題研究, **38**(2), 98-107.
上原千寿子・松田　泰　2009　新・事例で学ぶ　知的障害者ガイドヘルパー入門　中央法規　pp.154-172.
山懸文治・福田公教・石田慎二　2011　ワイド版　社会福祉小六法　ミネルヴァ書房　pp.844-859.
全日本手をつなぐ育成会　2009　気兼ねなく過ごせる相手も必要　余暇について本人へのアンケートから　手をつなぐ, **641**, 10-11.
全日本手をつなぐ育成会　2010　DVD　あい＋らいぶ　ビデオスケッチ

第 4 部
伝統の中に見出す規範性の再構築

　第4部では，伝統的な生活のあり方や生活規範を再評価し，伝統を継承することと今日的な視点でその伝統を捉えなおし，人が生活していくうえでの規範性を再構築していくことの意味を明らかにすることを試みる。
　第13章では，平安ファッションの色彩に着目している。まず，「晴」の場での男性装束と女性装束における色彩の意味合いの差異を明らかにする。具体的には，装束の色目というものについて，男性にとっての意味と女性にとっての意味の違いに注目している。さらに，通過儀礼における「白」と「黒」の意味について考察することを試みている。そのうえで，平安時代と今日とでそれぞれの色に込められた意味は継承されているもの，そうでないもの様々であるが，ファッションにおいて，色というもののメッセージ性はどのように継承されているのかを明らかにしている。
　第14章では，伝統食をとりあげている。伝統食がいかに継承されてきたか，食をめぐる状況が変化してきている中，伝統食はどのような意味をもつものとなっているのかというテーマで論考を進めている。そして，伝統食と現在の食料自給率の関係を分析し，伝統食を食卓に取り入れた場合に食料自給率はどうなるのかをみることとしている。すなわち，伝統食は，これまでの日本の食を文化として継承していくという役割を担っているだけなのだろうかという問いから出発しているのである。伝統食が日本の健全な食の未来を築くためにどのような役割を担っていけるのかということを明らかにしている。
　第15章では，家族に焦点を当てている。今日，家族が危機的な状況にあるといわれているが，家族とは何かという概念自体が非常に揺れ動いているといってもいいだろう。しかし，家族の危機が叫ばれる際に，必ずといっていいほど語られる理想型としての伝統的家族は，古来から不変な固定的なものであったのだろうか。このことから，家族というものの歴史的な変遷を明らかにしたうえで，今後の家族の向かう方向を示そうとしている。

（山本智也）

第13章
平安朝ファッションの規範における現代的意味

鳥居本幸代

1. はじめに

　平安朝ファッションをとりまく様々な因子の中で、最も重要と考えられるものに「晴（非日常）」と「褻(け)（日常）」の区別がある。
　特に、男性貴族の装いにおいて顕著で、公事など「晴」の場に着用される束帯(そくたい)をはじめとする晴装束(はれしょうぞく)は、儀式の軽重によって厳格な規定があった。
　また、文官（政務官と事務官）と武官（禁裏の内外を守護し軍務に携わる）は、服具の形状、形態に差異があり、職種の違いを明らかにしていた。
　さらに、平安初期に生まれた昇殿制[1]にともなう公卿[2]や殿上人[3]と、昇殿を許されない6位以下の地下(じげ)を最上衣の服色によって位階を明示することも行われていた。
　一方、日常に着される直衣(のうし)・狩衣(かりぎぬ)などの褻装束(けのしょうぞく)は、色目も自由で、個性的なファッション・センスを発揮できるものであった。
　本章は、平安朝ファッションにおける色彩の中で、「白」と「黒」に着目し、通過儀礼を通してその特異性を考察するものである。

2. 平安貴族の色彩感覚

　ファッションにおいて色彩の表現がみられるようになったのは、「冠位十二階の制」からで、『日本書紀』推古天皇11年（603）12月5日の条に、

　　十二月戊申朔壬申、初行冠位。大徳・小徳・大仁・小仁・大禮・小禮・大

信・小信・大義・小義・大智・小智，并十二階。並以當色絁縫之[4]

と，徳・仁・禮・信・義・智を大小にわけた 12 の位階が示されている。それぞれの位階に対応する色名は明記されていないが，一般に冠の縁（へり）の色で位階を明らかにしていたといわれ，その色は「陰陽五行説」により紫・青・赤・黄・白・黒（紫以外の 5 色を「五正色（ごせいしょく）」という）の 6 色であるとされている。

その後，大宝元年（701）に唐の永徽律令（651 年制定）に倣って制定された「大宝律令」の中で，三公服を定めた「衣服令」に，

白（おうに），黄丹，紫（すおう），蘇芳，緋（あけ），紅，黄橡（きつるばみ），纁（そび），蒲萄（えびぞめ），緑，紺，縹（はなだ），桑（くわぞめ），黄（きぞめ），秦（はりぞめ），柴（しばぞめ），橡（つるばみ），墨（すみぞめ）

とあって，18 の服色によって天皇以下奴婢にいたるまでの尊卑を表していた。
さて，延長 5 年（927）に藤原忠平らによって撰上された「延喜式」[5]には，

黄櫨（きはだ），黄丹，深紫（こき），深滅紫（こきけし），中滅紫（なかのけし），浅滅紫（うすきけし），深緋，浅緋，深蘇芳，蘇芳，浅蘇芳，葡萄（えび），韓紅花（からくれない），退紅（あらぞめ），深支子（こきくちなし），黄支子，浅支子，赤白橡（あかしらつるばみ），青白橡，深緑，中緑，浅緑，青緑，深縹，中縹，次縹，浅縹，深藍色，中藍色，浅藍色，白藍色，深黄，浅黄

と 33 色が服色として記述され，「深（こい）」，「浅（うすい）」を冠した中間色が登場し，特に紫については 4 段階にも分けて濃淡を示している。

紫という色は，冠位十二階の制でも五正色より一段，高い位の色とされたが，青色の間色（かんしょく）[6]で『論語』に「紫の朱を奪うを悪（にく）む」と嘆かれるほど，紀元前 8 世紀から 5 世紀頃にかけて大流行した色であった。日本においても例外ではなく，紫草の根っこである紫根を用いて染められ，濃い紫色ほど好まれた。

その後も服色は増加し続け，平安中期にいたって，まさに「色彩の黄金時代」を迎えることになったのである。それらの色名は，文学・日記など当時の文献から表 1 のとおりであるが，いわゆる中間色の台頭であるといえる。

2. 平安貴族の色彩感覚

表1 平安朝ファッションにみる色名 (「延喜式」以降にあらわれた色名)

系統	色名
赤紫系統	今様色・紅梅・薄紅梅・桜・躑躅・撫子色
赤系統	赤・赤色・赤朽葉・茜・黄丹・落栗・唐紅・紅・朱・緋・檜皮
黄赤系統	赤白橡・柿・萱草・柑子・朽葉・胡桃色・香・香染・黄櫨染・丁子
黄系統	黄・山吹・梔子・白橡・黄朽葉・青朽葉・黄橡・女郎花・櫨色
黄緑系統	青丹・麹塵・松葉・柳
緑系統	青色・浅緑・薄青・夏虫色・緑
青緑系統	青磁
青系統	藍色・青褐・浅黄・青鈍・移色・紺青・紺瑠璃・花色・花染・縹・水色・秘色・浅葱
青紫系統	褐・紺・二藍・藤
紫系統	棟・薄色・薄紫・葡萄染・杜若・黒紫・濃色・蘇芳・薄蘇芳・紫苑色・花葡萄染・紫・桔梗
無彩色	赤橡・薄墨・薄鈍・黒・黒橡・深鈍色・白・墨染・橡・鈍色・練色

例えば，紫系統の色名に注目してみると，赤みのあるものは「杜若」，青みがかったものは「桔梗」，少し青味がかった薄い紫色ならば「紫苑色」と草花の色になぞらえて命名されている．さらに，これらの色に染織された装束は着装する時期も，その花の開花時期とすることと定めていたため，杜若は夏の色目として旧暦5月，桔梗や紫苑色は秋冬の色目であるが，前者は旧暦の8月中，後者は9月9日以降月中とされていた．

色目と着装時期について，紫式部『源氏物語』竹河の巻に

　　姫君は，……桜の細長，山吹などの，折にあひたる色あひの，なつかしき
　　程に重なりたる裾まで，愛敬のこぼれ落ちたるやうに見ゆる[7]

と，細長の桜色，袿の山吹色は春の季節にぴったり一致している（折にあひたる）と記し，季節に合致したファッションは好印象をもって語られている．さらに，この場面は『源氏物語絵巻』にも描かれ，坪庭に植えられた桜の花吹雪

の中で，女房たちは本文そのままの色目の装束を纏っている。

しかし，色目と着装時期を無視した場合，清少納言は『枕草子』「すさまじきもの」の段に「昼ほゆる犬。春の網代。三，四月の紅梅の衣」[8]と，初夏に近い旧暦3・4月に紅梅の衣（大体11月から2月頃までの色目）を着用するのは不快な感情を抱かせると酷評している。

このように，王朝人は草花の色になぞらえることによって，微妙な色合いを端的に表現することに成功していたのであった。まさに，生活の知恵ともいうべき発想からの命名であるが，実はきわめて合理的で，草花とその色を知ってさえいれば，だれでも着用時期がわかったのである。

3. 平安ファッションにおける色彩の意味

男性晴装束の第一である束帯の最上衣である袍は位袍（いほう）と呼ばれ，「位色の制」（いしょく）により位階に従って色が定められていた。

位色のはじめは大宝律令の衣服令で，

　　一位深紫，二位・三位浅紫，四位深緋，五位浅緋，六位深緑，
　　七位浅緑，八位深縹，初位浅縹

と規定されていた。「延喜式」においても

　　一位深紫，二位・三位中紫（大臣は深紫），四位深緋，五位浅緋，
　　六位深緑，七位浅緑，八位深縹，初位浅縹

とされ，二位・三位が浅紫から中紫に変更されただけであった。

『源氏物語』から位袍の色目についてみてみると，光源氏が貴族のあいだで流行していた住吉詣[9]をした際の様子を記した澪標の巻に，

　　松原の深緑なるに，花・紅葉をこき散らしたるとみゆるうへのきぬの，濃
　　き薄き，かず知らず。六位の中にも，蔵人は，青色しるく見えて[10]

と，四位・五位の位袍（深緋と浅緋を「紅葉をこき散らし」と表現）が松の緑に映えて美しく浮び上がり，六位の中でも蔵人の青色（天皇が日常着用した袍の色で，黄色がかった萌黄色。六位蔵人は下賜されて着用が認められた）の袍は際立って見えていると記している。『源氏物語』の成立は一条天皇（980〜1011年，在位986〜1011年）の時代であるが，澪標の巻を醍醐・村上天皇（885〜967年）の頃と設定されているので，この巻では「延喜式」の規定に則った位色となっているのである。

しかし，正暦年間（990〜995年）にはこの制度が混乱を極めたため，一条天皇の頃からは一位から四位までは黒一色となり，五位緋色（茜で染めた朱赤色），六位・七位深緑，八位・初位は深縹（藍で染めたコバルト・ブルーに近い色）に固定された。

若菜・下の巻に光源氏と紫の上が住吉詣をした際，神前で奉納された「東遊」[11)]の舞人の姿の描写がある。

> 求子果つる末に，若やかなる上達部は，肩ぬぎておりたまふ。にほひもなく黒きうへのきぬに，蘇芳襲，葡萄染の袖を，にはかに引きほころばしたるに[12)]

と，求子舞を舞った若い上達部たちが黒袍の片袖を袒ぐと，蘇芳襲（黒みを帯びた紅色），葡萄染（赤紫色）の下襲（束帯の時，半臂の下に着る裾の長い服具）があらわれ，にわかに華やかになったと記されている。三位以上の上達部たちが黒袍を着ているところから，一条天皇の頃を想定して描かれた巻であると推定される。

さて，位階が服色で明示されることから，『源氏物語』の中に身分の低さを恥じて位袍をつけることを好まない公達が登場する。

名門貴族の子息は元服と同時に従四位下に補任される慣例があるが，光源氏の子息・夕霧は天皇の孫でありながら，官位は地下の六位であった。それは，夕霧が父の教育方針から大学寮[13)]に入学させられたためで，官位も正規の六位にとどめられたのであった。五位以上の出自の者は無条件に官吏となれるが，地下からは大学寮に入り，修学に励まなければその道は開かれないのであ

った。大学寮に入った夕霧は身分の低さから「晴」の場において束帯を着ることを好まず，乙女の巻には五節の舞（毎年，11月中の丑・寅・卯・辰の4日間行われる朝廷行事において，女性によって舞われる）見物にかこつけて，

> 浅葱の，心やましければ，内裏へまゐる事もせず，もの憂がり給ふを，五節にことつけて，直衣など，さまかはれる色許されて，参り給ふ。[14]

と，浅葱の位袍をやめて特例の直衣で参内したと記されている。

このように袍の色によって位階が一目瞭然であるため，文学作品の中では地下の者を単に「緑」や「縹」と記されることが多い。

男性装束における「位色の制」は晴の場では個人の好みはまったく無視され，自由な色目を着用することは不可能であった。しかし，栄達を熱望する王朝の男性にとって，官位昇進とともにステイタス・シンボルとされた位色も着することができ，地位も手に入れ，一挙に不満は解消される。彼らにとって日常に着する直衣などの色目よりも，むしろ束帯の位袍の色目のほうが，はるかに価値あるものと認識されていたのではないだろうか。

一方，比較的，位階にとらわれない女性たちは，儀式など様々な場面において，重色目で整えた装束を「打出」とよばれる趣向で妍を競い合った。

打出は「押出」とも称し，大饗・臨時客・五節・四方拝・任官などの晴の儀式には，寝殿の南面，東の対の廂の間などの御簾の下から女房装束の袖口や裾を出すことである。「打出」を行うとき，季節に合致した色目で整えることに細心の注意が払われた。例えば，万寿元年（1024）に藤原頼通（藤原道長の長子，992～1074年）邸で行われた駒競べ（2頭の馬を走らせ勝負を争う競技）を描いた『駒競行幸絵巻』をみてみると，御簾の下からみえる女房装束の袖口や裾の配色は紅葉襲などで，殿上人も黒袍に菊や紅葉を染め付けた下襲の裾を高欄にかけて前庭を見やっている。庭の池には雅楽を奏でる龍頭鷁首の船が浮かび，色づいたもみじ葉が漂っている。季節はいうまでもなく秋で，御簾の中に居並ぶ女性たちは，装束の配色で秋の風情を表現しているのである。

さて，文献にあらわれた打出の代表例は，治安2年（1022）7月14日に行われた法成寺金堂供養会前日のことである。『栄花物語』おむがくの巻によると，

藤原道長の妻・倫子をはじめ，大宮彰子（道長の長女），皇太后妍子（道長の次女），中宮威子（道長の三女），尚侍嬉子（道長の六女），など藤原氏の女性たちが一堂に会した。彼女たちに付き従う女房たちの装いをみてみると，

　　御方々の女房達の御簾際ども見渡せば，御簾の有様よりはじめ，廻まで世の常ならず珍かなるまで見ゆるに，朽葉・女郎花・きゝやう・萩などの織物，いとゆふなどの末濃の御き丁，村濃の紐どもして，さまざま心ばへある繪を泥してかゝせ給へり。えもいはずめでたき袖口ども，衣の褄などのうち出し渡したる見るに，目輝きて何とも見別れ難く，そが中にも，紅・撫子などの引倍木どもの輝き渡れるに，桔梗・女郎花・萩・朽葉・草の香などの織物・薄物に，あるはいとゆふ結び，唐衣・裳などの言ひ尽すべくもあらぬに，紅の三重の袿ども皆綾なり。[15]

と，朽葉や女郎花，桔梗，萩などの秋の色目に整えられた装束には絲遊（紐を花形に結ぶこと）などの装飾も施され，豪華絢爛なものであった。

　古代，法会は晴れやかな儀式の場であり，随喜を許された人々にとっては晴れがましい場でもあったため，当然，装束は華々しく飾り立てられた。中宮や皇太后をはじめとする女主人にとっては自身が着飾ることよりも，むしろ側近の女房たちを着飾らせる器量が求められたのであった。

　「晴」の場において装束の色目は，男性たちには官位を誇示するものであったが，女性たちは季節の色目にこだわりながらもファッション・センスの良さを表現する機会であったといえる。つまり，男性にとって装束の色目はステイタス・シンボル，女性にとってはカラー・コーディネートの優劣を競う規準であったといえるのではないだろうか。

4．平安朝貴族の通過儀礼

　平安時代の貴族において，誕生から臨終にいたるまでの通過儀礼は次の通りである。

4-1. 誕　　生

皇族は男子出生が歓迎されたが，摂関家など臣下の家々では女子が誕生することを大いに喜んだ。それは，妃となすべく娘を入内させ，幸運にも皇子誕生となれば一門の繁栄をもたらすからである。

1) 出　　産

女性にとって未発達な医療のもとでの出産は，生命を賭した一大事であった。そのため，加持力のある僧侶や陰陽師などを集めて，ありとあらゆる神仏に安産を祈願させた。例えば，『紫式部日記』に記される一条天皇の中宮彰子の敦成親王（のちの後一条天皇）出産[16]に際しても，身体の衰弱から産婦に物の怪が取り憑かないように祈らせたのである。物の怪は『枕草子』に「病は胸。もののけ。あしのけ」[17]と記されるほど，結核や脚気とともに恐れられた病気の一つと考えられていた。

『源氏物語』の葵の巻でも，光源氏の正妻・葵の上が夕霧を出産したのち，物の怪となった六条御息所に取り憑かれて命を落としてしまう悲しい結末が描かれている。

2) 湯殿の儀

産児に湯を浴びさせる儀式で，『紫式部日記』，『源氏物語』若菜・上の巻に詳しく描写されている。「落窪物語絵巻」に，この儀が描かれている。

皇子の場合，1日2回，7日間行われるが，日時，産湯の水として用いる井戸の吉方も陰陽師が占う。湯をかける「御湯殿」と「御迎え湯」の女房が中心となって行い，邪気をはらうために虎の頭と犀角を用い，鳴弦（弓の弦を引き鳴らして妖魔をはらうまじない）や読書始めの儀も並行して行われる。

3) 産養

子どもが生まれてから3，5，7，9日目の夜に催す祝宴のことで，特に7日の夜の主催者は最も格の高い者がなり，皇子・皇女の場合は天皇主催が多い。親族・縁者が食物や調度品，小児の装束などを贈り，成育を祈る祝いでもある。

「紫式部日記絵巻」に描かれた敦成親王五夜の産養の様子をみてみると，画面

中央に台盤（足のついた座卓型の方形の食卓）三脚が据えられ，高坏（1本足の付いた食物を盛るための器）・折敷（周囲に縁をめぐらした食器をのせるための盆）などに盛った御膳が女房たちによって進められている。

4) 五十日の儀

子どもが生まれてから50日目の祝儀。小児に供する食膳は，皿や箸台・飾り物などすべて小さいものが用意される。この行事の中心は，小児の口に餅を含ませることである。薫五十日の祝いの儀が描かれた「源氏物語絵巻」柏木・三の巻には，襁褓に包まれた薫を抱く光源氏の側に，高盛の食べ物を載せた6本の高坏が描かれ，盛大な祝宴であったことがわかる。

4-2. 袴着

幼児が3歳から7歳ころまでに，はじめて袴を着ける儀式。親族の中で尊貴の者が袴の腰の紐を結ぶ役を果たし，装束類や馬が祝いの品として献上される。

4-3. 元服

男子の成人式のことで，「鬟」（両耳のあたりにお下げにした少年の髪型）を解き，結髪して「髻」を結い，はじめて冠を被る儀式を行うことから「初冠」「初元結」ともいう。元服の年齢はだいたい11～20歳頃であるが，天皇・東宮・親王は11～17歳の間に行われた。

光源氏の元服について『源氏物語』桐壷の巻に「この君の御童姿，いと，変へま憂く思せど，十二にて元服したまふ。」[18]とあり，12歳で元服したとある。

4-4. 裳着

女子の成人式で，はじめて裳をつける儀式。12～14歳の頃に行われ，多くは結婚相手が決定したとき，あるいはその見込みがあるときに行われた。『源氏物語』行幸の巻に記された玉鬘の裳着では，

中宮より白き御裳，唐衣，御装束，御髪上げの具など，いと二なくて，例の壺どもに，唐の薫物，心ことに薫り深くて奉りたまへり[19]

とあり，秋好中宮などが競って祝儀の品々を贈った様子が描かれている。

4-5. 結　婚
1) 日取り
　婚儀に適する日，個人の吉凶，方角の吉凶などを勘案して，陰陽師の占いによって決定する。ただし，『江家次第』によると5月と9月は忌月として，婚儀は行われなかった。

2) 婚　儀
　婚儀の当日，男性は妻となる女性に消息（手紙）をし，夜になってから従者を連れて車で女性宅を訪れる。婿となる男性は先払いに案内されて建物の中に入る。その際脱いだ沓（くつ）は，婿の足が我が家に止まり，幸福な結婚となるようにとの願いを込めて，女性の両親がその夜抱いて寝るという。婿が帳の中に入ると，女性の母親が二人に衾（ふすま）（掛け布団）をかける「衾覆（ふすまおおい）」を行う。

3) 後朝（きぬぎぬ）の文
　一夜を過ごした婿は夜が明ける前に女性の家を出て自宅に戻り，女性のもとに「後朝の文」と称する消息を届ける。「後朝」とは本来，男女が共寝した翌朝，おたがいの衣を交換して着用して別れることをいった。

4) 三日夜（みかよ）の儀
　三日目連続で女性の元に通った結婚三日目の夜のことで，この夜には新郎・新婦に祝いの「三日夜の餅」という小さな餅が供され，結婚が正式なものとなる。

5) 露顕（ところあらわし）
　第三夜目には三日までは婿は暗くなってから女性のもとを訪れ，夜も明けやらぬ間に戻ってゆくが，三日がすむと明るくなるまで滞在する。
　「露顕（所顕）」は今日の披露宴に相当し，この宴で婿は妻の家で用意された烏帽子と狩衣を着用して妻の親族と対面し，三日におよんだ婚儀は終了する。

「源氏物語絵巻」宿木・二の巻には，匂宮と六の宮の露顕の翌朝の様子が描かれている。

4-6. 算賀

長寿を祝い，一層の長寿を祈願する賀の祝いで，40歳の四十賀を始まりとし，10年ごとに行う。主催者別に何度か行われ，写経・法会などがあり，算賀に付きものの杖・挿頭花・装束などが用意され，祝宴が開かれる。算賀の年齢に合わせ，例えば四十賀ならば40人の僧侶を選び，40巻を写経し供養することが多い。平安時代には平均寿命が40歳代と考えられているため，特に四十賀は大きな節目として広く盛大に催された。『源氏物語』には藤裏葉，若菜・上の巻に光源氏の四十賀，下の巻に朱雀院の五十賀，乙女の巻に兵部卿宮の五十賀が記されている。

4-7 葬送

死後数日間は，魂殿（霊屋）で遺体を安置した。葬送は夜間，親族・会葬者が墓所まで柩を送り（野辺の送り），茶毘に付したあと，明け方に収骨する。

『源氏物語』夕顔の巻に，

十七日の月さし出でて，河原の程，御さきの火も，ほのかなるに，鳥辺野のかた見やりたる程など，物むつかしきも，なにともおぼえたまはず[20]

とあるように，鳥辺野で行われることが多かった。土葬の場合もみられたが，葬送の日取りは陰陽師に一任され，彼らは誕生から葬送にいたるまで深く関わっていたといえる。

5. 通過儀礼における服色の意味

平安貴族の通過儀礼において，特別な色彩のファッションを着用せねばならない2つの場面があった。

一つは出産から湯殿の儀にいたるもので，『紫式部日記』に詳しく述べられて

いる。出産のために産屋(うぶや)(出産のために建てた家，または部屋)の室内は，「十日の，ほのぼのとするに，御しつらひかわる。白き御帳にうつらせ給ふ。」²¹⁾と記されているように，几帳などの調度品にいたるまで白一色に調えられ，産婦も出産にたずさわる女房たちも白一色の装束を着用した。

さらに，湯殿の儀においても奉仕する下仕たちは，「御湯殿は酉の時とか，火ともして，みどりの衣の上に，白き當色きて御湯まゐる。その桶すゑたる臺など，みな白きおほひしたり」²²⁾とあり，緑の六位の袍の上に白い袍を重ねている。

白という色目は，重色目(かさねのいろめ)の一色として配色されることも多いが，清浄神聖な色として神事や仏事に使用される。出産は不浄とされ，居住空間とは別に産屋を建てるほどであったが，白が用いられたのは生命の誕生を不浄なものから神聖なものに転化する意図ではないだろうか。

一方，人生の終焉となる葬送の儀礼では，誕生に際しての「白」から一変して「黒」となる。

喪服は凶服ともいい，古代には「藤衣　はつるる糸は　わび人の　涙の玉の緒とぞなりける」(壬生忠岑)と詠んだように「藤衣」と称した。藤衣は藤蔓の繊維で製した粗布で，もともとは身分の低い貧しい人々の衣料であったが，平安時代に入って喪服として用いられるようになった。

『源氏物語』賢木の巻に，父帝・桐壺院崩御に際して服喪中の光源氏の姿を「藤の御衣に，やつれ給へるにつけても，限りなく清らに，心苦しげなり」²³⁾と喪服姿も美しく，見るのも痛々しげであると記している。

公式な喪服には天皇が二等親以上の親族のために着用する「錫紵(しゃくじょ)」(浅黒色細布の装束)，天皇の諒闇(りょうあん)(天皇が父母の喪に服する期間のことで，1年間と定められ，臣下も服喪する)のときに着する「諒闇服」がある。天皇は橡色(つるばみ)(クヌギで染めた，一見黒に近い紺黒色)，臣下は鈍色(にびいろ)(薄い黒色)とされた。

さらに，臣下一般に用いられた素服(そふく)と，これにつぐ心喪服(しんそうふく)がある。

素服は，もとは粗悪な白布で製されたが，平安時代には黒平絹の袍と鈍色の袴となった。素服を解除する時は，『左経記』に

及亥四刻有御除服事……属為信相共向河原切棄御素服具等云々²⁴⁾

と，河原に切破って棄てて服喪期間を終了したと記されている。
　心喪服は哀悼の意を表して着用する装束で，寛弘8年（1012）に崩御した一条天皇の服喪期間中の装束について，『小右記』寛弘8年7月17日の条に

　　右大臣顕光，内大臣公季，余，皇太后宮大夫公任，弾正尹時光，右衛門督懐平，左兵衛督實成，不可着鈍色，只可着心喪服朽葉色下襲青鈍色袴云々[25]

と，心喪服として朽葉色（赤みを帯びた黄色）と青鈍色（青味のある鼠色）の服具が用いられている。
　さて，女性の場合は『栄花物語』きるはわびしとなげく女房の巻に，

　　八月つごもり方に渡らせ給。黒き御単がさねに，黒き御小袿奉りて，二所ながらおはします。[26]

と，後一条天皇崩御に際して内親王たちは黒色の装束を纏っている。
　さて，貴族たちの私的な喪服について，『源氏物語』葵の巻に正妻・葵の上を亡くした光源氏が，「にばめる御衣たてまつれるも，夢の心地して」[27]と鈍色の装束を着けているとある。また，葵の上が8月20日に亡くなってから1月あまりたった10月頃の兄・頭中将は，

　　時雨うちして，物あはれなる暮つ方，中将の君，鈍色の直衣・指貫うすらかに衣がへして，いとをゝしくう，あざやかに，心はづかしきさまして，まゐり給へり。[28]

と，更衣して鈍色の冬装束にかえている。しかし，悲しみ深い光源氏は，古制に則り，更衣期を過ぎても夏の装いで通していたのであった。
　鈍色は血縁が深いほど濃く，日を経るにつけて薄鈍色へと移り変わっていくが，一周忌まではこの色の装束が着けられたのであった。平安朝の文学の中では，濃い鈍色から薄鈍色の装束に改まることで，愛する者を亡くした深い悲しみからようやく立ち直り，悲しみが薄らいでゆく心模様が描写されている。

6. おわりに

　今日も「黒」は喪服の色とされているが,「個性を引き出す強い色」「オシャレな色」ともされている。それは，1928年，シャネルが「リトルブラック・ドレス」という黒一色のドレスを発表したことにより，喪服のイメージしかなかった「黒」を最も無難で，最もシックで永遠の流行色に塗り替えたことによるものである。

　しかしながら，平安貴族たちは，移ろう季節の色目にこだわった色鮮やかな装束を装ったが，喪に服するにいたって，すべての色彩を包括するかのような「黒（鈍色）」を着用した。そして，その色は日常に着用することはなかった。服喪中の鈍色は時間を経るにしたがって，あたかも悲しみが薄らぐかのように鈍色も薄くなり，喪が明けることになる。

　まさに，「黒（鈍色）」は平安中期以降，貴族の精神世界を支えた浄土教思想を反映した色彩であり，服色の規範は宗教的意味合いを有していたといえるだろう。

註

1) 清涼殿南廂の殿上の間に伺候することを許される制度
2) 摂政・関白・太政大臣・左右大臣・内大臣・大中納言，参議およびその他三位以上の者の称。上達部ともいう。ただし，参議は四位でもこの中に入る。
3) 五位以上の官人。
4) 坂本太郎ほか（校注）　1982　日本古典文学大系『日本書紀』下　岩波書店　p.181 (5)。
5) 延喜5年 (905) に編纂を開始し，康保4年 (967) より施行。
6) 2つ以上の色の混合によって生ずる色で，聖人君子の用いる色ではないと卑しまれた。
7) 山岸徳平（校注）　1965　日本古典文学大系『源氏物語』4　岩波書店　p.264.
8) 池田亀鑑ほか（校注）　1964　日本古典文学大系『枕草子』　岩波書店　p.64.
9) 平安時代，航海の神である住吉神（大阪市住吉区にある住吉神社の祭神）に参詣することを「住吉詣」と称した。『源氏物語』には6度の用例がみられる。
10) 山岸徳平（校注）　1965　日本古典文学大系『源氏物語』2　岩波書店　p.119.
11) もとは東国地方の民間歌舞であったのが，平安時代に宮廷に採用されて，神社の祭礼に奏された歌舞。
12) 山岸徳平（校注）　1965　日本古典文学大系『源氏物語』3　岩波書店　p.331.

13) 中国で発達した明経（儒教倫理を記した『五経』を修める）・明法（歴史書『三史』を修める）・算道（算術）・音道（漢音）・書道などを修学する高等教育機関。
14) 山岸徳平（校注）　1965　日本古典文学大系『源氏物語』2　岩波書店　p.309.
15) 松村博司・山中　裕（校注）　1975　日本古典文学大系『栄花物語』下　岩波書店　p.64.
16) 池田亀鑑ほか（校注）　1964　日本古典文学大系『紫式部日記』　岩波書店　p.447.
17) 池田亀鑑ほか（校注）　1964　日本古典文学大系『枕草子』　岩波書店　p.237.
18) 山岸徳平（校注）　1965　日本古典文学大系『源氏物語』1　岩波書店　p.47.
19) 山岸徳平（校注）　1965　日本古典文学大系『源氏物語』3　岩波書店　p.86.
20) 山岸徳平（校注）　1965　日本古典文学大系『源氏物語』1　岩波書店　p.159.
21) 池田亀鑑ほか（校注）　1964　日本古典文学大系『紫式部日記』　岩波書店　p.447.
22) 池田亀鑑ほか（校注）　1964　日本古典文学大系『紫式部日記』　岩波書店　p.452.
23) 山岸徳平（校注）　1965　日本古典文学大系『源氏物語』1　岩波書店　p.377.
24) 源　経頼　1993　増補史料大成『左経記』　臨川書店　p.255・上
25) 藤原実資　1965　増補史料大成『小右記』1　臨川書店　p.228・下〜p.229・上
26) 松村博司・山中　裕（校注）　1975　日本古典文学大系『栄花物語』下　岩波書店　p.392.
27) 山岸徳平（校注）　1965　日本古典文学大系『源氏物語』1　岩波書店　p.341.
28) 山岸徳平（校注）　1965　日本古典文学大系『源氏物語』1　岩波書店　p.345.

参考文献

江馬　努　1976　江馬　努著作集7　一生の典礼　中央公論社
伊原　昭　1979　古典文学における色彩　笠間書院
前田千寸　1960　日本色彩文化史　岩波書店
増田美子　2002　日本喪服史　古代編—葬送儀礼と装い—　源流社
長崎盛輝　1996　日本の傳統色—その色名と色調—　京都院
鈴木敬三（編）　1996　有識故実大辞典　吉川弘文館
鳥居本幸代　2003　平安朝のファッション文化　春秋社
吉岡幸雄　2000　日本の色辞典　紫紅社
吉岡幸雄　2002　日本の色を染める　岩波書店

第14章
伝統食の伝承に見る日本食の未来

米田泰子

1. 食生活の変遷の中に伝統食を見る

　現在の食生活の特徴は先進国であれば，どこにいても多くの人たちが好めば同じ食べ物を食することができることにあるのではないだろうか。空路で輸送されてきた食品が次の日に食卓に上がる。たとえ交通，輸送手段が不便な国であっても空路があれば生産国で買ったものが10日程でわが家に運ばれてくる時代である。このことは人間がどこに住んでいてもおいしいと思う食べ物を世界中の多くの食べ物の中から選ぶことができ，おいしいと思わない食べ物は次第にこの世から消えていくことを意味する。

　われわれ人間が最終的においしさを求めるのは次の3方向からであろう。第1に甘味度の低いものより高いもの，次に調理によって旨味を追求した食べ物，最後に人間の体を構成する65％の水分が補給できる飲食物で，これらを満たす一定の飲食物に限定されていくのではないか，つまり地球上の多くの人間が同じ食べ物を求めることになるのではないかと危惧されるのである。

　現在「生物の多様性」が問題視されるように，植物をはじめ多くの生物が品種改良の対象とされ，人間に都合のよい品種に改良され，必要でなくなったものは姿を消していく。このように自然が人間の手によって作りかえられていくことを危ぶむ人は多い。

　同様に人間にとっておいしいと思われる食べ物だけが生産の対象となり，世界中の人たちが同じものを食べるようになるのではないだろうか。パンダが笹を，コアラがユーカリを好むように，そこまではいかなくとも，これら以外のものを欲しがらないという時代が来るのではないだろうか。

ここでわれわれはもう一度食べ物をおいしいと感じる尺度について考え直す必要があるのではないかと思われるのである。食べ物を単に味覚の面からのみで味わうのではなく，体全体で味を感じとることができなければならない。そのためには，それぞれ異なった気候，風土の中で生産された食品を，その土地で考え出された料理法によって作り出された食べ物の中に存在するおいしさを感じる。またそこに育った人たちにとって，それらの食べ物は心身に適合した食べ物といえる。これらを感じる感覚が味覚を判断するうえでどうしても必要となってくる。この感覚を養ってほしいのである。

多くの専門家たちも日本人の現在の食生活をみるとき，伝統食，郷土食の大切さを叫び，これらを伝えていかなければならない必要性を説いている。しかしその範囲は広がりをみせることは少ない。

この章では明治，大正，昭和初期の食生活から現在までの食生活を筆者の経験を中心にまとめることにし，その中に今後も伝えていかなければならない伝統食，郷土食を確立させたい。

伝統食とは，郷土食も含め，広範囲の土地で作られ食されてきた料理を指し，郷土食は伝統食に比べ狭い地域で作られ，食され，その地域の特徴ある食材が使われ伝えられてきたものであると定義付けをしておく。ここでは主に伝統食のことばを用い，その中に郷土食を含めることにした。

1-1. 明治，大正，昭和初期の食生活

明治，大正時代に出版された料理書に関して，醬油の変遷の研究時に調査した結果と，それ以外に明治 27（1894）年生まれの祖母から伝え聞いた多くの事柄をもとに以下にまとめた。

1）京野菜一筒

味噌汁に油揚げを一枚使って叱られたという話を聞いたことがある。大正時代のことである。つまり半分使えばよかったのに贅沢だということであろう。筆者も一食の味噌汁に油揚げを1枚使うことはいまだなかった。つまり油揚げ1枚で2種類の菜が作れるのである。このように日常の料理はどれだけ頭を働かせることができるかで，豊かなものになるのである。

京都の南部では野菜と油揚げを組み合わせた料理が多いが，ここでは京都の筍料理でどうしても伝えたい料理を紹介したい。この辺りの藪は赤土に恵まれ，この藪からは柔らかい，おいしい筍が収穫される。筍は掘り起こされるとその日のうちに茹でるか料理をしなければ乾燥し硬くなってしまう。現在も「朝掘り筍」とのことばがあるほど筍は早朝から掘り起こされ，その日のうちに料亭にまた一般家庭に届けられる。これほど新鮮さが硬さに影響するものは少ない。

筍は約1ヶ月間が収穫期でそれ以外に食卓に上ることはなかったが，現在は瓶詰，缶詰の加工品があり一年中食することができる。しかし筍ごはんだけは加工品の筍を使って作ることはないであろう。またここにとりあげる筍料理は一度茹でると作ることができない料理である。普通，筍は米ぬかを少し入れて茹で，あくを除去してから調理をする。ところが一度加熱するとできない料理で，新鮮な筍をそのまま使う料理がある。おそらく筍を茹でることなく作る料理は他にないであろう。料理名は「筍と昆布の炊いたん」とでもつけることにする。

新鮮な筍と昆布を1時間ほど煮て一晩おき，醤油のみで味をつける。昆布のだしで炊かれた筍のおいしさがわかる人は少ないが，食べ続けるとその味が忘れられない料理である。この料理とご飯があれば筍掘りで力のいる労働に耐えることができたのであろう。今でもその様子が理解できる伝統食である。筍のあくやえぐみ成分に昆布を溶かす働きがあるのであろうが，筆者はこの現象を科学的に解明したいと思いながらできないまま今日に至っている。

2）糧飯―じゃがいも飯

井戸端に干されたいくつもの洗い桶に入れられたじゃがいも澱粉が完全に乾燥するのを待っている風景を今見ることはできない。主食である米を食い延ばすために糧飯とよばれているが，量を増やすために大麦，じゃがいも，その他野菜類が加えられて飯が炊かれていたのである。その中でもじゃがいも飯は春先から芽が出て水分がなくなって食べられなくなる8月頃まで食べられた。じゃがいもはおろし金で千切りのようにおろし，水で洗うとじゃがいも澱粉が洗い落とされ，水の中で沈殿する。上澄み液を捨て，澱粉を乾燥させるとじゃが

いも澱粉が取れる。常備食の片栗粉として保存，利用していた。

　じゃがいもご飯が炊かれたときに出る澱粉が洗い桶の底に数ミリずつ入れられ，天気の良い日に井戸端で何日も太陽に干され，乾燥するのを待つ。さらに米を洗った水，じゃがいもを洗った水はそのまま植物に与えられ，また水路を通って水田の肥料として大切にされてきたが，現在では米を洗った水が河川を汚すと嫌がられている。米を少しでも長く食い延ばすために工夫されていた糧飯は現在「かやくごはん」「豆ごはん」「松茸ごはん」「筍ごはん」などと最高のご馳走となって食べられている。

3) 炊き合わせ—なすとかぼちゃ，こいも（里芋）と大根

　なすとかぼちゃが収穫される夏の間はこの2種の野菜に油揚げを入れ，少量の砂糖と醤油で味をつける。冬季になるとこいもと大根に油揚げを入れて少量の砂糖と醤油で味をつける。これらの炊き合わせは副菜としては申し分のない食べ物である。それぞれの炊き合わせの相性は非常によく，単品で煮るよりも短時間で煮あがるのが不思議な現象である。

4) 米粉菓子—よもぎ団子，かしわ餅，つまき（粽）

　米粉を使った菓子類は行事に合わせて，季節に合わせて作られていた。春の彼岸を迎えるとよもぎが柔らかい新芽を出す。よもぎの香りと色を生かして作られるのが「よもぎ団子」「よもぎ餅」である。また艾（もぐさ）としても古くから利用されている。傷口にも良いと野外でけがをしたときによもぎの汁が使われていた。このよもぎを茹でて，まな板の上でこれ以上細かくすることができないところまで包丁でたたくように切り，団子の中に，餅の中に加える。現在は茹でたよもぎの冷凍保存が可能で一年中食べることができるが，昭和30年以前はよもぎの柔らかい新芽が出た頃にしか食べることができなかったのである。

　かしわ餅は柏の葉で包んだ小豆の餡，味噌の餡を入れた団子を蒸して作る。味噌の餡は何ともいえない風情がある。1月にお茶席に使われる花びら餅のあんも白味噌が使われる。

　つまきは一般的にはちまきと呼ばれているが筆者の地域ではつまきとよんでいたため，ここではこのように表記する。つまきはできるだけ細かくひかれ

た米粉に熱湯をかけて手でよくこねる。うるち米を洗って乾燥させ，粉にするが，製粉機の良否が製品に影響を及ぼすといわれてきた。現在は製粉機が改良されうるち米粉も水で捏ねられるようになっている。一般に家庭で作り伝えられてきたつまきには砂糖を加えず，食べるときに砂糖をつけて食べる。これは保存性を重視した作り方で，蒸した後は竿などに掛けて保存する。硬くなっても再び蒸して食べることができる。現在一般に店頭に並んでいるものは最初から砂糖が加えて作られている。

以上明治，大正，昭和初期の食生活の様子を述べた。これらはどうしても伝統食として伝えていきたい料理の原点と考えている。

1-2. 昭和中期の食生活

敗戦のどん底から20年が経過した昭和40年は筆者の大学生活真只中の頃であった。昭和30年代半ばから家庭に炊飯器，冷蔵庫，洗濯機，自家用車が普及し始めたが，学生のアルバイト先はまったくなかったといってもいい時代であった。

1) カレーライス

昭和30年頃まではじゃがいも，玉ねぎは収穫後芽が出ると次の収穫まで食べることができなかったが，これらを使って油揚げを入れたカレーが一般家庭でも作られるようになった。インド料理のデビューである。今考えてみればこの頃すでに日本風菜食主義のカレーが出回っていたといえる。最近聞いた話であるが，インド人が日本のレトルトカレーを土産に買って帰るそうである。

2) 夏野菜の炒め物

夏野菜にシーチキンを加えて炒め，酢と醤油で味をつける。夏の暑さで食欲のないときに最高の一品であった。この頃になるとシーチキンのオイル漬け缶詰が醤油漬けや水煮缶詰と一緒に出始めた。一年中熱い東南アジアの特徴的な酸味のきいた味付け，またアメリカの家庭料理によく使われていた食材などが日本の一般家庭にも入ってきたといえる。

3) 春祭りと秋祭り

　わが国では古くからどの地域でも秋の豊作を願って春祭りが，また収穫を感謝して秋祭りが行われていた。祭りには地域によって異なるが山車，御輿が担がれる所も多い。山車や御輿がなくとも神社を中心に行事が行われていた。京都の春，秋の祭りには鯖の寿司が欠かせない料理であった。鯖の寿司は3〜4日程度おいしく食べることができる。鯖の寿司は祭り当日のご馳走であるが，祭りの呼び使いの折に手土産としてもっていく所，また当日客に土産として持って帰らせる所と地域によって異なる。当日のごちそうは鯖の寿司に加え，かしわのすき焼きが定番であった。客を迎えるために前日には飼っている鶏を捌きすき焼きの準備が行われた。こうして多くの家庭では親戚の人たちを招き交流を深める機会の一つが祭りであった。

　現在もこの頃になると購入した鯖の寿司が親せきから届けられるが，家庭で作られることは少なくなった。なぜなら鯖の寿司用の鯖が手に入りにくいのが現実だからである。また親戚のつきあい方も変化してきているためでもあろう。地域のつながりが，親戚づきあいが希薄になるにつれ行事と行事にまつわる食事も姿を消していく。それに代わって個人が大切にされる社会，個人を中心にした食事が確立定着していくことになるのだが，どちらにしても家庭の外で作られる料理では，家庭の食生活にメリハリをもたらすものとはなりにくい。

4) 正月料理と雑煮

　12月に入ると正月を越すためにいろいろな冬の野菜，根菜類が筆者の家にも届けられる。送られてきた品々で正月を越す，これが本当の歳暮の意味であったのだろう。一年間お世話になったお礼に贈られる品々は正月を迎えるために必要な食料で，この食料で作られる正月料理は現在のものと比較すると質素なもので，黒豆の甘露煮，ごまめの煎り煮，紅白なます，たたきごぼう，かまぼこ，かずのこ，厚焼き卵程度のものであった。雑煮は頭芋，小芋，大根，人参を大みそかの夜に下炊きをして置き，元日の早朝に味噌で味をつけ，焼いた餅または茹でた餅を入れて神に供え，その後家族がそろって新しい年を迎えるために祝い食するのである。

　現在正月料理は様変わりし，12月に入るとありとあらゆる豪華な食材が重箱

に詰められ，デパートをはじめスーパーに見本が並び，大晦日に家庭に届けられる。このように買って準備をする家庭とまったく正月を特別の日と考えない人たちが多くなっている。

1-3. 昭和後期の食生活

　昭和45年（1970年）大阪Expoは日本の食生活を大きく変化させた。当時企業からExpoのレポートを頼まれたこともあり，何度か会場を訪れたことがあった。Expoとは参加する国の最高レベルの技術や食生活を紹介するもので，参加者や見学者は世界各国の高いレベルの生活スタイルを知ることになる。

　Expoの次の年に筆者はアメリカで過ごす機会を得，一般の家庭生活を経験した。アメリカの食生活が便利で合理的で快適だとどれだけ羨ましく思ったことか。このアメリカで経験した多くのものはその後どんどんと日本に上陸してきた。さらに第二次世界大戦時にアメリカで使われたマイクロウェーブが電子レンジとして利用され，日本の家庭にも調理に変革をもたらすこととなった。

1）ファーストフード

　ファーストフードとしてアメリカから最初に日本にマクドナルド店を持ち込んだのは藤田田氏であった。彼の著書に「日本人すべてにハンバーガーを食べさせる」食生活に革命を起こすのだとのことが書かれていたと思う。こんな思いでアメリカから持ち込まれたハンバーガーは今では日本食になくてはならないものとなった。

　しかしファーストフードによって日本人が失ったものも多い。「歩きながら食べてはいけません。きちんと座って食べなさい。」といったマナーの原点とでもいえるものがファーストフードによって消えようとしているのである。

2）ファミリーレストラン

　ファミリーレストランもアメリカから輸入された食域で，料理はもちろん西洋料理が扱われたが，その後和食，中華と次々と多くの客を集めていった。何かがあればファミリーレストランを利用するということで，ファミリーレストランは家庭内で料理をすることの必要性をなくした一つの要因である。ファー

ストフードと同様にアメリカの食文化が開花した時代であった。時を同じくして個人が大切にされる文化もアメリカからもたらされ，祖先や親せきを中心にした行事から個人を中心とする行事へと移行することになった。親せきを中心にする大人の集まりではなく，家族を中心にする集まりへと変化したのである。

以上昭和後期の食生活をファーストフード，ファミリーレストランで述べたが，家庭外での食事が簡単にできるようになった時代であったといえよう。ここで述べたわが国の食生活の中に伝統食といえるものを見つけることができなかった。つまり日本全国どこにいても同じものが食べられる時代を迎えることになったのである。伝統食といえる料理は明治，大正，昭和前期および中期までに食べられていた料理であるといえる。

1-4. 平成前期の食生活

昭和の後期から日本社会はバブルに有頂天となり，仕事に困る人はほとんどなかった。ところが平成に入り，平成2（1990）年にはバブルがはじけ，それ以後デフレに陥った日本経済は衣食関係に価格破壊をもたらし，価格の安い中国および東南アジアに加工生産を依存することになった。この時代の食生活の特徴を冷凍食品，調理済み食品，コンビニエンスストアでみることにする。

1) 冷凍食品

昭和中期に冷凍技術が進み，一般家庭に冷凍庫が，昭和後期には電子レンジが普及し，この2つの調理器具は冷凍食品を限りなく生み出すことになった。冷凍による食品の保存が可能になるまでは塩蔵や乾燥による加工保存に頼っていたわれわれの食生活は大きく変化した。日々3食の食事の準備に追われることが少なくなり主婦の仕事は軽減され，主に家事を担当していた女性はアルバイトでまた常勤で社会に出ることができるようになった。特に冷凍食品は弁当の中に使いやすいサイズに作られ，安好（1993）の調査によると，弁当のおかずの二分の一を占めていた。

2) 調理済み食品

現在冷凍食品の中にも調理済み食品として分類してもいいものがある。例え

ば冷凍庫から出し弁当に詰めると食べる頃には解凍され丁度食べごろになっているという。それ以外の冷凍食品は半調理済み食品である。ここでいう調理済み食品は今，大小を問わずどのようなスーパーにも，また次に述べるコンビニエンスストアでも販売されている。これらは持ち帰り，食卓に並べるだけ，器に移し替える必要がないように，模様のほどこされたトレイに盛り付けられて販売されている。仕事の帰りに，また一人暮らしの増加している現代社会での利用率は高くなっている。ところがこれらの食べ物を購入して次におこる現象は家庭のごみの量が増加することである。食材を買って自分で調理をする場合はごみになるものが少ない。後に出るごみの量を考えて購入している人は少ないであろう。このような調理済み食品つまり他人の手によって作られた食べ物を食べて満足できるのか，自分の手で安全な食べ物を作る努力をしなければならないのではないか。日本人は働かなくなったと嘆く人は少なくない。すべての人が働かなくなったとはいえないが，働きすぎの人たちと働かない人たちの二極分化は食生活の中にも起こっている現象だといえる。

3）コンビニエンスストア

コンビニに入ると狭い店内に何と多種の商品が並んでいることか。以前はコンビニから出てくる人の白のビニール袋の中にはパンと飲み物，おにぎりと飲み物が入っていたが，現在では多種の弁当やおでんにから揚げなどまでが販売されるようになり，朝食，昼食，夕食に困らないコンビニがあちらこちらに立ち並んでいる。

以上平成初期の20年間の食生活を見たが，家庭が受け持っていた唯一の役割，仕事といえる食生活の部分もさらに外部化された時代であったといえよう。そのことによって女性の労働も賃金化し男女共同参画社会の目標を達成するに至った。夫婦共働きによって豊かになった日本国民の食生活は一年中がハレの食生活となり，以前は行事食として位置づけられていた食べ物が毎日，どこでも購入することができるようになった。その結果メリハリのない，旬を待ちわびることもなく，食べ物から受ける感動も少なく，強いていえば，私たちの食生活は食べ物というより飼料化しつつあるといえるのではなかろうか。いつ，どこででも欲しいものが食べられるのではなく，待ちわびるからこそ感動

があり，満足感があるのであって，そのような食生活を少しでも経験してほしいと思うのである。

以上をまとめ伝統食とは何かを以下に確立させることにする。

一般家庭に冷凍庫や電子レンジの普及が進んでいなかった昭和40年頃まで続けられていた食生活，つまり昭和40年の日本人の供給熱量総合食料自給率は73％で，1日に1人がご飯を平均5杯（飯茶碗）食べていた頃の食生活（農林水産省，2006）の中に伝統食を確立させたい。またその頃の社会情勢としては女子大の卒業生が少しずつ社会に職を求めた時代で，この頃から日本の家族構成などが変化し始めていくことになる。それまでの時代に作られ，食されてきた料理を伝統食，郷土食として位置づけることにした。これらの伝統食が現在もそれぞれの地域で生産される産物で作られていることを確認し，これらの伝統食が実際に食卓に上がるならば，現在40％の食料自給率に悪戦苦闘している日本を少しでも救うことができる。そこで次に伝統食は現在の食料生産物とどれほどリンクしているかを実際に調査した結果からみて，伝統食の伝承が食料自給率の向上につながるかを検討することにした。

2. 伝統食と食料生産の関係

食料の生産は消費者のニーズに合わせてゆっくり変化している。日本の高温多湿地帯で生産されるもの，またこの気候風土に合わせて品種改良がなされ，その中での食料生産物は現在の食生活に合わせた生産がなされているはずである。そこで伝統食に必要な食料がその地域でどれだけ現在も生産されているのか，また現在の食生活に必要な食料がどれだけ生産されているかを平本（2009）が淡路島で調査した結果からみることにした。調査対象に淡路島を選んだのは平本自身の出身地であったこと，さらに「淡路島は御食国と呼ばれ天皇の食事を献上したことでも知られ，食べ物が豊富である。そして周りが海に囲まれ，土地独自の文化が築かれやすい状況にある」と平本が判断したためであると述べている。

2-1. 淡路島の食料生産と伝統食

　淡路島は 3 つの市からなり，神戸に近い淡路市の主な産物は漁業と果物で，食料自給率は平成 19 年度で 67％である。ちなみに兵庫県の食料自給率は 16％（平成 19 年度）である。洲本市の主な産物は肉用牛の飼養で，食料自給率は 63％である。南あわじ市の主な産物は米，玉ねぎ，レタス，白菜，キャベツなどの野菜と乳用牛，豚で，食料自給率は 173％である。

　平本（2009）は淡路島の伝統食として文献資料および高齢者，市の栄養士から聞き取った 76 種類の料理を抽出し，飯物（17），副菜（35），汁物（8），菓子（16）ごとに日常食（58）と行事食（18）に分類した。淡路島の伝統食の特徴としては日常食，行事食にかかわらず魚介類，海藻類の使用が多く，海産物，農産物ともに旬のものが用いられていたとまとめている。

　そこでこの島で生産される食料が伝統食に照らし合わせたときにはどのような自給率となるのか。また現在一般に食べられている家庭料理をみたときには自給率がどのようになるのかを以下にみた。

2-2. 淡路島の伝統食の食料自給率と現在家庭料理の食料自給率

　伝統食の材料と分量から食料自給率を求めた。求め方は各料理の材料に示された分量をすべてグラムに換算し，その総量を 100 として使用されている材料の分量を割合で求めた。その中で，淡路島で生産されている食品の割合の合計平均を自給率として求めることにした。その結果料理に使われている材料中，主な材料はほとんどが地元で生産されていたが，淡路島で生産されていないものを使用量の多いものからあげると，砂糖，サラダ油，小麦粉，こんにゃく，みりん，胡麻，蜂蜜，片栗粉，生姜，干しシイタケ，れんこん，みずあめ，かんぴょうなどであった。

　以上の結果，伝統食のうち日常食の自給率は 88.15％，行事食は 95.74％であった。日常食よりも行事食の方の自給率が高いのは，行事食がその行事の行われる時期に収穫される産物で作られるものであることの裏付けになるといえる。しかし現在の淡路島の食生活はこのような伝統食によっているのではなく，日本人の現在食といわれる食生活と同じである。そこで淡路島の現在の家庭料理に関しての自給率をみることにした。わが国の一般家庭で食されている

と思われる料理を76種類選び同様の方法で自給率を求めた結果71.20％であった。ここで用いた分析法はカロリーベースでの食料自給率とは比較することができないが，現在一般に食されている家庭料理と伝統食の比較では，淡路島の食生活で伝統食は現在の家庭料理よりも食料自給率は高いといえたのである。

生産者側も現在の食生活に即した食料の生産に生産物を移行させているのであろうが，その土地にあった産物を選ぶにはそれ相応の時間がかかり，この結果は生産者側の移行はそんなに簡単に進むものではないことの裏付けになったといえる。

以上現代風の食生活を進めていると日本の食生活は外国の食料生産に頼らざるを得ない状態から抜け出すことはむずかしい。そこで伝統食を食生活の中に復活させることは日本の食料問題解決の一つとして有効であると考える。食料問題は生産，流通，消費の中で考えていかなければならない問題であるが，われわれ消費者にできることは，季節を大切にメリハリのある食生活を心がけるために，伝統食を食卓に取り入れていくことである。

3. 食生活に対する意識

平成17年（2005年）食育基本法が制定され，国民の食育を家庭や学校教育（家庭科）にのみ任せるのではなく，国の多方面にわたる部局からも食育の大切さを訴える必要性があるとの方針が示された。つまり食育基本法は平成に入り国民の食生活を担う台所が家庭から外部に移るにつれ，安全で健康管理のできる食生活を営むための正しい情報，新しい教育の必要性に迫られたことによるのである。

好きな食べ物を好きなだけ，おいしいと思う食べ物を好きなだけ食べることのできる現在，われわれはわれわれ自身の食欲をどのようにコントロールすることができるのか。そのためには正しい知識とそれを正しく実践できる強い意志が必要となる。そこで「食生活に対する意識」について矢野（2009）の調査結果の中から食料自給率に対する意識についてみた部分をとりあげ，日本の食料問題を日本人はどのように意識しているのかを以下にみた。

3-1. 日本人の食料自給率に対する意識

矢野の調査によると調査対象者は10歳代から70歳代で，近畿を中心とした2府5県の210人であった。この中で「食に関する情報に関心がある」人は「生産地を気にする」で「関心のない人」との間に有意差がみられた（$p<.01$）が，その9割は「食品の安全性が気になる」からであって，食料自給率を問題にしている人は少なかった。食料自給率を気にしている人たちは食料を求めるのに食品の専門店を利用する率が高かったが，対象者の9割は総合スーパーや食品スーパーで食料を買っていた。食に関心のある人でも自分と直接関係のあることには関心があるが，こと食料自給率などと国レベルの問題になると，なかなか目を向けることは少ないといえる。9割の人は買い物をするのは総合スーパーや食品スーパーとしていたことから販売者側の意識を高め，販売に当たる必要があると考えられた。よって国民ひとりひとりの意識を高めることも大切であるが，販売者の意識を高めるための啓発を大切にしなければならないとしていた。

3-2. 自給自足により高められる意識

また矢野の調査結果から，自家生産のものを使う人の多い府県では，府県別食料自給率は高いことがわかった。よって家庭菜園，退職後の自家生産に力を入れることは大きな力を生み出すことになると考えられる。たとえ小さな庭であっても土を耕す喜び，ものをつくる喜びは何物にも代えがたい。この自給自足の生活を一般化させることができれば日本人の食料問題に関する意識は高められるに違いないといえる。

4. 日本食の未来

4-1. 生産者の現状

ここで日本の生産者の現状を少し述べておくことにする。京都では京のブランド野菜として，江戸時代から伝わり府内で栽培されている野菜を認定し，京都の料亭やレストランで京野菜を使った料理を提供して京野菜の普及に努め，伝えていく努力がここ20年来行われてきた。こうして生産者の保護策をとっ

ているが、それでも生産者の高齢化で生産者が減少し、京都で生産される京野菜には姿を消すものもある。

　戦後の日本は経済成長とともに農林水産業につく人口が減少し、現在農業従事者は65歳以上が全体の60％を超えている状態である。農業生産に従事する人口を増加させるために多くの施策が実施されているが、この分野も非常に困難な問題である。どんなに仕事がなくとも土を耕して食料を生産しようと考える人は少ない。その理由は簡単である。労働の厳しさにあるといえる。厳しい労働に見合う収入が得られないこと、また流通システムに問題があるのではないかと考える。自分で生産したものを自分で価格の設定ができず、買い付け人によって価格が付けられるところに問題があるのではないだろうか。生産に費やした経費に労働賃金を加えた価格で販売できるシステムを作り上げることができないのだろうか。その一つの試みが地産地消で生産者から消費者に直接生産物が渡る販売方式であり、中間マージンがなくなるために利益のみから考えると生産者にとっては都合のいいものである。しかし消費者のニーズを優先する場合は、品切れ、品足らずが避けられない問題となる。実際地産地消は行われているが、規模が大きい生産者また規模の大きい消費者にとって、このシステムは効率の悪いものであり、なかなか難しい問題である。

4-2. 生産者と消費者の交流実践

　食料の価格は生産者、消費者ともに大切な問題であるがこのシステムを急激に変えることはそんなに簡単なものではない。しかし生産者と消費者が常に互いに意見を交わし合うことは容易にできることである。そこで筆者は現在JAの若者たち（専業農業者）と学生とが交流する機会をもち、情報の交換に努めている。学生たちに農業の大切さ、農業を職業とする楽しみ、喜びをわかってもらう機会としている。また生産者に対する消費者からの課題の提供も、生産者にとって有益な交流となっている。この交流は日本の未来の食生活のためにさらに深め、広めていく予定である。

4-3. 未来の食生活

　以上生産、流通、消費の面から日本食の未来をみたが、われわれ日本人の食

4. 日本食の未来

生活を考えるとき，日本の食生活として今後も伝統食の伝承を推進することは，食料自給率を高め特徴ある日本食を残していくためにも必要なことである。

わが国の気候風土に合った食料の生産，その上に食べ続けられてきた料理を伝承していくことの大切さ，そこにこそ食の安全が保障されるのである。それでは実際にどのように伝承していくのかが課題となろう。伝承のためのキーワードとして行事食，季節と生産物の旬，献立の3項目から未来の食生活をまとめることにする。

1) 行事食

現在の若者が毎年実際に行っている行事といえばクリスマス，正月，バレンタインデイ，それに誕生日程度のもので，日本人が大切にしてきた多くの行事は現在ほとんど伝承されていないのが現状である。

その折々に行事のための準備をし，日常の生活とは異なった一日を過ごすことに価値を見出す。この世界中が忙しい日々であるからこそ，またすべて豊かさや，情緒がお金で買える，そのお金を多くの人が持ち合わせている時代であるからこそ，お金で買えない豊かさを求める暮らしを必要としていきたいのである。もう一度行事と行事にまつわる食べ物，料理を伝承させていきたい。

2) 季節と生産物の旬

現在多くの農林水産物は季節を問わず一年中食卓に出すことは可能となっている。もちろん加工された状態のもの，また外国から輸入してきたもの，冷温，冷凍保存されたものがその多くを占める。とはいっても高級な料亭ではこのような食材は好んで使われるものではない。旬を大切にした食材が使われる。「旬の少し早めに出回るものを使います。あまり早すぎるのはよくないです」とは京都にある瓢亭の主人のことばである。われわれも旬のものを待ちわびて，それが収穫されるまではそれまでに収穫された産物を食べ続ける。毎日朝，昼，夕食と同じものを食卓に出せないなどと，どうしてそのような贅沢な食生活をしなければならないのか理解に苦しむのである。同じ食材をいろいろな調理法で工夫するからこそ「いただきます」「ご馳走さまでした」のあいさつが自ずと交わされるのであろう。

3) 献　　立

　日々の献立を考えるのは誰なのか。平成に入って，冷凍食品，調理済み食品が簡単に買えるようになって，またそれらがさらに安価に買えるようになって，われわれの食卓はひとりひとり別々のものを食べることを可能にさせられたとでもいおうか，実際そのような家庭が存在する。これを個食とよんでいる。

　日本国民のひとりひとりの食生活を規制するつもりはない。しかし朝食はご飯に味噌汁ともう一品何かをつけると決まっていれば家庭での朝食の準備は簡単なものにならないだろうか。

　「お一日には小豆のごはん」「八のつく日にはあらめの炊たん」「月末にはおからの炊たん」などと昭和40年代にも筆者の家では祖母がこの風習（お決まり料理）を守り伝えていた。今後もこのようなお決まりの献立が各家庭で独自に考え守り伝えていくことができれば食生活も格別なものとなるのではないだろうか。そのお決まり料理に伝統食を使ってほしいと提案したいのである。

　以上，未来の食生活における伝統食の伝承の必要性と，それをどのように伝承していくことができるか，さらにそれらを実践するためには食生活に対する高度な意識が必要であることを述べた。このことは地球全体で考えるとき人類の食物連鎖を正常に保つために大きな役割を果たすものと信じる。

引用・参考文献

安好美智　1993　中学生の食生活実態―昼食　ノートルダム女子大学卒業論文
平本千恵　2009　郷土料理が食料自給率に与える影響　京都ノートルダム女子大学卒業論文
農林水産省総合食料局食料企画課　2006　我が国の食料自給率とその向上に向けて―食料自給率レポート―
矢野沙織　2009　食料自給率と消費行動の関係　京都ノートルダム女子大学卒業論文

第15章

家族　その伝統と創造

山本智也

1. 「家族」をめぐる今日的状況

1-1. 『マルモのおきて』と『メジャー』　そこにみられる家族

　2011年4月〜7月，毎週日曜日午後9時から『マルモのおきて』というドラマが放映されていた。これは，文具メーカー勤務の独身30歳代サラリーマンのマモルが主人公となり，無二の親友が他界したことを期に，その親友が男手ひとつで育てていた幼い双子の子どもを引き取り，懸命に育てていくという物語であった。タイトルにある「おきて」とは，マモルが双子の子どもとともに家族として暮らすための「おきて」を定めた「おきてノート」のことであった。そして，この3人は不器用ながらも「家族」となっていくのであった。

　次に，2010年までNHK教育テレビで土曜日午後6時から放映されていた『メジャー』をとりあげてみたい。これは主人公吾郎が野球の最高のメジャーリーガーをめざすという物語である。テレビでは2004年から放映されているが，『少年サンデー』に1994年から今も連載中で，単行本としても70巻を超える大作である。この主人公吾郎の生い立ちと彼をめぐる家族をみてみよう。

　吾郎はプロ野球選手である父本田茂治，母千秋の一人息子であった。しかし，吾郎が3歳の時に母が病死した。父茂治はピッチャーとしては思うような活躍ができなかったが，吾郎の期待を受け，打者に転向し，代打の切り札として再び活躍しはじめていた。

　そんなとき，父茂治は吾郎の通う保育所の保育士であった星野桃子と出会う。亡き母の面影のある桃子を吾郎も慕っており，二人はやがて婚約した。しかし，父茂治は，アメリカから来たメジャーリーガーであるジョー・ギブソン

の投球を頭部に受けたことから亡くなってしまう。両親を失った吾郎は，桃子の強い希望を受け，桃子に引き取られた。そして，小学4年生になった吾郎は少年野球チームに加入する。そこで，抜群の速球を武器に，肩を痛めながらも日本一のチームを破ろうと奮闘する。そうした吾郎を支えたのは父茂治の高校時代からの親友でプロ野球選手である茂野英毅だった。桃子は，吾郎の野球に対する相談に乗ってもらっていた茂野英毅に徐々に惹かれていった。そして，桃子は茂野英毅と結婚した。そこで，吾郎は茂野英毅と桃子の養子となり，本田吾郎から茂野吾郎と改姓した。その後，茂野吾郎は幾多の困難を持ち前の闘志で乗り越え，高校卒業後，単身渡米し，養父母の理解と支援を受けながら，メジャーリーガーへの歩みを進めていく……。

この2つのストーリーに共通するのは，血縁のない家族というものである。この両者は果たして家族といえるのだろうか？

1-2. 同性婚をめぐる動向

家族をめぐる話題をもう一つとりあげてみたい。それは同性婚をめぐるものである。

同性愛自体は古来から存在するものの，これを法的な保護の対象とする動きが始まったのは1980年代以降であった。1989年にデンマークで同性間カップルの法的保護を図るためのパートナーシップ登録制度を導入したのが最初である。その後，1998年にオランダが同性間の婚姻を認め，ベルギー，スペインなどがそれに続いている。現在ではオランダ，ベルギーなどでは同性婚カップルが親になる権利を認めるようになっている。さらに，北米でも2005年にカナダで同性婚が合法化（カナダでは州によっては外国人同士も婚姻できるため，日本人同士の同性カップルも出ている）し，アメリカでも同性婚を認める州も出てきている。その一方，一旦合法化した同性婚について，このままでは家族が崩壊するという危惧から再び認めないようにする法案提出の動きがあるなど，同性婚をめぐる動きはまだまだ流動的ではあるが，2012年のアメリカ大統領選でも争点の一つとなっていた。一方，日本においては，憲法第24条において「婚姻は，両性の合意のみに基いて成立し，夫婦が同等の権利を有することを基本として，相互の協力により，維持されなければならない」とあり，同性

婚を認めていない上，立法の場においても，同性婚を検討する動きはみられないが，今後こうした論議がなされるようになることも充分考えられる。

1-3. 家族を考えることの今日的意義

　個々の家族のあり方をみても，現代の家族は，危機に直面しているといわれている。少子高齢化の進展，離婚，晩婚，非婚の増加，児童虐待など，問題はそれぞれに深刻化してきているといわれている。

　これらの状況は，家族の一体感やまとまりといったものよりも個人を重視する状況から，伝統的な家族が崩壊したことが要因として考えられている。

　一方，冒頭に2つのトピックを紹介することを通して，家族のあり方が多様化してきている現状を示してきたが，家族をめぐる今日的状況は，伝統的な家族観に変化を余儀なくさせる状況といってもよいだろう。

　こうした今，人間が健やかに生活していくために，家族の価値には，これまで伝承されてきたことを再確認するというものと，新たな価値を創造していくものとの両面が存在していくこととなる。

　本章では，家族というものがどこから来て，どこに向かおうとしているのかということについて論考を進めていこうと考えた。そこで，まず，日本における婚姻の歴史を捉えていくことで家族関係，親子関係の捉え方の変遷をみていくことしたい。

2. 日本の家族の歴史的変遷

　家族の歴史をみるにあたり，日本の人口の変化と婚姻史を通史的に概括する。
　表1は，高群（1963）の『日本婚姻史』において「日本の婚姻史」として表にまとめられたものに，鬼頭（2000）および縄田（2006）による日本の人口の推移を加えたものである。
　この高群の婚姻史をみながら，日本の家族のあり方の変遷をみていこう。

表1 日本の婚姻史と人口の推移（高群，1963，pp.10-11；

時代	原始〔無土器・縄文・弥生〕		大和〔古墳〕	飛鳥・奈良・平安（初）	平安（中）	平安（末）
種別	族内婚	族外婚	妻問婚〈通い〉	前婿取婚（初期婿取婚）	純婿取婚	経営所婿取婚
					婿取婚〈住み〉	
	群婚			対偶婚（群婚的多妻多夫遺存）		
族制	群	母系氏族		父系母所〈過渡的父系氏族＝氏族崩壊〉		
形式				婿取式〔母系型〕		
婚主	神〔集団〕	妻方の族長		妻方の母	妻方の父	
夫婦	共居	別居		過渡期 〈子は妻方〉		
財産	共同所有	族長所有〈亜共同所有〉		長者所有		
				（律令制）		（男女分割私有）
人口	26万人（紀元前4300年）縄文中期	59万人（紀元前1800年）弥生時代		451万人（725年）奈良時代	551万人（800年）平安初期	

2-1. 原始から縄文時代 －群婚と共同体内での子育て－

　原始時代から縄文時代までは，乳幼児死亡率が高い上，現代に比べて死亡年齢が著しく低く，20歳代での死亡がほぼ半数を占め，50歳まで生存した人は少なく，60歳以上の高齢者はごく稀な存在だったとしている。これは，自然条件に強く依存する不安定な生活基盤が短命の原因だと考えられている。

　こうした中，群単位の血族集団が生きていく上での唯一の基盤となっており，共同体内での共食そして，群婚といわれる多夫多妻の婚姻形態，しかも共同体内での婚姻が行われる族内婚というものであったとされている。

　縄文前期から，群は定着し，集落を作るようになる。この段階で群内での族内婚から，他の群との族外婚に移行することになる。ここでは，男女は，各自別群に属し，子は母の群に生まれ育ち母の族員になることによるという母系氏族制がはじまる。

　この時代の親子関係について，オヤ（祖）は，多数であり，コも族員を意味

2. 日本の家族の歴史的変遷　243

鬼頭，2000，pp.16-17；縄田，2006から作成）

鎌倉・南北朝	室町・安土桃山・江戸	明治・大正・昭和
擬制婿取婚	嫁取婚	寄合婚
	一夫一婦（蓄妾婚）	純一夫一夫婚
	父系 〈家父長〉	双系
	嫁取式 〔父系型〕	寄合式 〔個人型〕
	父方の家父長	相互
同居		
	家父長所有	個人所有

| 757万人
(1185年)
鎌倉幕府
成立 | 818万人
(1338年)
室町幕府
成立 | 1,227万人
(1603年)
江戸幕府
成立 | 3,128万人
(1721年)
享保の改革 | 3,330万人
(1868年)
明治維新 | 4,654万人
(1900年) | 7,200万人
(1945年)
終戦 | 12,777万人
(2010年) |

して多数である．特定の親との関係で親子関係が形成されておらず，母方の共同体内で，その族長を中心として，子の養育にあたっていたといえるだろう．

2-2. 弥生時代から鎌倉時代
1）妻問婚の時代　－対偶婚と母系家族内での子育て－

　弥生時代は，紀元前3世紀頃に大陸から北部九州にもたらされた稲作農耕が中国，四国，近畿としだいに受容されていき，それに基づき国家が形成されてきた時代であった．この稲作農耕による食料生産の増大が背景となり，人口増加期を迎える．
　こうした中，群といった親族単位の集団から，より大きな地域集団を単位とした労働力の集約化が図られる．そうした中，財産の私有意識も強くなっていったが，婚姻形態としても，男が女の元に通うという形態に妻問婚が出現する．これは，昼間は夫，妻それぞれ自分の家で暮らしているが，夜になると夫

が妻の家に通うというものである。この関係は，一人の夫に対して一人の妻という夫婦関係は成立しているが，①互いに相手以外の異性と性関係をもつことを妨げないこと（排他的同棲の欠如），②気が向いたときだけ続くこと（非持続性）いうことを特徴とする対偶婚というものであった。つまり，男女が恋愛関係となり，性関係が生じるが，それが長続きすればいつの間にか結婚に移行するというものであり，逆に気が向かなくなればいつでも離婚することもできたという状況である。

こうした夫婦関係の中で，原始共同体におけるオヤ（祖）は多数であり，コも族員を意味して多数だった親子関係も，「オヤ（親）は父母の二人に縮小され，コも直系親的に単純化されてくる。ただこの段階では父はまだ外来者的で，重心は母にあったので，母がオヤを代表して（コが長じて結婚する際の）婚主となった」（高群, 1963, p.65）のである。

2）婿取婚の時代

飛鳥時代に入ると，645年からの大化の改新を経て，豪族による土地私有が否定され，公地公民制に転換された。これに伴い，庚午年籍（670年），庚寅年籍（690年）とよばれる戸籍制度が整備された。これは，班田収受を行い，人頭課税を行うための台帳として機能するもので，戸における家族の名・年齢・戸主との続柄などを記載することで，個々の家族構成を直接的に把握することを可能にした。

この戸をめぐっては，そこでの戸主は父親となっていることや当時の国家体制のあり方をふまえ，この時代から父系家族制がとられるようになった考える立場（吉田, 1983）もあるが，高群（1963），関口（1993）のように，原始共同体・未開社会が継続したまま律令国家が形成されたとして，実際の家族は母系家族を基本としていたという考え方もある。本章ではこの論議に深入りすることは避けるが，この8世紀から10世紀までの間に，母系家族から父系母方居住，家父長制家族へと移行してきたのである。

こうした中で，婚姻形態は，妻問婚が継続する中，妻問が継続した後，夫が妻の家に同居するようになる形態がみられるようになったとされている。

当初は妻問婚の結果を，妻の母が黙認もしくは事後的に承認する形で婿とし

て妻の家に入る前婿取婚（初期婿取婚）へと移行してきた。

　そして，貴族・豪族層では10世紀初め，一般庶民層では12世紀初めあたりに家父長制家族が成立し，妻方の父親が家族を支配，統轄する形での配偶者選択を行う純婿取婚が広がった。

　さらに，平安末期には，経営所婿取といわれるものが出現した。ここでいう経営とは婚主における婚礼の執行のことである。婚主が自家とは別の所を借り受けて婚礼の場とするようになり，婚礼後，新夫婦は新居に移って夫婦世帯を営むというものである。こうした婚姻形態の中，夫婦世帯の単位化の度合いが増すこととなった。さらに，武家の台頭により，家長である夫の権限が強まっていく。

　そして，鎌倉時代に入り，形式的には婿取婚であるが，実質的には嫁取婚という形態を取る疑似婿取婚というものが登場した。これは，婚姻開始時，男の親が夫方の一族を率いて，他へ移り住み，その後，空いた夫側の家を妻方，または妻自身の家とみなして，そこで男女が婚姻生活に入るというものである。これとは別に妻方での婚礼後，夫婦世帯で生活し，夫の親が家を空ける（死去する）と夫方の家に移居するというものもあったようが，いずれにして母系家族の終焉ともいえる婚姻形態であった。

　以上のように婿取婚は時代によって変化を遂げてきていた。当初は子どもは母親の許で養育されることが基本であり，子育てに父親が責任をもって関与することはほとんどなかったといっていいだろう。

　しかし，中世の家父長制への移行に向かって，一夫多妻制をとるものの，嫡妻を確定するという意味において夫婦関係が持続性のある関係となってきた。こうした中で，父と母（嫡妻）が責任をもった子育てを行うようになったのである。

2-3. 家父長制下での嫁取婚

　室町時代以降，これまでのように財産を氏産あるいは家領の枠内で男女個々人が分割私占する私産制が崩壊し，家産として，家父長が権限を有する財産制の時代に入る。

　家父長のみが財産権を持ち，長男子単独相続により家産を承継する中，妻子

は無産者，被扶養者となった。こうした中，子の配偶者選択も，家父長の権限となり，女が男の家に嫁ぐという嫁取婚がとられるようになったのである。

こうした中,「室町ごろに父が父の家で息子の嫁を取る嫁取婚の婚主になると，はじめてオヤは真の意味では父だけになり，母は第二義的な存在となる」（高群,1963, p.66）とあるように，家庭内での子どもの養育においても，家長もしくは父親の権限・役割が大きく，子どものしつけや教育の責任者は明確に父親であるとしていた。そうした中，母親は子の養育に主体性を発揮することなく，父親の指導の下に置かれていた。そして，この嫁取婚は室町時代以降，第二次大戦後の民法改正まで続くに至ったのである。

そうした中，布川（1996）は，近世日本の民衆の家族の内部でみられた教育現象について，家業・家産を維持し，発展させていくために,「よみ・かき・計算（そろばん）」の実学的な学習から，人間として生きていくための健康に対する学習，さらに人間としてのあり方・生き方の学習や家業そのものの学習に進み，生きるための知恵を身につける学習へと展開していることを明らかにしている。そして，こうした学びから明らかなのは，為政者側の必要性から家から教え込む教育ではなく，自発的な学習意欲を基盤として「学び習う」営みとして，家庭での教育が展開していたということである。

しかし，この家業家産の維持という家族にとっての命題は,「家」の維持・継承を大きな課題とし，家父長制家族制度の維持というかたちで，家族にのしかかってきていた。縄田（2006）は,「江戸時代において経済力の弱い小農や小作人は十分な数の子を生むことができず絶家に至る例が多かったし，都市の庶民には生涯未婚者も多かった」としたうえで，生活水準維持のために子どもの数を減らす「間引き」が江戸中期から行われていたこと，江戸期，明治初期中期の離婚率が現代より高かったことなどを明らかにしている。また，関口ら（2000）は「貧困の階層では着実に家が崩壊の一途をたどり，家長による支配が無力化し形骸化していくいっぽうで，家の維持・継承が可能な階層では，三従の教えを尊ぶ『女大学』的道徳規範や夫婦よりも親子関係を重視した『孝』を紐帯とする家が根強く存在している」としているように，家父長制はあらゆる家族においてひとりひとりの家族成員に幸福をもたらしたものとはいえなかったのである。

2-4. 明治維新後の家族

　江戸末期の開国，明治維新を経て，日本は西洋文明を受け入れ，近代国家へと転換を図る。そうした中，家族制度における基本法典である民法が，日本近代法の父といわれるボアソナードによって草案が起草され，1890（明治23）年公布された。しかし，その内容が，個人の尊厳を重視し，家父長制度を否定し，夫婦家族中心のものであったことから，公布後，ドイツ留学から帰国した帝国大学教授穂積八束が「民法出デテ忠孝亡ブ」と題した論文を出すなどの反対運動が起き，結果的に施行されないままとなっていた。そして，国家主義的な家族観が強く表れたものに改正され，1898（明治31）年に民法が制定・施行された。この中で，一夫一婦制の西洋の制度を模倣するかたちで，それまで慣習によってきた結婚は，法制度の中に組み込まれることになった。ここで，男女がその意思で婚姻するというかたちでの寄合婚が制度上示されることになったが，戸主の同意を得ずに結婚した者を戸籍から除くなど，あくまで「家」制度における「戸主」の権限下での寄合婚であった。

　一方，子どもの養育に関することでは，明治維新期に学制を公布するに当たって発せられた太政官布告第二百十四号，1872年の学制発布にともなう「学事奨励に関する被仰出書」においては「自今以後一般ノ人民 華士族卒農工商及婦女子必ス邑ニ不學ノ戸ナク家ニ不學ノ人ナカラシメン事ヲ期ス」として，「幼童ノ子弟ハ男女ノ別ナク小學ニ從事セシメサルモノハ其父兄ノ越度タルヘキ事」とされ，近代国家としての国民皆学の体制を打ち出していた。これにともない，女学校なども設置されてはいたが，江戸時代以来の男尊女卑の女性観の影響も強く，女子の学校の発達は男子の学校に比べて著しく遅れていた。

　そうした中，明治憲法下の教育の指針として示されたのが「教育ニ関スル勅語」（教育勅語）である。この教育勅語発布の経緯について，水野（2000）は前述の民法制定論争と関連づけて，「明治時代に西欧近代法としての家族法を継受したときも，保守派の反対はきわめて大きかった。民法制定に反対した保守派は，家族倫理の維持はもっぱら教育と道徳に任せるべきもので，家族員の権利義務として法律に規定すべきではないと論じた。つまり，家族員の間で権利主張をして争うことは，そもそも道徳にもとるというのである。旧民法草案の回付を受けた地方官たちが，妻が夫を訴え子が父を訴えることができるとする

民法草案に衝撃を受け，民法の弊害を防ぐ運動が必要であると考えたことが，教育勅語制定のきっかけとなったほどであった」と述べているが，まさに「教育ニ関スル勅語」は国家主義的な家族観をもとにしたものであった。この教育勅語は「父母ニ孝ニ兄弟ニ友ニ夫婦相和シ」とあるように家族の秩序を重んじたものであり，家庭での教育を国家政策に従属させようとしたものであった。これにともない，夫に従いつつ妻の役割を自分の考えによって果たす「良妻賢母」としての母親のあり方が強調・徹底されるようになった。

こうした中で，制度上は，男女が平等な人格と権利をもって自由結合する個人型の婚姻形態である寄合婚が，明治民法下，制度としては明記されたが，完全な男女平等の権利のもと家庭生活を送るということが制度的に明確になるのは，第二次世界大戦敗戦後の民法改正まで待たねばならなかった。

2-5．そして，今日の家族へ

1945（昭和20）年の敗戦を受け，日本国憲法が1946（昭和21）年11月3日に公布され，1947（昭和22）年5月3日に施行された。この憲法は，基本的人権の尊重が基本的理念の一つとされ，個人の尊厳と両性の本質的平等に立脚したものであった。これを受け，「日本国憲法の施行に伴う民法の応急的措置に関する法律」が1947（昭和22）年4月19日に公布され，同5月3日より施行された。これは，両性の平等，戸主制度の不適用，家督相続の均分相続への変更などを応急的に定めたものであった。そして，1947（昭和22）年12月22日，民法親族相続編が全部改正され，翌年1月1日から施行された。

この改正により，核家族を中心とした家庭理念，規範が唱えられるようになった。しかし，その後も，直系家族が基本型であり，長男は家にとどまり親の職業を継承し家督を相続することと，老親と同居して扶養することが慣行として行われる伝統的な「家」は意識としては存置され，直系家族と核家族が競合し並存するかたちで推移することとなった。

そして，わが国では高度経済成長期に入り，地域共同体から離れ都市で生活する者を中心として，核家族が日本の家族モデルとして広く浸透することとなった。

しかし，この核家族化の浸透とともに，家事労働の外部化が進んでいる。こ

れは，これまで家族が担ってきた機能が家族外に委譲されることをいう。例えば，生産，教育，弱者・高齢者の保護などの機能は外部化されてきている。

そうした中，家族の本来的機能は，「子どもの社会化」と「成人の安定」であるという Parsons & Bales（1955）がいうように，子ども・配偶者との関係を軸とする家族のあり方がより強調されるようになっていた。

しかし，それとともに近年の若い世代を中心に晩婚化，未婚化，非婚化が進み，さらに冒頭で述べたような血縁を重視しない家族観，同性婚などに象徴されるように，家族観が実に多様化しているのが現状である。

3. 多様な家族観をふまえての家族理解

3-1. 多様な家族観と家庭科教育

このように，これまで伝統的に考えられてきた，結婚により成立し，子どもを養育していくという，いわば常識的な家族のあり方と大きく異なる多様な家族が出現しつつある（あるいは，社会的に承認されつつあるといった方が現状に即しているかもしれない）のが現代なのである。

このまま進めば家族は崩壊するのではないか，とんでもないことになってしまうのではないか，こうした世の中だからこそ伝統的な家族を大切にすべきだ，もう一度家族を見直すべきだと思われた方もいらっしゃるだろう。一方，伝統的な価値観にしばられず，自分らしい生き方を模索することが認められる時代だからこそ，家族も変化していって当然だろうと思われた方もいらっしゃるだろう。

こうした見方の違いに今，教育現場は直面している。皆さんは教科書検定における修正意見といえば，どの教科をイメージされるだろうか。多くの方は歴史や公民といった社会科と思われるかもしれない。しかし，今，教科書検定で修正や削除の問題となっているのは，実は家庭科なのである。2002年の高等学校家庭科の教科書で，家族形態の一つとして同性のカップルが初めて登場したのをはじめ，「事実婚」，シングルマザーの家庭など多様な家族観がとりあげられた。しかし，2006年の検定では，ある会社の「家庭基礎」の申請本で「自分の家族観」というコラムとして掲載されたロックバンド GLAY のリーダー，

TAKUROの，父親が亡くなり母，姉と生きてきた中，「父親がいないことを，不満に思ったりした形跡はまったくない」というコメントがあるコラムが問題となった。このコラムに対し「さまざまな家族形態を考えるページの中で，親が1人の家庭の記述が目立つ」との理由で検定意見が付き，修正でこのコラムはなくなり，「CMの家族像」と題した父子・母子家庭には触れない内容に差し替えられた。このように家庭科の教科書検定で問題となっているのは，そのほとんどが家族や結婚をめぐる価値観の多様性に関する記述に関してである。この検定の経緯を見ると「現実に存在する多様な家族形態があり，その中でいかに幸せに生きるかを考える」のが家庭科であるという考え方と，「伝統的なあるべき家族とはどのようなものかを考える」のが家庭科であるという考え方のはざまに家庭科の家庭分野の教育のあり方が揺れ動いているということがわかるだろう。これを見ても，家族の多様性に対してどのように考えていくのかということが家族をめぐっての大きな課題となっているのである。

3-2. 家族の構成的要件と情緒的要件

　ここまでの話をふまえて，ここで，家族とは何かを考えてみることとしよう。家族というのは，太古の時代から将来にわたるまで，時代と文化を超えて，すべての社会に存在する普遍的な制度である。しかし，家族のあり方は，時代，文化によって異なるものなのである。そのため，その時代にあっては理想的だとされる家族であっても，時代が変わればそうではなくなるといったことは大いにありえることであり，あるべき家族というものに正解はないのである。こうした前提に立ち，家族の定義として，わが国で多く用いられている森岡（1997）の定義を紹介してみよう。

　　　家族とは，夫婦・親子・きょうだいなど少数の近親者を主要な成員とし，成員相互の深い感情的なかかわりあいで結ばれた幸福（well-being）追求の集団である。

　この定義をみると，家族とは何かということについて，①夫婦・親子・きょうだいなどの少数の近親者を主要な成員としていること，②成員相互の深い感

情的かかわりあいで結ばれていることという2つの要件があることがわかる。

このうち、①の「夫婦・親子・きょうだいなどの少数の近親者を主要な成員としていること」という要件をみてみよう。これは、構成的な要件といわれるもので、婚姻・血縁があるのが家族であるというものである。すなわち、夫婦という社会的承認を得た男女の性関係が基礎となり、そこから発生する親子関係が家族の中核となるというものである。

次に②の「成員相互の深い感情的かかわりあいで結ばれていること」という要件をみてみよう。これは情緒的な要件といわれるもので、成員相互が、互いに（良くも悪くも）気になる関係にあり、互いに無関心であること、第三者的な平穏な態度をとり続けることができない感情的なかかわりあい関係にあるのが家族であるというものである。すなわち、①の婚姻・血縁を家族の条件とする立場とは異なり、単に性と生殖の関係だけに限定されず、情緒面に注目した要件なのである。この要件は、冒頭にとりあげた『メジャー』の茂野吾郎の家族や同性婚カップルをはじめとして、①の要件を強く意識する人にとっては「家族のような集団」としか捉えられない多様化する集団を、積極的に家族として捉えていこうという動きによって、支持されてきているのである。

先に述べた家庭科教科書の検定に関する様々な立場も、この①の要件を重視する立場と②の要件を重視する立場との間に揺れ動いているものと捉えることができるだろう。

しかし、その際、対立しているかに見える伝統的な家族観と多様な家族観を統合していくのが、森岡の定義にある「幸福追求の集団」ということだと筆者は考えるのである。

そう考えると、家族を援助していく際に重要なことは、どのような状況を幸せと感じるかは人により状況によって違いはあるにせよ、誰しもが他者との生活協同の中で幸福を追求しようとしているものだというまなざしである。

具体的にいうと、例えば援助者として、常識的な価値観から大きく外れており、とても家族とは思えないケースに関わることとなったとしよう。その際、重要なことは、なぜこの「家族」が家族とは思えないのか、いいかえると、援助者自身がどのような「家族」を家族だと思うのかという家族観を先に述べたような構成的要件や情緒的要件といった概念を用いつつ、明確にしておくこと

である。そして，その援助者自身の家族観は絶対的なものではなく，相対的なものであることを認識したうえで，その「家族」メンバーそれぞれの家族観はどのようなものなのだろうか，その家族の幸福追求とはどのようなものなのだろうかということを探っていくことから，「家族」メンバーへの援助が始まるのだということを意識しておくことが重要なのである。

引用・参考文献

Fisher, H. E.　1982　*The sex contract: The evolution of human behavior*. William Morrow.（伊沢紘生・熊田清子（訳）1998　結婚の起源　女と男の関係の人類学　どうぶつ社）
布川清司　1996　近世民衆の家族教育　井ヶ田良治・田端泰子・布川清司（編）1993　家と教育　早稲田大学出版
速水　融　2001　歴史人口学で見た日本　文藝春秋
井ヶ田良治・田端泰子・布川清司（編）1993　家と教育　早稲田大学出版
鬼頭　宏　2000　人口から読む日本の歴史　講談社
水野紀子　2000　家族――家族法から見た日本の家族　書斎の窓, **494**, 8-13.
森岡清美・望月　嵩　1997　新しい家族社会学　四訂版　培風館
縄田康光　2006　歴史的に見た日本の人口と家族　立法と調査, **260**, 90-101.
Parsons, T., & Bales, R. F.　1955　*Family, socialization and interaction*. （橋詰貞雄ほか（訳）2000　家族：核家族と子どもの社会化　黎明書房）
関口裕子　1993　日本古代婚姻史の研究（上・下）　塙書房
関口裕子・服藤早苗・長島淳子・早川紀代・浅野富美枝　2000　家族と結婚の歴史　森話社
高群逸枝　1963　日本婚姻史　至文堂
吉田　孝　1983　律令国家と古代の社会　岩波書店
山本智也　2009　「家族」のゆくえ　京都府少年補導協会『補導だより』288　pp.6-9.

事項索引

A-Z
ACT　52
BMI　144
DV体験者　112
HDLコレステロール　151
ICF　169
LDLコレステロール　151
OFF-JT　125
OJT　125
PEM　145
PTSD　111
QOL　141, 142
WHO　169

あ
悪玉コレステロール　150
朝の排便　95
アセスメントツール　105
遊び　175
　　——の機能　176
　　——の条件　176
　　——の発達段階（ピアジェ）　183
　　ルールのある——　183
アタッチメント　110
淡路島の食料生産と伝統食　233
アンチエイジング医学　9, 10, 12
アンチエイジング医療　22
アンビバレンス　110
五十日の儀　215
生きがい　168
　　——づくり　197

位色の制　210
1日のサイクル　96
一般介護職員　134
遺伝子修復エラー説　11
衣服令　208
因果関係　168
インクルージョン　203
打出　212
産養　214
運動　91, 167
　　——あそびの減少　94
エラー蓄積説　11
延喜式　211
おいしさ　223
親子関係　103
親子体操　101
親子分離　104

か
外観　25
介護
　　——サービスの質　123
　　——支援専門員　130
　　——保険　131
　　——予防　158
　　——労働　124
外出　162
快ストレス　19
ガイドヘルプサービス　200
外来血圧　13
加害者　103
重色目　218
家事　162
過剰栄養　144
家族
　　——支援　49

——主義　41
——による家族研究　46
——の構成的要件　250
——の定義　250
活性酸素　11, 19
活動性（積極性）　31
家庭血圧　13
仮面高血圧　13
体全体で味を感じとる　224
カルシウムパラドックス　15
加齢　163
冠位十二階の制　207
感覚運動遊び　183
環境因子　170
管理的機能　127
季節と生産物の旬　237
季節を大切にメリハリのある食生活　234
後朝の文　216
客我（me）　26
客体的自覚　27
凶服　218
教育勅語　247
教育的機能　127
共感　78
供給主体　174
行事食　237
共助　73
共生　75
　　——社会　135
共存　85
協働　74, 84
郷土食　224, 232
近親姦　105

空間認知能力　100
暮らしの場　190
グループホーム　192
クワシオコール型　146
群婚　242
ケア
　——する権利　53
　——ホーム　194
　——マネジメント　131
　——をしない権利　52
ケアラーズ（機会均等）法　51
ケアラーズおよび障害児法　51
経営所婚取　245
ケース会議　132
ゲーム期　28
化粧行動　25
化粧の社会・心理的効果　32
血管の老化現象　15
藝装束　207
健康
　——維持　144
　——行動学　21
　——長寿　12
元服　215
公共意識　69
抗酸化酵素　19
高体温　93
公的自己意識　27
行動科学　21
公民館　61
高齢者　157
　——虐待　124
国際障害者年　190
戸主　247
個人因子　170
個人化　42
個人の親しみやすさ（親和性）　31
子育て支援センター　186
骨粗鬆症　14, 15

子ども　89
　——の安全性　118
　——のウェルビーイング　119
　——の開示　105
　——を守る力　116
五味偏勝　153
コミュニケーション　29, 198
コミュニティ　58, 59
婚姻　240
　——の歴史　241
献立　238

さ
サービス　190
　——と仕事上の目標の促進　31
サクセスフル・エイジング　141
算賀　217
ジェンダーアイデンティティ　29
ジェンダースキーマ　29
支援方法　189
自覚的食生活　141, 154
時間配分　162
自給自足　235
資源の中身　175
自己　25
　——意識　27
　——特性　27
　——開示　26
　——概念　26
　——覚知　129
　——像　26
　——呈示　26
　——評価　26
　——現実——　29
　——理想——　29
事実婚　249
支持的機能　127
自主防災組織　60

次世代の育成　85
施設　195
自然環境場　185
自尊感情（自尊心）　26
自治　85
　——会　60, 65
実体験　98
私的自己意識　27
指導者　134
児童相談所　104
社会
　——・心理的機能　25
　——経験　201
　——貢献　141
　——生活力　190
社会的
　——価値観　103
　——自己　26
　——統制機能　30
　——な排除　51
　——な包摂　51
　——望ましさ（思慮性）　31
　——役割　168
社会福祉　133
　——協議会　60
　——資源　174
　——士養成　131
　——法　73
集会所　61, 64, 66
　——運営委員会　65
習慣化　96
就寝時刻　92
住生活基本法　57
住民参加　74
主我（I）　25
主食　144
主体性　78
手段的自立　169
主菜　144
主任介護支援専門員　132
障がい者観　189
障害者権利条約　203

索　引

障害者自立支援法　197
障がい特性　202
小地域　76
象徴遊び　183
情緒的要件　251
情報処理認知理論　114
情報提供機能　30
情報の解釈　115
初期婚取婚　245
食事摂取基準　144
食事バランスガイド　153
食生活
　——に対する意識　234
　——の特徴　223
　昭和後期の——　229
　昭和中期の——　227
　平成前期の——　230
　明治，大正，昭和初期の
　　　——　224
食物摂取　143
知られる自己　25
自立　157, 189
　——生活　190
自律神経　93
知る自己　25
事例研究　132
人権　203
　——保障　123
心情論　181
身体活動量　93, 160
身体の自立（ADL）　169
親密さ表出機能　30
心理的・人格的欠陥　104
炊事　167
推定エネルギー量　145
スーパーバイザー　129
スーパービジョン
　　（Supervision）　125,
　127
　——的　134
ストレスマネジメント
　　20, 135
ストレス要因　110

生活
　——価値　84
　——意識　69
　——環境整備　58
　——規範　69
　——協同の場　64
　——圏域　85
　——行動　159
　——者　63
　——習慣　89
　——の価値観　133
　——の質　63, 67, 141
　——不活発病（廃用症候
　　群）　158
　——様式　69
　——リズム　89, 162
　日常——　159, 190
生産者と消費者の交流実践
　　236
正常老化　141
精神的健康感　167
精神的自己　26
精神病未治療期間　46
性的虐待　103
生物の多様性　223
生理的老化　10
前頭連合野　99
前婚取婚　245
前遊戯期　28
相関係数　163
相互作用　98
　——調整機能　30
喪失体験　20
ソーシャル・キャピタル
　　77
咀嚼機能　148
咀嚼能力　147
措置制度　135
外あそび　93

た
体温調節機能　93
対偶婚　242

体内時計　90
脱施設化　190
「食べて」「動いて」「よく寝
　よう」　94
多様化　42
多様な食物摂取　151
短時間睡眠　92
地域
　——運営　67, 69
　——活動　60
　——コミュニティ　76,
　85
　——資源　67, 84
　——社会再生　73
　——住民　65
　——性　76
　——づくり　77
　——の福祉力　84
　——福祉　60, 73
　　——計画　76
　　——包括支援センター
　　　131
　——役割　66, 69
　——連帯　76
地中海式ダイエット　16-
　18
知的障がい者　189
知的能動性　168
超高齢社会　157
長寿　141
　——食　16
朝食　92
町内会　60
妻問婚　243
低栄養　144-146
デイサービスセンター
　　197
低体温　93
テロメア　11
　——説　11
伝承遊び　184
伝統食　224, 230, 232
同姓婚　240

動脈硬化　151
露顕　216
都市的生活様式　57
ドメスティックバイオレンス　109

な
ニーズ　174
日中活動の場　190
日本国憲法　248
日本食の未来　235
入院中心の精神保健医療福祉体制　44
人間らしさ　99
ネットワーク　64, 68
ノーマライゼーション　190

は
バーンアウト　135
袴着　215
白衣高血圧　13
発達　173
晴装束　207
販売者側の意識　235
非加害母親　104
被虐待児　105
非言語コミュニケーション　29
被服行動　25
被服の社会・心理的効果　34
肥満度　144
病的老化　10, 12, 14, 22
フード・ガイド・ピラミッド　16
不快ストレス　19
副甲状腺ホルモン　15
副菜　144
福祉
　——意識　75
　——教育　85
　——的就労　196
　——文化　74
　——の創造　84
物質的自己　26
フリーラジカル　11
　——説　10
ふれあい・いきいきサロン　68
　——事業　60
ふれあいあそび　100
ふれあい体操　101
プログラム学説　11
プロダクテティブエイジング　69

ま
マラスムス・クワシオコール型　146
マラスムス型　146
三日夜の儀　216

3つの軸　174
民法　247
婿婚　244, 245
裳着　215

や
役割　164
夜食　97
遊戯期　28
有用論　181
湯殿の儀　214
『養生訓』　153
余暇活動の場　190
抑うつ状態　20
装い　25
　——セラピー　35
4つのビネット　117
嫁取婚　245
夜型化　92
夜の連続した睡眠時間　90

ら
ライフスタイル　159
リスクマネジメント　128
良妻賢母　248
利用者満足　123
老化　141
老人福祉施設　133

人名索引

A
阿部恒之　36
足立己幸　144
足達淑子　21
Adler, L. P.　146, 150
穐丸武臣　184
Alaggia, R.　109, 110, 116
天野正子　4

B
馬場 清　75
Bales, R. F.　249
Bank-Mikkelsen, N. E.　202
Boissonade de F., G. E.　247
Bolen, R. M.　104, 105, 110-112
Burns, L. D.　27
Burnside, L.　110, 116-118

C
Cash, D. W.　27
Cash, T. F.　27
Coohey, C.　113-116
Cox, C. L.　27
Crittenden, P. M.　114
Cry, M.　114

D
大坊郁夫　25
Duval, S.　27
土肥伊都子　29

E
Earl, R.　17

Edwards, J.　46
Esping-Andersen, G.　43
Everson, M. D.　105, 114, 118

F
Fenigstein, A.　27
藤川知香　180
藤田大輔　48
藤原康晴　29
深田博巳　30
布川清司　246
福山和女　128
古達彩子　167

G
ガードナー, L. I.　98
後藤ヨシ子　180

H
芳賀 博　157, 169
箱井英寿　34
梁瀬度子　160, 167
林 守男　189
Heriot, J.　105-107
平本千恵　232
平田浩彦　148
平田 厚　85
広井良典　69
細井孝之　15
穂積八束　247

I
一番ケ瀬康子　2
今井範子　58-60
伊波和恵　32
石田易司　157

石井浩子　92
石川直欣　148
磯部幸子　73, 75
伊東昌子　14
和泉公美子　151

J
James, W.　25

K
Kadushin, N.　127
貝原益軒　153
神山 進　31
樫田叡一　27
柏尾眞津子　29
加藤秀夫　151
加藤佐千子　152, 154
Keys, A.　16, 17
木戸 功　5
木村美智子　180
木村靖夫　22
金 泰昌　4
桐野由美子　103
木谷 忍　180
鬼頭 宏　241, 243
今野浩次　180
久保 明　11, 13, 18, 20
熊谷 修　147, 149, 150, 152
熊谷晋一郎　50
黒川昭登　127, 128, 130
葛谷雅文　146
Kwon, Y. H.　27

L
Lamb, J. L.　105
Lee, M.　27

Loebel, A. D.　46

M
前橋　明　92, 93
桝田　庸　29
松澤佑次　144
McCay, C. M.　15
McGorry, P. D.　46
目黒依子　42
Meining, M. B.　103
三重野　卓　2
Miller, L. C.　27
Ming-sum, T.　128
三浦雅之　77, 78, 86
三好康之　151
水野紀子　247
森川美絵　52, 53
森岡清美　250
森岡清志　57
森重　功　129
森下雅之　153
村澤博人　28

N
永井晴美　147
永山　誠　76, 78, 85
中地万里子　184
中村久美　58-60, 62, 64-67
中村利孝　15
中村陽吉　26
縄田康光　241, 243, 246
Nirje, B.　199
西　文彦　43
西田淳志　46
西原修造　146
西尾　実　189
野澤桂子　33

O
落合恵美子　41
大橋美佐子　180
大川弥生　158-160, 170

岡崎祐士　47
奥野英子　190
長田久雄　141, 142, 152, 154
大塚達雄　128

P
Parsons, T.　249
Parten, M.　183
Patterson, M. L.　30
Piajet, J.　183
Pintello, D.　108-110, 114
Plummer, C. A.　112, 113

R
Roth, G. S.　15

S
斎藤こずゑ　176
Sanders, B. E.　103
佐々木　巌　18
佐藤　純　52
佐藤能啓　15
関口裕子　244, 246
Selye, H.　19
柴田　博　141-143, 145, 147, 150, 151
清水美智子　183
塩村公子　127, 129-131
白澤正和　174
Stone, G. P.　28
鈴木　公　151
鈴木隆雄　142, 149, 151

T
立花由紀子　180
高木　修　25
高橋和幸　74
高橋重宏　103
高群逸枝　241, 242, 244, 246
高岡道雄　48

竹原広実　160
竹井隆人　59, 60
武政誠一　167
竹島　正　48
田中　優　27, 34
田中弥生　146
谷本満江　180
徳永幸子　174
Towel, C.　127

U
植田寿之　125
上野裕子　35
牛田聡子　29, 36
宇山光男　32

V
van de Kaa, D. J.　41, 42

W
Walter, C. W.　16
渡辺久子　130
渡部律子　128
Weil, A.　154
Weindruch, R.　15
Wicklund, R. A.　27

Y
山田　敏　176
山田幸子　133
山口雅庸　148
山本克司　124
山内基子　29
矢野沙織　234, 235
安好美智　230
余語真夫　32, 33
横山　勉　185
米村美奈　129
吉田　孝　244
吉田照美　124, 125
湯川晴美　147

【著者一覧】（五十音順，＊は編集委員）

石井　浩子（いしい　ひろこ）
京都ノートルダム女子大学生活福祉文化学部准教授
担当：第6章

牛田　好美（うしだ　よしみ）
京都ノートルダム女子大学生活福祉文化学部准教授
担当：第2章

加藤佐千子（かとう　さちこ）
京都ノートルダム女子大学生活福祉文化学部教授
担当：第9章

桐野　由美子（きりの　ゆみこ）
京都ノートルダム女子大学生活福祉文化学部教授
担当：第7章

酒井　久美子（さかい　くみこ）
京都ノートルダム女子大学生活福祉文化学部准教授
担当：第5章

佐藤　純（さとう　あつし）
京都ノートルダム女子大学生活福祉文化学部准教授
担当：第3章

竹原　広実（たけはら　ひろみ）
京都ノートルダム女子大学生活福祉文化学部教授
担当：第10章

鳥居本　幸代（とりいもと　ゆきよ）
京都ノートルダム女子大学生活福祉文化学部教授
担当：第13章

中村　久美（なかむら　くみ）＊
京都ノートルダム女子大学生活福祉文化学部教授
担当：序章，第4章

萩原　暢子（はぎわら　のぶこ）
京都ノートルダム女子大学生活福祉文化学部教授
担当：第1章

畠山　寛（はたけやま　ひろし）
京都ノートルダム女子大学生活福祉文化学部准教授
担当：第11章

三好　明夫（みよし　あきお）＊
京都ノートルダム女子大学生活福祉文化学部准教授
担当：第8章

矢島　雅子（やじま　まさこ）
京都ノートルダム女子大学生活福祉文化学部講師
担当：第12章

山本　智也（やまもと　ともや）＊
京都ノートルダム女子大学生活福祉文化学部教授
担当：第15章

米田　泰子（よねだ　やすこ）
京都ノートルダム女子大学生活福祉文化学部教授
担当：第14章

生活福祉文化資源の探究
これからの日本の生活様式を求めて
2013 年 3 月 30 日　初版第 1 刷発行　　　　　　定価はカヴァーに
　　　　　　　　　　　　　　　　　　　　　　　　表示してあります

編　者　京都ノートルダム女子大学生活福祉文化学部ⓒ
発行者　中西健夫
発行所　株式会社ナカニシヤ出版
　　〒606-8161　京都市左京区一乗寺木ノ本町 15 番地
　　　　　　　　　Telephone　075-723-0111
　　　　　　　　　Facsimile　075-723-0095
　　　　　　Website　http://www.nakanishiya.co.jp/
　　　　　　E-mail　iihon-ippai@nakanishiya.co.jp
　　　　　　　　　　郵便振替　01030-0-13128

装幀＝白沢　正／印刷＝ファインワークス／製本＝兼文堂
Printed in Japan.
ISBN978-4-7795-0756-4

本書のコピー，スキャン，デジタル化等の無断複製は著作権法上での例外を除き禁じられています。
本書を代行業者等の第三者に依頼してスキャンやデジタル化することはたとえ個人や家庭内の利用で
あっても著作権法上認められておりません。